보통 사람들의 전쟁

책이 내 삶을 직접 건드릴 때 우리는 한순간 몰입한다. 추상적인 개념이나 공허한 윤리가 담긴 책이 아니라, 정말 알고 싶은 통계와 사례들로 내밀한 걱정을 함께 고민해주는 책을 만날 때, 우리는 그곳에서 '어떻게 살아야 하는가?'에 대한 해답을 발견한다. 이 책이 여러분들에게 바로 그런 책이 돼줄 것이다. 빅 데이터와 인공지능으로 무장한 자동화 시스템이 일자리를 위협하는 세상에서 '나는 도대체 어떻게 살아야 하는가' '우리 사회는 어떻게 바뀌어야 하는가'에 대해 이보다 더 직설적인 책은 없다. '보편적 기본소득'이라는, 우리가 한 번도 생각해본 적 없는 이 대안이 얼마나 현실적인 대안일 수 있는지 그 이유가 이 책에 담겨 있다.
저자 앤드루 양의 주장을 적극 지지한다. 일과 소득을 분리하고, 기본소득을 보장하며, 창의적이고 놀이 같은 자발적인 삶을 살고 싶다. 이 책은 우리 같은 보통 사람들을 혁명가로 만들어줄 매력적인 책이다.

정재승_ 뇌과학자, 『과학콘서트』『열두 발자국』 저자

산업도시는 공장들이 문을 닫으면서 쇠락도시로 변모해간다. 새로운 공장은 대부분 외국에 지어지고, 남아 있는 공장은 '스마트화'라는 자동화의 길을 걷는다. 지금 군산에서, 통영에서, 거제에서, 울산에서 벌어지기 시작한 이런 일들이, 이미 미국에서 일어났던 일이라고 저자 앤드류 양은 지적한다. 자동화 이후로 미국 사회는 불평등이 극심해지고 많은 노동자가 건강과 가족을 잃었다. 이들 중 다수가 분노한 대중이 되어 인종주의와 포퓰리즘 정치의 기반이 됐다. 기존 정부 정책은 무기력하기만 하다. 이것이 앤드루 양이 제기하는 '기본소득제' 등 새로운 사회 계약을 우리도 진지하게 검토해야 하는 이유다.

이원재_ 경제학자, 『아버지의 나라, 아들의 나라』 저자 지난해 대한민국은 카풀서비스를 반대하는 택시기사들의 파업으로 마감되었다. 그러나 자율주행차가 자리 잡고 나면, 오늘은 택시기사였지만 내일은 트럭기사가, 모레는 카풀기사가 파업할 것이고, 결국 도로에는 사람을 대리할 기계와 화물만 남을 것이다. 나와 당신의 평범한 노동이 가까운 미래에 기계로 대체될 수 있음을, 사실 모두가 감지하고 있다. '기본소득'이라는 저자의 제안은 우리가 선택할 여러 미래 중 하나일 뿐이다. 여기에 동의하든 하지 않든, 당신도 자신과 사랑하는 이들을 위한 대책을 세워야만 한다. 그러한 시대의 두려움을 읽는 것만으로도 이 책을 읽을 가치는 충분하다.　　　　김민섭_ 작가, 『대리사회』 『훈의 시대』 저자

이 설득력 있는 책에서 앤드루 양은 머리와 가슴에서 나오는 호소를 통해 세상이 어디를 향해 나아가고 있으며, 우리가 해야 할 일은 무엇인지에 관해 정곡을 찌르는 의견을 제시한다.　　　　　　　　　　　앨릭 로스_ 『미래산업보고서』 저자

우리가 당면한 사회 및 경제 문제를 냉철한 눈으로 심도 있게 바라보며 더 나은 미래를 향한 혁신적인 로드맵을 제시한다.
아리아나 허핑턴_ 스라이브글로벌 설립자 겸 CEO

이 책을 읽고 결핍이 아닌 풍요, 비열한 광기가 아닌 인간성의 길로 나가자는 긴급한 호소에 귀를 기울여야 한다. 지금 이 순간에도 시간은 흐르고 있다.
스콧 샌턴스_ 미국 기본소득보장네트워크 국장

앤드루 양은 앞으로 우리에게 닥칠 무시무시한 문제를 예리하게 분석한 뒤 희망적인 해결책을 제시한다. 노동을 대체하는 기술이 광범위하게 확산할 미래에, 우리는 어떻게 극단적인 부의 양극화를 막을 수 있을 것인가?
마틴 포드_ 『로봇의 부상』 저자

이 책은 필독서다. 앤드루 양은 우리 사회가 직면한 가장 어려운 문제를 창업가만이 할 수 있는 방법으로 다루고 있다. 이론이 아닌 현실에서 출발한 그의 시야는 매우 넓다. 창업가라면 그리고 일자리가 필요한 사람이라면 누구나 앞으로의 도전 과제를 이해하기 위해 이 책을 꼭 읽어봐야 한다.　　　데이먼드 존_ 후부 설립자

일러두기

- 본문 중 숫자첨자는 권 마지막에 등장하는 후주 번호, *는 각주를 표시한 것이다.
  후주는 모두 지은이 주, 각주는 모두 옮긴이 주다.
- 후주 번호는 찾아보기의 편리성을 위해 각 장별로 1부터 새로 시작한다.
- 본문 중 도서는 『 』, 잡지나 논문은 「 」, 영화 등은 〈 〉로 묶어 표시하였다.
- 원서에서 강조한 내용은 굵은 글씨로 표시하였다.

기계와의 일자리 전쟁에 직면한 우리의 선택

보통
사람들의
전쟁

앤드루 양 지음 | **장용원** 옮김

THE WAR ON NORMAL PEOPLE

흐름출판

대량 실업 시대

이 책은 기술 거품의 중심에 서 있는 나 같은 사람이 당신의 일자리를 없앨 것이라는 사실을 알려 주기 위해 쓰였다.

최근 나는 옛 친구 둘과 맨해튼에서 술을 한잔한 적이 있다. 그중 한 친구는 뉴욕에 있는 소프트웨어 회사의 임원이다. 이 회사는 콜센터 직원을 대체하는 인공지능 소프트웨어를 개발하고 있다. 나는 그 친구에게 그렇게 되면 일자리가 줄어들지 않겠느냐고 물어보았다. 대답은 아주 직설적이었다. "우리는 점점 인력을 많이 쓰지 않는 방향으로 발전해가고 있어. 그게 앞으로의 현실이야. 그러면 대규모 기술 재교육이 필요해질 텐데, 못 따라오는 사람이 많겠지. 그러니 일자리를 잃어버린 세대의 도래를 피할 수는 없을 거야." 친구는 자신의 판단을 확신하고 있었다. 대화는 금방 재미있는 다른 주제로 넘어갔다.

그 뒤 나는 보스턴에서 벤처 투자가로 활동하는 친구를 만나게 되었다. 그 친구는 만약 잘되면 많은 일자리를 없애게 될 소프트웨어나 로봇 회사에 투자한다는 사실에 '마음이 편하지는 않다'고 했다. 하지만 "그래도 좋은 투자처야"라고 하며, 자기가 관심을 두고 있는 스타트업의 70퍼센트는 일자리를 없애는 역할을 할 회사라고 말했다.

그러다 얼마 후에 샌프란시스코에서 기술 대기업의 운영 관리자와 아침 식사를 함께하다가 이런 이야기를 들었다. "얼마 전에 공장을 하나 설립했는데, 불과 몇 년 전 같은 규모의 공장에 비해 30퍼센트의 직원만으로도 운영할 수 있는 공장입니다. 직원들은 대부분 랩톱으로 무장한 고급 기술자들이지요. 앞으로 몇 년 후에 보통 사람들은 뭘 해서 먹고살아야 할지 모르겠어요."

보통 사람들. 미국인 70퍼센트는 자신이 중산층이라고 생각한다.[1] 이 글을 읽는 당신도 그렇게 생각할 것이다. 지금 현재도 일부 머리가 뛰어난 사람들은 당신을, 당신보다 인건비가 싼 해외에 있는 노동자로 대체하거나 점차 위젯*, 소프트웨어, 로봇으로 바꿔나갈 궁리를 하고 있는 중이다. 악의가 있어 그런 것은 아니다. 효율성을 높이는 경영자에게 보상이 돌아가는 시장 구조 때문이다. 효율성은 보통 사람을 좋아하지 않는다. 효율성은 비용에 비해 효과가 가장 높은 방식을 선호한다.

자동화와 일자리 상실의 물결은 더는 미래의 암울한 이야기가 아

---

* PC, 휴대폰, IPTV 등에서 웹브라우저를 쓰지 않고도 날씨, 달력, 일정 관리나 뉴스, 증권 정보 등을 바로 이용할 수 있도록 만든 미니 응용프로그램.

니다. 이미 한창 진행 중이다. 우리가 그동안 애써 무시하고 있었지만 통계를 보면 이 사실을 알 수 있다. 주요 생산가능인구*에 속한 사람 중 일자리를 잃는 사람 수가 점점 늘어나고 있다. 일자리 찾기를 완전히 포기한 사람도 늘고 있다. 자동화는 조만간 사회 구조와 우리 삶의 방식을 위협할 만큼 가속화하고 있다.

전문가와 학자들은 인공지능, 로봇공학, 소프트웨어, 자동화 등이 발전하면서 유례없는 일자리 파괴의 물결이 몰아닥칠 것으로 예상한다. 오바마 대통령 시절인 2016년 12월 백악관이 발간한 보고서에 따르면, 시급 20달러 미만의 일자리 중 83퍼센트는 자동화되거나 기계로 대체될 것이라고 전망했다. 또, 자율주행차가 등장하면 미국에서만 220~310만 개의 승용차, 버스, 화물차 기사 일자리가 사라질 것이라고 예측했다.[2]

이 말을 다시 한번 생각해보자. 정부는 10~15년 후면 운전으로 생계를 유지하는 200~300만 명의 미국인이 일자리를 잃을 것으로 판단한다는 것이다. 화물차 기사는 미국 내 29개 주에서 가장 흔한 직업이다.[3] 자율주행차는 가장 눈에 띄는 일자리 파괴 기술이다. 하지만 계산원, 패스트푸드 음식점 점원, 고객서비스 상담원, 비서 등의 일자리를 빼앗아갈 혁신 기술도 곧 등장할 예정이다. 자산 관리인, 변호사, 보험 중개인과 같은 고소득 화이트칼라도 예외는 아니다. 이런 기술의 등장은 아주 짧은 시간 안에 이루어질 것으로 보인다. 그러면 갑자기 일자리를 잃은 수백만 명이 새로운 일자리를 구하려고 발버

---

* 15~64세의 인구. 경제활동인구와 비경제활동인구가 포함된다.

<그림1> 미국의 경제활동 참가율(1950-2017)

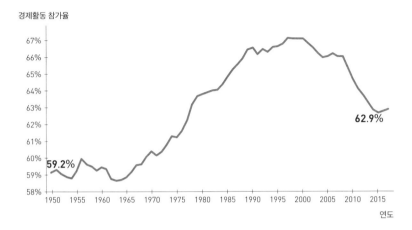

경제활동 참가율

[출처] 미국 노동통계청

둥 칠 것이다. 이 타격은 기술 사다리^{skill ladder}의 아랫부분에 있는 사람일수록 큰 충격이 될 것이다.

2000년 이후 미국에서 자동화로 인해 없어진 제조업 일자리만 벌써 약 400만 개에 이른다.[4] 이렇게 일자리를 잃은 사람 상당수가 새로운 직업을 구하지 않고 있다. 그러다 보니 미국의 경제활동참가율**은 현재 62.9퍼센트에 지나지 않는다.[5] 이는 대부분의 선진국에 비해 낮은 수준으로, 엘살바도르나 우크라이나와 거의 비슷하다. 물론 인구의 고령화로 말미암은 측면도 있지만(고령화도 그 자체로 문제가 되고 있다), 대부분 자동화와 노동 수요 감소의 영향 때문이다.

_____

** 15세 이상 인구 중 경제활동인구(취업자+실업자)의 비율.

경제활동참가율이 1퍼센트포인트 떨어진다는 말은 약 250만 명이 경제활동인구에서 빠져나간다는 뜻과 같다. 생산가능인구 중 경제활동인구에 포함되지 않은 미국인의 수는 9500만 명이라는 기록적인 숫자에 달했다.[6] 국가는 금융위기에서 벗어나 10년째 정상을 회복하고 있는데 9500만 명의 국민이 비경제활동인구로 남아 있는 이 현상을 나는 대실업Great Displacement이라고 부르게 되었다.

일자리의 유동성이 떨어지고 일자리 성장이 정체되다 보니 정치적 적개심과 사회악이 자라기 쉬운 여건이 조성되었다. 실업률과 불완전고용률*이 높아지면 약물 남용, 가정 폭력, 아동 학대, 우울증 같은 사회 문제가 늘어난다. 오늘날 미국에서 출생하는 아이의 40퍼센트는 결혼한 부부 사이가 아닌 관계에서 태어난다.[7] 가장 큰 이유는 노동자 계층의 결혼율이 크게 낮아졌기 때문이다. 약물 과다 복용과 자살은 주요 사망 원인 순위에서 자동차 사고를 앞질렀다.[8] 이미 미국 가정의 절반 이상이 어떤 형태로든 정부로부터 직접 소득 지원을 받고 있다.[9] 일부 지역에서는 기분장애mood disorder를 호소하는 사람의 수가 점점 늘면서 생산가능인구의 20퍼센트가 어떤 형태로든 장애를 겪고 있다고 한다.[10] 일자리를 구하지 못하는 사람들이 일자리 대신 얻은 것이 절망인 셈이다. 당신이 만약 우리 삶의 방식과 공동체의 보존에 관심이 있다면, 사람들이 일자리를 갖도록 하는 일에 더 많은 신경을 써야 할 것이다.

---

* 불완전고용underemployment이란 취업은 했지만, 노동 시간이 짧아 노동자가 더 많은 시간을 일할 의사와 능력이 있는 경우를 말한다. 노동자의 교육 수준이나 기술에 비해 현저히 낮은 수준의 일을 하는 것을 포함하기도 한다.

이것이 우리 시대의 가장 긴박한 경제적 문제이자 사회적 문제다. 우리 경제는 갈수록 교육 수준이 낮은 사람이 일자리를 구해 벌어먹고 살기 힘든 방향으로 발전하고 있다. 이런 현상은 조만간 화이트칼라 사이에서도 일어날 것이다. 지금은 마치 모두가 조금씩 온도가 올라가는 냄비 속에 든 개구리가 된 것과 같은 형국이다.

나는 벤처 포 아메리카의 설립자로서 지난 6년간 미국 전역의 여러 도시에 있는 수백 개의 스타트업과 함께 일해왔다. 내가 일한 지역은 디트로이트, 뉴올리언스, 신시내티, 프로비던스, 클리블랜드, 볼티모어, 필라델피아, 세인트루이스, 버밍햄, 콜럼버스, 피츠버그, 샌안토니오, 샬럿, 마이애미, 내슈빌, 애틀랜타, 덴버 등이었다. 이 중 몇몇 도시는 19세기 후반부터 20세기에 걸쳐 활기 넘치는 산업 중심지였지만, 20세기가 저물면서 인구 감소와 경제적 하락을 겪어야 했다. 벤처 포 아메리카는 이런 도시에서 일자리를 창출하기 위해 야망이 있는 젊은이를 훈련시켜 스타트업을 설립할 수 있도록 돕고 있다. 성공도 많이 거두었다. 하지만 만들어진 일자리는 아주 특정한 경향을 띠었다. 내가 함께 일한 기업은 모두 가능한 한 자기 분야에서 최고의 인재를 데려다 쓰려고 했다. 특히 스타트업일수록 이런 경향이 강했다. 회사를 새로 시작하거나 규모를 키우려는 창업가는 일반적으로 한 번 더 기회를 부여받고 싶어하는, 역경에 처한 직원을 뽑으려고 하지 않는다. 대신 초기 단계의 회사가 성공하는 데 기여할 만한 여러 특질을 골고루 갖춘 가장 적합한 사람을 고용하려고 한다. 스타트업 일자리는 대부분 기본적으로 대학 졸업 이상의 학력을 요구한다. 이 부분에서 이미 전체 인구의 68퍼센트는 배제된다. 게다가 이들 기업

중에는 시스템의 비효율을 줄이는 방향으로 일을 하는 기업이 많으므로, 결국 자기 회사는 신규 직원을 뽑을지라도 다른 분야에서는 일자리가 줄어드는 현상이 생기게 된다.

벤 호로위츠Ben Horowitz가 쓴 『하드씽The Hard Thing about Hard Things 』을 보면 CEO가 부서장 두 사람과 면담하는 장면이 나온다. CEO는 부서장 한 사람에게 이렇게 말한다. "자네 권한 범위 내의 모든 가용 자원을 동원해 이 일을 해내게." 그런 다음 다른 부서장에게 이렇게 말한다. "저 친구가 모든 일을 완벽하게 해낸다고 해도 아마 제대로 돌아가지 않을 것이네. 자네 일은 그 문제를 바로잡는 것일세." 현재 미국 경제가 이런 상황이다. 유례없는 기술 발전이 실시간으로 급속히 진행되면서 전국적으로 사람들의 생활과 공동체에 엄청난 피해가 발생하고 있다. 특히 새로운 기술에 적응하기 어려운 계층일수록 피해가 심하다.

우리는 대실업이 가져올 폐해를 줄이기 위해 최대한 노력해야 한다. 이것이야말로 앞으로 한동안 기업과 정부, 비영리 단체가 가장 우선적으로 해야 할 일이다. 따라서 교육, 직업 훈련 및 배치, 견습, 재배치, 창업, 세금 혜택 등 직원을 고용하거나 고용을 유지하는 데 도움이 되는 일이라면 무슨 일이든 해야 한다. 하지만 이런 일들이 수백만 명에게 다 적용될 수 없다는 사실도 인정해야 한다.

우리는 시장이 대부분의 상황을 해결해줄 것이라고 믿고 싶어한다. 하지만 이번 경우에는 시장이 문제를 해결해주지 않을 것이다. 오히려 그 반대가 될 것이다. 시장은 비용을 줄이는 방향으로 움직인다. 그러므로 어떤 일을 수행할 때 돈이 가장 적게 들어가는 방법을 찾으려고 한다. 시장은 실직한 화물차 기사나 계산원을 부양하고 싶어하지 않는다. 우버Uber는 가능하기만 하다면 바로 소속 운전사를 해고하려 들 것이다. 우버의 목표는 사람을 많이 고용하는 것이 아니라 가능한 한 효율적으로 승객을 운송하는 것이다. 자동화와 기술이 발전하면서 시장은 지속적으로 수백만 명의 노동자를 퇴출할 것이다. 수천만 명의 미국인이 일자리를 잃더라도 사회가 제 기능을 유지하고 발전을 지속하게 하려면, 노동과 생활의 기본수요를 위한 지출 사이의 관계를 다시 생각해볼 필요가 있다. 그런 다음 노동의 심리적·사회적 유용성을 다른 방법으로 드러낼 수 있는 길을 찾아야 할 것이다.

넓은 미국 땅이 버려진 건물과 실의에 빠진 사람으로 넘쳐나는 일자리 없는 지역으로 변하는 것을 막기 위해, 실질적으로 사회의 판을 새로 짤 수 있는 주체는 현실적으로 연방정부밖에 없다. 비영리 단체도 이런 퇴락을 막기 위해 앞장서 싸우겠지만, 비영리 단체의 활동은 대부분 감염된 상처 위에 붙이는 일회용 반창고에 지나지 않는다. 주정부는 대부분 균형예산 요건과 제한된 자원에 발목이 잡혀 있다.

공개적으로 말을 하지 않아서 그렇지 기술자 중에도 역풍을 두려워하는 사람이 많다. 실리콘밸리에 있는 내 친구들도 긍정적인 마음가짐을 유지하고 싶어하지만, 일부는 만약의 사태에 대비해 탈출구를 준비하고 있다. 아주 낙관적인 친구마저도 겁을 먹는 이유 중 하나는, 자신이 몸담은 분야는 활황이지만 자동화로 말미암아 얻은 이익을 분배하거나 기회가 줄어드는 것을 막으려는 노력이 거의 보이지 않기 때문이다. 그러려면 엄청난 노력을 기울일 의지가 있는, 적극적이고 안정적이며 활기찬 단일 연방정부가 필요하다. 아쉽게도 미국 연방정부는 그렇지 못하다. 사실 미국은 내분과 역기능 및 지나간 시대의 진부한 생각과 관료주의가 만연한 부채 국가다. 국민은 총 득표수나 기후 변화 같은 기본적인 사실에서조차 합의에 이르지 못하고 있다. 정치인들은 기껏해야 문제의 변죽만 울리고 말 무성의한 해결책만 내놓고 있다. 노동부의 연구개발 예산은 400만 달러에 불과하다.[11] 우리는 2018년도의 문제에 대한 해결책을 거의 제시하지 못하는 1960년대의 정부를 가진 셈이다.

우리 삶의 방식을 계속 유지해나가려면 이런 것들이 바뀌어야 한다. 우리는 인류 역사상 가장 큰 경제적 변화가 야기하는 도전에 대응할 활기차고 역동적인 정부가 필요하다.

이상과 같은 이야기가 공상과학 소설처럼 들릴지도 모른다. 하지만 당신은 흔히 휴대전화로 불리는 슈퍼컴퓨터 한 대를 주머니에 넣고 이 책을 읽고 있으며(아니 슈퍼컴퓨터로 읽고 있을지도 모르겠다), 아직도 믿기지 않지만 도널드 트럼프가 대통령에 당선되었다. 레이저로 당신 눈을 고칠 수 있는 세상이지만, 동네 상점은 얼마 전에 폐업했다. 우리는 전례 없는 시대에 살고 있다. 일자리가 없는 미래 사회는 〈스타트렉〉에 나오는 것처럼 교양과 자비심이 가득한 사회를 닮든지 〈매드맥스〉에 나오는 것처럼 필사적인 자원 쟁탈전을 벌이는 사회를 닮게 될 것이다. 경로를 극적으로 바로잡지 않는다면 아무래도 후자를 향해 나아갈 것으로 보인다.

비스마르크는 이런 말을 했다. "혁명이 일어나야 한다면 혁명을 당하는 사람이 되지 말고 혁명을 주도하는 사람이 되자." 사회는 혁명이 일어나기 전이나 후에 변화할 것이다. 나는 혁명이 일어나기 전의 변화를 선택하고 싶다.

　나는 변호사로 시작해 창업가의 길을 걸어온 사람이다. 벤처 포 아메리카를 출범시키기 전에는 인터넷 회사를 공동 설립하기도 했고, 의료 관련 소프트웨어 스타트업에서 일하기도 했으며, 2009년에 인수한 전국 규모의 교육 관련 회사를 운영하기도 했다. 나는 스타트업을 포함해 경제를 발전시키는 분야에서 17년간 일해왔다. 그래서 기업이 어떻게 돌아가는지, 또 일자리는 어떻게 만들어지고 없어지는지 잘 알고 있다. 나는 열렬한 자본주의자이자, 우리 삶의 방식을 지속하려면 현재의 시스템이 바뀌어야 한다는 사실을 확신하는 사람이기도 하다.

　우리 사회는 기술 발전의 영향으로 대규모 경제적 변화가 일어나 이미 형태가 바뀌었다. 미국인들은 결혼율이 떨어지고 사회적 역할이 줄어드는 등 갈수록 삶에서 의미 있는 기회가 사라지는 문제에 직면하고 있다. 내 말의 요지는 우리는 이미, 수십만 가구와 공동체가 나락으로 내몰리며 디스토피아의 언저리에 도달했다는 뜻이다.

　교육과 훈련으로는 그 간극을 메우지 못한다. 골대는 계속 움직이고 있고, 실직한 근로자 상당수는 전성기를 한참 지난 사람들이기 때문이다. 우리는 갈수록 자동화가 확산하며 사회의 붕괴로 이어지는 현재의 제도적 자본주의를 개선하기 위해 새로운 형태의 자본주의를 도입할 필요가 있다. 나는 이것을 인간 중심의 자본주의, 줄여서 '인간적 자본주의'라고 부른다. 우리는 지금처럼 **인간이 시장을 위해 일할 것이 아니라 시장이 인간을 위해 일하도록 만들어야 한다.** 동시에 사회의 구성원으로서 지금보다 더 적극적이어야 하고 다른 사람과 공감할 줄 알아야 한다. 우리는 우리가 가능하다고 생각하는 것보다 더 빠른 속도로 변해야 하고 성장해야 한다.

다음번 경제 위기가 닥치면, 아침에 일어나 일하러 나갔다가 더는 출근할 필요가 없다는 통보를 받는 사람이 수십만 명에 이를 것이다. 그들이 일하던 공장이나 상점, 사무소, 쇼핑몰, 회사, 화물 자동차 휴게소, 대리점 등은 문을 닫을 것이다. 그러면 다른 일자리를 찾으려 하겠지만 이번에는 일자리를 구하지 못하게 될 것이다. 그래도 아무렇지도 않은 표정을 지으려고 노력할 것이다. 하지만 며칠이 지나고 몇 주가 흐르면서 점점 낙담할 것이다. 그러면서 자신이 운이 없다고 한탄할 것이다. 어쩌면, "공부를 좀더 해야 했는데……"라거나 "애초 다른 일자리를 잡아야 했는데……"라는 말을 할지도 모른다. 이들은 얼마 되지도 않는 은행 예금을 다 털어서 쓸 것이다. 가족의 생활도 어려워질 것이고 공동체도 고통을 받을 것이다. 약물을 남용하거나 TV 시청에 의지하는 사람도 나올 것이다. 건강도 나빠질 것이다. 앓던 병이 있던 사람이라면 그전보다 훨씬 고통스럽다고 느끼게 될 것이다. 결혼생활도 순탄치 않을 것이다. 자존감도 잃게 될 것이다. 이들을 둘러싼 물질적 환경은 점점 나빠질 것이며 사랑하는 사람들의 얼굴을 볼 때마다 자신의 실패가 생각날 것이다.

노동자 한 사람이 실직하면, 다른 두세 명의 노동자에게 돌아오는 것은 좀더 길어진 근무시간과 한결 나빠진 복지일 것이다. 또한 이미 위태로운 금융 생활마저 벼랑 끝으로 내몰리는 상황이 발생할 것이다. 이들의 앞날도 캄캄하기는 마찬가지지만 그래도 자기네는 운이 좋은 편이라고 자위할 것이다.

한편, 맨해튼이나 실리콘밸리, 또는 워싱턴에 있는 내 친구나 나 같은 사람들은 초경쟁 환경에서 현상을 유지하거나 앞서가기 위한 싸움을 하느라 그 어느 때보다도 바쁠 것이다. 우리는 미래에 관한 기사를 주의 깊게 읽으며 어떻게 하면 우리 아이들이 더 나은 직업을 가지고 더 나은 생활을 하게 할 수 있을지 궁리할 것이다. 우리는 트위터에 글을 올리며 좋은 생각을 공유하고 보완할 것이다. 가끔 다른 사람들이 처한 운명을 머릿속에 떠올리며 고개를 흔들기도 할 것이다. 그러고는 앞으로 경제가 어떻게 바뀌든지 반드시 승자의 대열에 서겠다는 각오를 다질 것이다.

'능력 위주의 사회'라는 논리는 우리를 파멸로 이끈다. 그 말에서 이미 우리 모두가, 자동화와 혁신의 소용돌이에 휘말려 경제적 곤경에 빠진 수백만 명의 목소리를 무시할 준비가 되어 있기 때문이다. 우리는 그들이 패배자라서 불평을 하고 있다거나 고통을 받고 있다고 생각한다.

더 늦기 전에 이런 시장 논리를 깨뜨려야 한다.

우리 모두가 지금보다 나은 삶을 살기 위해 서둘러 사회를 바꿔야 한다. 시장이 우리 각자에게 부여한 가치와 상관없이 사회가 돌아갈 수 있도록 새로운 방식을 찾아야 한다. 우리는 월급봉투에 적힌 금액으로 평가받아서는 안 되는 가치를 지닌 사람들이다. 그 사실을 하루 빨리 증명해야 한다.

차례

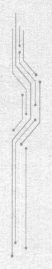

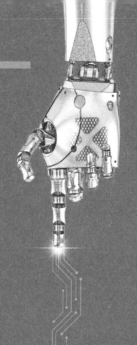

제1부

일자리에서
일어나고 있는 일

내가 ——————————— 제1장
걸어온 길

나는 뉴욕주 북부에서 성장했다. 비쩍 마른 아시아계 소년이라 나를 무시하거나 못살게 구는 아이들이 많았다. 내 모습은 마치 〈기묘한 이야기〉*에 나오는 꼬마 중 하나 같이 보였는데 실제로는 그보다 더 어리숙하고 친구도 적었다. 그 기억은 평생 나를 따라다녔다. 나는 그 당시의 기억을 잊어본 적이 없다. 의심과 두려움에 너무 시달리다 보니 이것이 육체적 고통으로 이어져 뱃속 깊은 곳에서 메스꺼운 느낌까지 들었다. 나는 이방인 같은 느낌을 받았고, 무시당했고, 조롱받았다. 어린 나는 이 모든 일을 잊을 수 없을 것이라고 생각했다. 하지만 알고 보니 대부분의 사람이 나와 비슷한 경험이 있었다. 영화를 보

---

* Stranger Things, 넷플릭스를 통해 방영된 미국 드라마.

면 어린이들이 집에서 성장기의 여러 경험을 거치는 장면이 나온다. 나중에 주인공은 그 시절로 다시 돌아가 잘못된 일을 바로잡는다. 하지만 현실에서는 아무도 과거로 돌아갈 수 없다.

우리 부모님은 교육열이 높았다. 타이완에서 이민 온 아버지는 GE와 IBM의 연구실에서 근무했다. 아버지는 UC버클리에서 물리학 박사 학위를 받았고 평생 69개의 특허를 취득했다. 아버지는 대학원 재학 중에 어머니를 만났다. 어머니도 타이완 이민자였다. 어머니는 통계학 석사 학위를 취득하고 지역 대학에서 컴퓨터 서비스 관리자로 일하다 미술가가 되었다. 형은 교수가 되었다. 그러다 보니 학생을 가르치는 일이 마치 집안 전통처럼 되어버렸다. 미국에서 태어난 이민 2세대인 나는 미국을 엄청 사랑하는 한편 미국 사회에 적응하려고 노력하는 것이 어떤 의미인지 아주 잘 알고 있다.

나는 내가 살던 지역에 있는 공립학교에서 유일한 아시아계 학생이었다. 아이들이 이것을 놓칠 리가 없었다. 급우들은 틈만 나면 내 정체성을 들먹였다.

"야 짱꼴라, 별일 없어?"

"어이, 나하고 한판 붙을까?"라며 더빙이 잘못된 쿵후 영화를 흉내 내 소리는 내지 않고 입만 움직이는 친구도 있었다.

"칭총칭총"*

"야, 너 중국 사람들이 눈가리개로 뭘 쓰는지 알아? 치실이래, 치실!"

---

* 말귀를 못 알아듣는 사람이라는 뜻으로 아시아인을 비하하는 말. 중국인 발음을 흉내 낸 것임.

무표정한 얼굴로 이렇게 말하는 친구도 있었다. "내 얼굴 보여? 이게 동양놈들 웃는 얼굴이야."

"어이, 양. 배고프냐? 구키** 줄까?"

"어이, 양. 네가 누굴 쳐다보는지 알겠는데, 서로 다른 인종 간의 데이트는 안 된다."

"어이, 양. 고추가 작으면 어떤 느낌이 드냐? 중국 사람들 고추 작다는 건 다 알고 있어. 자위할 때 쓰게 핀셋 줄까?"

대부분 중학교 다닐 때의 일이었다. 나는 몇 가지 자연스러운 반응을 보였다. 그러면서 다른 사람의 이목을 꺼리게 되었다. 나는 내고추가 정말로 작을까 하는 생각이 들었다. 그러다 끝에 가서는 화가 치밀었다.

그런 경험 때문인지 나는 약자나 별 볼 일 없는 사람을 잘 이해하게 되었다. 그래서 성장하면서 점점 소외된 사람이나 무시당하는 사람을 위해 나서려고 노력했다. 야구팀도 뉴욕 메츠를 좋아했다. 파티에 가서 혼자 온 사람이나 어색해 보이는 사람을 보면 먼저 다가가 말을 걸곤 했다. 대학에 다닐 때는 조금 지나치다 싶을 정도로 운동을 했다.

이런 나의 열정은 사회생활로 연결되었다. 작은 회사가 성장할 수 있도록 돕는 일을 좋아하게 된 것이다. 나는 대학 졸업 후 회사법 변호사로 5개월 근무한 뒤, 스물다섯 살 되던 2000년에 인터넷 회사를 공동 창업했다. 이 회사가 파산한 후에는 의무 기록 소프트웨

** gookie, 동양인을 얕잡아 부르는 말인 gook과 쿠키를 결합해서 부른 말.

어 회사에서 일했다. 그러다 친구 지크 밴더후크^{Zeke Vanderhoek}가 하는 GMAT* 준비 회사를 돕게 되었다. 그 친구가 1인 강사로 스타벅스에서 강의 일을 시작했을 때였다. 나중에 지크는 나한테 CEO를 맡아달라고 했다. 우리는 이 회사를, 그 분야에서는 전국에서 제일가는 회사로 키웠다.

2010년 무렵 나는 전성기를 구가했다. 우리가 만든 회사 맨해튼 프렙^{Manhattan Prep}은 「워싱턴포스트」의 자회사 캐플런^{Kaplan}에 수백만 달러에 인수되었다. 당시 서른다섯 살이었던 나는 내가 사랑하던 전국 규모의 교육 회사 대표였고, 가족과 함께 뉴욕시에 살았으며, 친구도 많았고, 이듬해에는 약혼자와 결혼하기로 되어 있었다. 내가 세상의 정점에 서 있다는 느낌이 들었다.

하지만 마음 한구석에는 늘 뭔지 모를 찜찜한 느낌이 남아 있었다. 나는 수백 명의 젊은이를 가르쳤다. 맨해튼 프렙의 CEO로서 골드만삭스, 맥킨지, JP모건, 모건스탠리 등에서 애널리스트를 대상으로 교육했다. 유수의 대학을 졸업한 이 젊은이들은 현실에 만족하지 못하는 모습이었다. 그래서 숨도 돌릴 겸 다음 단계로 도약하기 위해 경영대학원 진학을 모색하는 사람이 많았다. 그중에는 미시간이나 오하이오, 조지아 등 다른 주에서 더 나은 기회를 찾기 위해 월스트리트로 온 젊은이도 있었다. 수업이 끝난 후 같이 이야기를 나누다 보면, 이들에게서 자신이 이루지 못한 더 높은 목표를 추구하고 있다는 인상을 받을 때가 많았다. 그러면 회사법 변호사라는, 마음에 들지 않는

---

* Graduate Management Admission Test, 미국 경영대학원 입학시험.

일을 하며 사회생활을 시작하던 10년 전의 내 모습이 떠오르곤 했다.

나는 이런 생각이 들었다. '와, 엄청나게 많은 똑똑한 사람이 비슷비슷한 장소에 모여 비슷비슷한 일을 하고 있군.' 나는 이들의 재능을 가장 유용하게 쓸 수 있는 방법이 무엇일까 하는 생각을 해보았다.

어느 주말 모교인 브라운대학에 갔다가 프로비던스에서 온 창업가 찰리 크롤Charlie Kroll을 만나게 되었다. 찰리는 월스트리트에 가지 않고 프로비던스에서 회사를 창업해 당시 100명에 이르는 직원을 고용하고 있었다. 그 순간 멋진 생각이 떠올랐다. 똑똑하고 진취적인 대학 졸업자들이 디트로이트, 뉴올리언스, 프로비던스, 볼티모어, 클리블랜드, 세인트루이스 등에서 창업하면 이들 도시는 경제적 혜택을 누릴 수 있다는 것이었다. 지난 20년간 미국의 일자리 성장은 모두 신생 기업이 늘어난 덕분이었다. 쇠락한 지역에 일자리가 생기면 지역에 활력이 솟고 새로운 기회가 만들어질 것이며 지역 경제 활성화에도 도움이 될 것이다. 내가 보기에 디트로이트나 뉴올리언스 같은 곳은 쇠락할 대로 쇠락해 이런 긍정적인 시도가 반드시 필요한 도시였다.

물론 대학을 갓 졸업한 젊은이에게 회사를 설립하라는 것이 무리한 주문이라는 사실을 잘 알고 있다. 하지만 나도 경험 많은 CEO 및 직원들과 함께 일하며 배운 것이 많았다. 그래서 나는 이런 견습 방식이 젊은이들의 성장에 가장 좋은 방법이라고 생각한다. 나 또한 20대에는 그런 방식으로 배우며 성장했기 때문이다. 성공하든 실패하든 이들은 더 강해질 것이다. 또, 새로 성장하는 도시의 스타트업에서 몇 년간 일하다 보면 가치관도 바뀔 것이다.

나는 진취적인 대학 졸업생 수백 명을 훈련시킨 다음 여러 도시의 스타트업에 파견해 그 지역의 일자리를 창출하고 혁신을 선도하게 하자는 생각을 밀어붙였다. 2년이 지나면 이들에게 액셀러레이터*의 지원과 종자돈을 제공해 스타트업 창업을 돕기로 했다. 우리의 목표는 2025년까지 미국에 10만 개의 일자리가 창출될 수 있도록 지원하는 것이다. 나는 이 단체에 '벤처 포 아메리카'라는 이름을 붙였다. 이 생각은 사람들의 호평을 받았다. 대학 졸업할 때 벤처 포 아메리카가 있었더라면 자기도 이 프로그램에 참여했을 것이라고 말하는 사람이 많았다.

나는 2010년에 디트로이트에 가보았다. 성장을 위해 인재를 쓸 의향이 있는 기업이 있는지 확인하기 위한 첫 여행지였다. 그런대로 괜찮았던 도시는 파산을 향해 치닫고 있었다. 버려진 것 같은 느낌이 들던 텅 빈 도로가 아직도 눈앞에 떠오른다. 그때 나는 친구에게 이런 농담을 했다. "여기서 운전하면 신호등을 무시하고 막 달려도 될 것 같아. 도로가 텅 비었네." 물론 지금 디트로이트는 최악의 상황을 벗어나 그때보다 훨씬 나아졌다. 디트로이트에 도착한 나는 창업가 몇 사람을 만났다. 그들은 대학을 갓 졸업한 젊은이 중에 힘든 일을 마다하지 않고 함께 일할 의향이 있는 사람이 있다면 한번 채용해보고 싶다고 했다. 프로비던스, 뉴올리언스, 신시내티에서도 똑같은 대답을 들었다. 이들 도시의 창업가들을 만나고 나니 내가 선택한 길이 옳았

---

* accelerator, 유망 창업기업(스타트업)을 발굴하여 엔젤투자, 사업 공간, 멘토링 등 종합보육서비스를 제공하는 창업기획자를 말한다.

다는 확신이 들었다.

2011년 나는 하던 일을 그만두고 12만 달러를 투자해 벤처 포 아메리카를 설립했다. 목표는 기업가 정신을 통해 미국의 도시와 공동체에 활력을 불어넣는 것이었다. 첫해 예산은 20만 달러 정도였다.

2018년의 예산은 그때보다 25배 넘게 늘었다. 우리는 창업가의 열망을 품은 전국 각지의 지원자 수천 명 중에서 진취적인 젊은이 수백 명을 선발해 훈련시켰다. 여러 CEO, 유명인사, 창업가, 대기업, 재단, 심지어 오하이오주 정부까지 우리를 후원한다. 우리는 지금까지 18개 도시에서 2500개가 넘는 일자리 창출을 지원했고, 우리 프로그램을 수료한 젊은이가 창업한 회사도 수십 곳에 이른다. 지난번 과정 수료자의 43퍼센트는 여성이었고, 25퍼센트는 흑인이나 히스패닉이었다. 나는 호평을 받고 있는 책을 한 권 쓰기도 했으며, 〈제너레이션 스타트업Generation Startup〉이라는 다큐멘터리도 제작했다. 우리 프로그램을 수료한 젊은이 여섯 명이 디트로이트에서 창업하는 과정을 추적한 기록물이다.

나는 이상주의적인 생각을 가진 스물두 살짜리 젊은이 수십 명이 회사를 설립해 CEO가 되는 과정을 목격했다. 이 회사들은 아직 틀을 제대로 갖추지 못한 신생 회사지만 수천 명의 삶에 영향을 끼친다. 나는 조그만 스타트업 수백 개가 몇백 명의 직원을 거느린 중견 회사로 성장하는 과정을 보았고, 그 성장을 지원하기도 했다. 또, 황폐화할 위기에 처해 있던 지역에 다시 사람이 몰려들고 새로운 기업이 들어서는 현상도 목격했다. 나는 이상주의적인 생각을 가진 훌륭한 사람들과 함께 남들이 불가능하다고 생각하는 지역을 크게 변화시키는 작업을 해왔다. 벤처 포 아메리카를 통한 나의 노력은 새로운 문을 열었고, 혁신과 기업가 정신에 대한 조언을 듣기 위해 나를 찾는 사람이 많아졌다.

나는 소위 잘나가는 사람이 되었다. 개인적인 생활도 훨씬 나아졌다. 결혼을 했고, 우리 부부의 시간을 많이 빼앗아가는 두 아들도 생겼다. 부모가 되는 것은 내가 생각했던 것보다 훨씬 어려운 일이었지만 나름대로 만족감을 가져다주었다.

하지만 2016년이 되자 어떤 불편한 감정이 내 마음을 짓누르기 시작했다. 도저히 떨쳐버릴 수 없는 느낌이었다. 전국을 이리저리 누비다 보니 오랫동안 침체 상태에 있었던 듯한 모습을 보이는 곳이 눈에 많이 띄었다. 온종일 손님 몇 사람 받지 못한 것 같은 식당에서 밥을 먹은 적도 있었고, 판자를 둘러치고 '매물'이라는 표지판을 붙인 상가를 지나가기도 했다. 버려진 건물이나 공장에 들어가 보기도 했으며, 체념이 깊게 새겨진 사람들의 얼굴을 보기도 했다. 전반적으로 패배감과 억눌린 듯한 느낌이 분위기를 압도하고 있었다. 이런 상황에서 '위험을 감수하라'라든가 '실패해도 괜찮아'라는 기업가 정신의 메시지는 우스꽝스럽고 부적절해 보였다. 비유컨대 물이 차올라서 전체 공동체가 물속에 잠길 상황이었다. 출장을 끝내고 맨해튼이나 실리콘밸리로 다시 돌아오면, '이곳과 그곳이 같은 나라라는 사실이 믿기지 않아' 하는 생각이 들 때가 많았다. 친구와 저녁을 함께 먹으며 내가 본 모습을 친구에게 전하려고 애쓰다가, 내가 마치 '세상은 불길에 휩싸였는데 홀로 맛있는 음식을 먹는 사람이 나오는 연극 속의 인물 같다'는 느낌이 들 때도 있었다.

건물이나 주위 환경이 문제가 아니라 사람이 문제였다. 그들은 삶의 기대치가 낮아져서 그냥 하루하루 목숨을 이어가는 사람들처럼 실의에 빠져 의기소침한 모습이었다.

나는 약자의 입장에서 벗어나, 이제는 해결책을 제시하는 사람으로 바뀌었다. 보잘것없고 소외된 사람이나 찾던 내가 이제는 부유한 사람을 찾아가 의미 있는 일을 하라고 권유할 수 있는 사람이 되었다. 비영리 단체를 키우다 그 단체의 대표가 되었고, 그러다 보니 대표 자격으로 자원이 풍부한 기관이나 사람들과 더 자주 교류하게 되었다. 지금도 나는 이미 성공한 사람들과 어울리는 일이 많다. 그전에는 상상도 못 하던 일이었다.

그런데 기업가 정신과 비영리 단체와 정부 부문의 한계가 내 눈에 들어오기 시작했다. 저명인사들이 모이는 콘퍼런스나 디자인 세션에 초대받아 가보면, 내로라 하는 인사들이 나한테 와서는 문제를 해결해보려고 했지만 제대로 되지 않는다고 털어놓는 일이 벌어졌다. 심지어 우리처럼 하려면 10배, 100배, 아니 1000배 이상의 자원이 필요할 것이라고 말하는 사람도 있었다. 그들은 자기 분야에서 최고로 잘나가는 사람들이었다. 그렇게 사람들은 우리 등을 두드리며 우리가 한 일을 칭찬했지만 우리는 이렇게 자문했다. "무엇 때문에 우리를 칭찬하는 거지? 문제가 점점 심각해지고 있는데……."

이런 불편한 감정에 시달리던 내 머릿속에 기본적인 질문 두 개가 계속 맴돌았다. '도대체 미국에서 무슨 일이 벌어지고 있는 거지?' '왜 내가 자꾸 꼭두각시가 되어 가는 느낌이 드는 거야?' 나는 보통의 미국 사람들과 달리 내가 꿈꾸던 인생을 살고 있지만, 그것이 언제 터질지 모르는 거품과 같다는 느낌이 들기 시작했다. 또, 우리 사회의 인적 자본과 금융 자본이, 잘못되어 가는 기계를 고치기보다는 그 기계의 발전 속도를 높이는 일을 하는 소수의 분야로 쏠리고 있다는 느낌도 들었다. 나 또한 기계를 고치고 싶어하던 사람에서 기계의 성능을 높이는 추가 부품으로 바뀌고 있었다. 나는 벤처 포 아메리카를 사랑한다. 내 인생 최고의 작품이다. 하지만 도도한 흐름을 막으려면 지금보다 엄청나게 더 커져야 한다.

나는 노동시장의 추세에 관한 연구 자료를 파고드는 한편 미국 경제에서 일어나고 있는 장기적 변화의 흐름을 더 자세히 알기 위해 친구들과 이야기를 나누기 시작했다. 문제가 뭔지를 알고 싶었던 것이다. 2016년 말 도널드 트럼프가 대통령에 당선되자 내가 느끼던 위기감이 더 고조되었다. 그의 당선은 마치 평범한 사람들의 도와달라는 외침 같았다.

노동시장에 대해 내가 조사해본 결과는 충격적이었으며 현장에서 마주했던 실상을 뒷받침하고 있었다. 미국 내 사업체의 수는 12년 전을 기준으로 해마다 10만 개씩 줄어들기 시작했다.[1] 또, 주로 기술 발전 때문에 수백만 개의 일자리가 사라지고 있다. 여러 지역에서 경제의 성장 엔진이 꺼지고 있으며, 자동화로 인해 전국적으로 수십만 명의 취약계층이 생계수단을 빼앗기고 있다. 새로 생기는 일자리는 그 수가 많지 않을 뿐만 아니라, 대부분 일자리를 잃어 타격을 받은 지역에서 멀리 떨어진 곳에 자리하고 있다. 그나마 없어진 일자리와 완전히 다른 기량이 있어야 진입이 가능한 일자리들이다. 기술은 이미 하위 계층뿐만 아니라 화이트칼라나 고등교육을 받은 노동자의 일자리까지 위협하는 수준을 눈앞에 두고 있다.

내가 상황을 완전히 인식하던 순간이 떠오른다. 2000~2015년 사이에 자동화로 인해 사라진 제조업 일자리가 수백만 개에 이른다는 내용을 심층 분석한 CNN 기사를 읽고 있을 때였다. 세계화로 사라진 일자리보다 4배가 더 많다고 했다.[2] 나도 클리블랜드, 신시내티, 인디애나폴리스, 디트로이트, 피츠버그, 세인트루이스, 볼티모어 등 예전에 제조업의 중심지였던 여러 도시를 직접 가본 적이 있다. 게다가 내 친구들이 무슨 일을 하고 있고 그래서 앞으로 어떤 일이 벌어질지 알고 있었다. 퍼즐 조각을 모두 맞추고 나니 가슴이 덜컥 내려앉으며 머릿속에 온갖 생각이 떠올랐다. 이런 현상을 막을 수 있는 사람은 아무도 없을 것이다. 이들 지역의 경제와 문화는 말살되었으며 앞으로 다른 지역에서도 같은 일이 벌어질 터였다.

미국인의 생활과 가정은 무너져가고 있다. 만연한 경제 문제는 이제 뉴노멀이 되었다. 우리는 인류 역사상 세 번째 또는 네 번째의 거대한 경제 변혁기를 맞이하고 있지만, 그런 이야기를 하는 사람도 없고 대응책을 강구하는 사람도 없어 보인다.

나는 지난 6년 동안 급속히 성장하는 회사를 통해 여러 지역에 일자리 창출을 돕고 창업가를 훈련하며 이 문제를 해결하려고 노력했다. 결국, 일자리 창출이 지난 6년간 내가 하던 일이었다. 그런데 우리 모두가 그렇겠지만, 큰 시각에서 보았을 때 나도 패배할 것 같다. 나는 대실업이라는 물결이 이미 우리 앞에 와 있고, 대부분의 사람이 생각하는 것보다 더 크고 빠르게 우리에게 영향을 미칠 것이라고 확신한다. 이 물결의 가장 치명적인 요소는 이 물결로 인해 사람과 공동체가 파괴되는 동안 피해자가 누구인지 확실하게 알 수 없다는 점이다.

나는 방향을 바꾸었다. 이제 내 목표는 사람들에게 어떤 일이 일어나고 있는지를 알리고, 우리가 원하는 미래를 지키기 위해 싸울 준비를 하게 하는 것이다. 엄청난 도전 과제가 아닐 수 없다. 이 일을 하는 것은 우리 손에 달렸다. 시장은 우리를 돕지 않을 것이다. 오히려 우리한테 달려들 것이다. 아직 해결책이 우리 손을 떠난 것은 아니지만 시간이 얼마 남지 않았다. 내가 본 것을 여러분도 보았으면 좋겠다.

제2장

왜 ————————————————————————————
이렇게 되었을까?

　대실업의 시대가 하루아침에 도래한 것은 아니다. 경제와 노동시장이 수십 년간 기술의 진보, 금융화, 기업 규범의 변화, 세계화 등에 대응해 변화를 지속하며 쌓인 결과물이다.

　우리 부모님이 뉴욕주 북부지방에 살면서 GE와 블루크로스 블루실드Blue Cross Blue Shield에서 일하던 1970년대만 해도 기업은 직원에게 연금을 넉넉하게 주었고, 직원들은 자기 회사에서 오랫동안 일할 수 있으리라는 기대를 갖고 있었다. 지방 은행은 그 지방에 있는 기업에 적절한 금리로 돈을 빌려주는, 단순한 형태의 사업을 영위했다. 노동조합에 가입한 근로자의 비율은 20퍼센트가 넘었다. 물론 경제성장률이 일정하지 않고 주기적으로 인플레이션이 높아지는 경제 문제도 있었다. 하지만 소득 불평등 정도는 낮았고, 기업은 직원에게 복지혜택을 주었으며, 중심가에 있는 사업체*가 경제를 견인했다. TV 방송 국은 세 개밖에 없었고, 조금 더 선명하게 TV를 보려고 안테나를 이 리저리 만지던 시절이었다.

이 모든 일이 이제는 옛날이야기가 되어버렸다. 민간 부문에서는 벌써 몇 년 전에 연금이 사라졌다. 지방 은행은 대부분 1990년대에 거대 은행에 흡수되어 오늘날은 5대 은행이 상업적 은행 업무의 50퍼센트를 장악하고 있다. 이에 따라 금융 부문이 급속히 성장해 전체 기업 이익의 25퍼센트를 차지할 정도가 되었다.[1] 노조원의 수는 50퍼센트 감소했다.[2] 2005~2015년 사이에 새로 생긴 일자리의 94퍼센트는 복지혜택이 없는 임시직이거나 계약직이다. 그러다 보니 여러 임시직이나 계약직을 전전하며 간신히 먹고사는 것이 점점 일상화되어 가고 있다.[3] 실질 임금은 정체되었을 뿐만 아니라 심지어 떨어지기까지 하고 있다.[4] 1990년에 태어난 미국인이 부모보다 돈을 더 많이 벌 확률은 50퍼센트로 떨어졌다. 1940년에 태어난 미국인의 경우에는 이 확률이 92퍼센트였다.[5]

밀턴 프리드먼Milton Friedman과 잭 웰치Jack Welch를 비롯한 거물 기업가 덕분에 1970년대와 1980년대 초반 거대 기업의 목표는 변하기 시작했다. 이들이 신봉하는 개념, 즉 기업의 목적은 주가의 극대화라는 생각은 미국 내 모든 경영대학원과 이사회 회의실의 절대적 진리가 되어버렸다. 기업은 주주가치를 유일한 평가 잣대로 받아들여야

---

* main street business, 협의로는 소도시의 중심가에 늘어선 소매점을 말하고, 광의로는 월스트리트로 대변되는 금융 산업이나 거대 기업의 반대편에 있는 중소기업, 개인 사업체 등을 통칭해서 쓰는 말.

했다. 적대적 기업 인수, 주주 소송, 나중에는 행동주의 헤지펀드**까지 등장하면서 관리자들은 어떤 대가를 치르더라도 수익률을 높이는 데 전념할 수밖에 없게 되었다. 한편, CEO는 처음으로 회사의 주가에 따라 자신이 얻을 이익이 결정되는 구조인 스톡옵션을 부여받게 되었다. CEO와 종업원의 임금 비율은 1965년 20대1에서 2016년에는 271대1로 치솟았다.[6] 복지혜택은 점점 줄어들었고, 회사와 종업원의 관계는 갈수록 약화해 거래 관계로 변모했다.

이와 동시에 소비자 대출 업무와 투자은행 업무를 분리하는 대공황 시대의 법규가 폐지되면서 거대 은행이 성장하고 진화했다. 금융 규제 완화는, 1980년 로널드 레이건 대통령 시절에 시작되어 1999년 빌 클린턴 대통령 시절 은행에 완전한 자유를 부여한 '금융 서비스 현대화 법'이 제정되면서 완결되었다. 증권 산업이 GDP에서 차지하는 비율은 1980년에서 2000년대 사이에 500퍼센트 늘었고, 같은 기간에 일반 은행의 여신은 GDP의 70퍼센트에서 50퍼센트로 줄어들었다.[7] 중심가에 있는 사업체까지도 재무 관리를 위해 금융공학 기법을 도입하면서 금융 상품이 크게 늘었다. 제조업의 상징과도 같았던, 예전에 우리 아버지가 다니던 회사 GE도 2007년에 미국에서 다섯 번째로 큰 금융기관이 되었다.

기술이 발달하고 해외 시장에 진입할 수 있는 새로운 방법이 생겨나면서 미국 기업들은 중국이나 멕시코의 공장에 제품 생산을 아웃

** 주식 매수를 통해 특정 기업의 주요 주주로 등재된 후 경영에 적극적으로 관여함으로써 기업 및 보유 주식 가치 상승을 추구하는 전략을 구사하는 헤지펀드다.

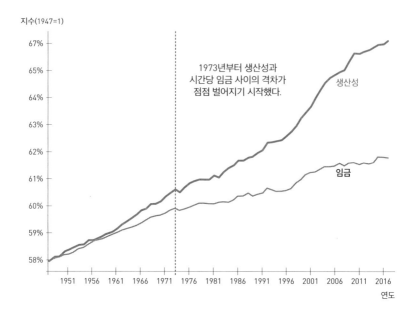

<그림2> 생산성과 시간당 임금 상승률(1949-2017)

지수(1947=1)

1973년부터 생산성과
시간당 임금 사이의 격차가
점점 벌어지기 시작했다.

생산성

임금

[출처] 미국 노동통계청, 비즈니스 부문: 전체 노동자의 시간당 실질 임금과 생산성,
세인트루이스 연방준비은행 FRED에서 발췌.

소싱하고, 인도에 있는 프로그래머나 콜센터에 정보기술이나 고객서비스를 아웃소싱할 수 있다는 사실을 알게 되었다. 미국 기업이 해외로 아웃소싱한 일자리는 2013년에 1400만 개에 이르렀다.[8] 대부분 그 이전이라면 더 높은 임금을 주고 국내 노동자에게 맡겼어야 할 일이었다. 그 결과 가격이 내려가고 효율은 높아지고 새로운 기회도 일부 생겨났지만, 그와 함께 미국 노동자가 받는 압박도 늘었다. 전 세계의 노동자와 경쟁해야 하는 상황에 내몰린 것이다.

자동화는 20세기 초반 트랙터의 등장과 함께 농장에서 시작되어

1970년대에는 공장으로 확산되었다. 제조업 고용 인원은 1978년 무렵부터 줄어들기 시작했고, 이때부터 임금 인상률도 떨어지기 시작했다. 그전까지 평균 임금은 생산성 및 GDP 성장률과 같은 비율로 상승해왔다. 하지만 1970년대에 들어와 둘 사이의 간격이 급격히 벌어졌다. 1973년부터 생산성은 노동자의 시간당 평균 임금보다 훨씬 높아졌다.

이때부터 근로자가 받는 보상과 기업의 성과가 함께 가던 관계가 깨져버렸다. 게다가 기업의 수익이 역대 최고치를 기록할 정도로 치솟는데도 근로자의 임금은 오히려 떨어지는 현상까지 발생하고 있다. GDP에서 임금이 차지하는 비율은 1970년 54퍼센트에 이르던 것이 2013년에는 44퍼센트로 떨어졌다. 반면 같은 기간 GDP에서 기업 이윤이 차지하는 비율은 4퍼센트에서 11퍼센트로 높아졌다.[9] 결국, 주주의 수익성은 매우 좋아졌지만 근로자의 수익성은 그렇지 않았다는 뜻이다.

상위층에서의 자본 축적과 승자독식 경제의 확산으로 인해, 수익이 갈수록 상위 1퍼센트의 계층과 소득원의 20퍼센트로 쏠리면서, 오늘날 불평등은 역대 최고 수준에 이르렀다. 상위 1퍼센트는 2009년 이후 미국 실질 소득 성장분의 52퍼센트를 가져갔다.[10] 여기에는 기술이 큰 역할을 했다. 기술은 소수의 승자에게로 쏠리는 현상이 있기 때문이다. 연구에 따르면 불평등한 사회에서는 모든 사람의 행복도가 떨어진다고 한다. 상위층에 있는 사람도 마찬가지다. 부유한 사람은 불평등한 사회에서 우울한 감정과 불신을 더 많이 느낀다고 한다.[11]

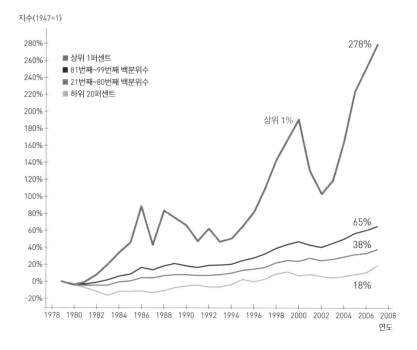

〈그림3〉 소득 집단별 세후 평균 소득의 누적 성장률(1979-2007)

지수(1947=1)

- ■ 상위 1퍼센트
- ■ 81번째~99번째 백분위수
- ■ 21번째~80번째 백분위수
- ■ 하위 20퍼센트

상위 1%

278%

65%

38%

18%

1978 1980 1982 1984 1986 1988 1990 1992 1994 1996 1998 2000 2002 2004 2006 2008
연도

[출처] 미국 의회 예산실

자신이 상류층이라는 사실에 불편함을 느끼지 않는 환경이어야 마음이 더 편안해지기 때문일 것이다.

일자리는 예전처럼 늘어나지 않는다.

이제 기업은 직원을 많이 고용하거나 임금을 올리지 않고도 번창하고 성장하며 기록적인 수익을 올릴 수 있게 되었다. 1970년대 이후부터는 경제가 성장하는 만큼 일자리 창출이나 임금 상승이 뒤따르지 않았다. 지난 몇십 년을 돌아보면 시간이 지날수록 새 일자리가 늘

<그림4> 미국의 일자리 증가율(1976-2015)

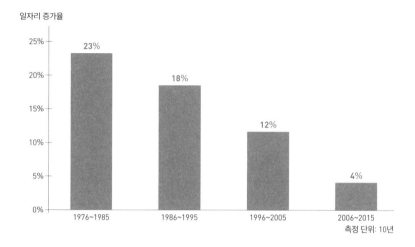

일자리 증가율

- 1976~1985: 23%
- 1986~1995: 18%
- 1996~2005: 12%
- 2006~2015: 4%

측정 단위: 10년

[출처] 경제 자료, 세인트루이스 연방준비은행

어나는 비율이 줄어든 것을 알 수 있다. 2000~2010년 사이에는 대침체Great Recession로 인해 일자리 순증가분이 제로를 기록하기도 했다.

노동의 역할 변화는 지난 몇 번의 침체기를 거치는 동안 일자리 수가 다시 원래대로 돌아오는 데 걸린 시간에서도 알 수 있다. 미국은 1980년 이후 여러 번 큰 침체기를 겪었다. 침체기를 겪을 때마다 일자리는 더 많이 줄어들었고, 줄어든 일자리 수가 다시 원래대로 돌아오는 데 걸리는 시간은 더 길어졌다.

이제는 새로운 기업이 번창하고 성장한다고 해도 과거처럼 사람을 많이 고용하지 않게 되었다. 오늘날의 대기업은 예전의 대기업에 비해 훨씬 적은 수의 종업원을 고용한다.

<표1> 대기업의 종업원 수(과거와 현재의 비교)

기업 1	2017년 고용자 수	기업 2	고용자 수(연도)
아마존	341,400	월마트	1,600,000(2017)
애플	80,000	GM	660,977(1964)
구글	57,100	AT&T	758,611(1964)
MS	114,000	IBM	434,246(2012)
페이스북	20,658	GE	262,056(1964)
스냅	1,859	코닥	145,000(1989)
에어비앤비	3,100	힐튼호텔	169,000(2016)

미래의 기업은 이전처럼 많은 종업원이 필요 없을 것이고, 종업원은 대부분 전문 기술을 갖춰야 할 것이다.

통계를 보면 이제는 예전 수준만큼 새 일자리를 창출하는 일이 훨씬 어려워졌다는 사실을 확실하게 알 수 있다. 또, 평균 소득은 제자리걸음이고, 기업의 수익성은 높아졌으나 노동 수익률은 낮아졌으며, 불평등은 심화하였다는 사실도 알 수 있다. 기술과 자동화로 말미암아 경제가 근본적으로 탈바꿈을 하고 있는 중이라면 예상할 수 있는 일들이다. 에릭 브리뇰프슨Erik Brynjolfsson MIT 교수는 그런 현상을 이렇게 표현했다. "기술은 무서운 속도로 발전하고 있는데 우리 기량과 조직 구조는 그것을 따라잡지 못하기 때문에 인간은 뒤로 처지고 있다."[12]

승자독식 경제가 이런 빌미를 제공했다. 그런데도 우리는 경제적 가치가 인간의 시간과 노동에서 점점 멀어져간다는 사실을 인정하기보다는 짐짓 모른 체하고 1970년대의 방식을 계속 유지해왔다. 우리는 부채와 저금리에 의지하고 미래를 위해 마땅히 해야 할 일을 뒤로 미루는 방법으로 몇십 년 동안 이런 눈가림을 이어올 수 있었다. 그런데 기술이 정말로 비약적으로 발전해 우리의 노동을 무가치하게 만들기 시작하자 우리가 외면했던 현실이 대가를 요구하기 시작했다. 특히 미국의 보통 사람들이 그 표적이 되고 있다.

'보통 사람들'이라는 용어를 어떤 뜻으로 썼는지 궁금해하는 독자도 있을 것이다. 다음 장에서 살펴보도록 하겠다.

어떤 사람이 ──────────────── 제3장
보통 사람인가?

"미래는 이미 우리 곁에 와 있다. 단지 널리 퍼지지 않았을 뿐이다."
- **윌리엄 깁슨**William Gibson

　이 책을 출판하기 전에 친구들에게 먼저 읽혔더니 책 제목이 마음에 들지 않는다는 친구들이 있었다. '보통'이라는 말에는 그 본디의 뜻 외에 다른 의미가 추가되었기 때문에 그 말을 들으면 어떤 특정 성향이나 삶의 방식이 떠오른다는 것이었다.

　내가 말하는 '보통 사람'은 평균적인 사람을 뜻한다. 예를 들어, 미국 국민을 어떤 기준(교육 수준, 소득 수준, 저축액, 도시 접근성 등)에 따라 줄 세운다면 한가운데 오는 사람이 보통 사람이라는 뜻이다. 따라서 박사 학위 소지자는 보통 사람이 아니며, 마찬가지로 중학교 중퇴자도 보통 사람이 아니다.

　작년에 뉴올리언스로 출장을 갔다가 우버 택시를 탄 적이 있다. 당시 택시 기사와 나눈 이야기가 아직도 머릿속을 떠나지 않는다. 평범한 주부로 보이는 로리라는 이름의 택시 기사는 40대 후반의 상냥한 여성이었다. 내가 창업 관련 일을 한다고 하자 로리는 큰 소리로 이렇게 말했다. "대단한 일을 하시네요. 저도 창업가예요!" 로리는 몇 년 전에 주방 리모델링 사업을 시작했다고 했다. 하지만 이야기를 하다 보니 그녀의 사업이 실패했고 그래서 궁여지책으로 우버 택시를 몬다는 사실이 드러났다. 로리에게는 아들이 둘 있는데 그중 하나는 특별한 보살핌이 필요한 아이였다. 로리는 그 아이가 다닐 만한 학교를 알아보고 있다는 말을 하며 울음을 터트렸다. 로리의 가족은 몇 년 전에 죽은 남편을 대신해 그녀가 받는 부분 장애 연금으로 생계를 유지하고 있었다. "그것마저 없으면 어떻게 살아야 할지 모르겠어요. 지금도 근근이 지내는데……." 로리가 목멘 소리로 이렇게 말했다. 택시에서 내릴 때쯤에는 마음을 추슬렀는지 인사하는 목소리에서 쑥스러워하는 느낌이 묻어났다.

이유는 달랐지만 나도 마음이 불편했다. '저 사람 문제와 견줘보면 내 문제는 아무것도 아니네' 하는 생각이 들었다. 나와 가까운 사람 중에는 로리처럼 다음 달 지불해야 할 청구서 때문에 스트레스를 받는 사람은 없었다. 하지만 뉴올리언스에서 내가 만났던, 생계를 잇기 위해 우버 택시를 모는 싱글맘이 보통 사람이다. 나와 스포츠 이야기를 나누었던, 디트로이트에서 보안요원으로 근무하는 이라크 참전 용사가 보통 사람이다. 이 참전 용사는 전우 두 사람이 죽는 모습을 보았다고 했고, 귀국한 뒤 안정된 일자리가 생겨 다행이라고 했다. 클리블랜드에서 만났던, 간호학교에 다니기 위해 돈을 모으고 있다는 바텐더가 또한 보통 사람이다. 그녀는 돈을 벌기 위해 잠시 휴학 중이라고 했다.

이들과의 대화는 나에게 큰 깨달음을 주었다. 뉴욕과 샌프란시스코에 있는 내 친구들이나 동료들 대부분은 대륙 가운데에 있는 이런 도시를 방문할 이유가 거의 없다. 그런데 뉴올리언스, 디트로이트, 클리블랜드, 피츠버그, 버밍햄, 볼티모어, 세인트루이스, 신시내티 같은 도시도 인근 지역이나 미국의 다른 지역 대부분에 비하면 상대적으로 더 발전한 곳이고, 상업과 교육의 중심지라고 할 수 있는 곳이다.

우리는 대부분 비슷한 사람들과 어울려 살아간다. 그러면서 자신의 처지를 기준으로 보통이라는 개념을 판단한다. 미국처럼 큰 나라에서 보통이나 평균을 제대로 알려면 어느 정도 노력이 필요하다. 교육을 예로 들어 보자. 만약 당신이 이 책을 읽고 있다면, 당신은 대학을 졸업했거나 대학생일 공산이 크고 당신이 아는 사람도 대부분 대학을 졸업했을 것이다. 그렇다면 당신과 당신 친구와 당신 가족은 미국 인구 중 대략 상위 3분의 1 안에 속한다. 만약 당신이 석사 학위 또는 전문 학위를 취득했다면, 교육 수준을 기준으로 보았을 때 당신은 미국 인구 중 상위 12퍼센트 안에 들어간다. 평균적인 미국인의 교육 수준은 대학에서 한 학년을 이수한 지점과 2년제 대학을 졸업한 지점의 중간 정도다. 25세 이상의 미국인 60.25퍼센트는 졸업 여부와 상관없이 어떤 형태로든 대학을 다닌 적이 있고, 43.51퍼센트는 최소한 2년제 대학 졸업 이상의 학력이 있다.[1] 그보다 젊은 사람들에게는 이 수치가 조금 올라가는 추세다. 그렇다고 하더라도 평균적인 미국인은 대졸자가 아니라고 말하는 편이 정확할 것이다.

친한 친구 다섯 명을 한번 떠올려 보라. 당신이 만약 무작위로 지

구분	고졸 이상	대학 입학 이상	2년제 대학 졸업 이상	4년제 대학 졸업 이상	대학원
성별					
남자	88%	58%	41%	32%	12%
여자	89%	60%	43%	33%	12%
인종별					
백인	89%	59%	43%	33%	12%
히스패닉을 제외한 백인	93%	64%	47%	36%	14%
흑인	87%	53%	32%	23%	8%
아시아인	89%	70%	60%	54%	21%
히스패닉	67%	37%	23%	16%	5%

[출처] 미국 인구조사국, 2016년 인구조사

인 다섯 명을 골랐을 때 그들 모두 대졸자일 확률은 대략 1퍼센트의 3분의 1인 0.36퍼센트다. 네 명 이상이 대졸자일 확률은 4퍼센트 정도밖에 되지 않는다. 만약 당신이 그런 경우라면 당신이 속한 집단은 고학력 계층이다. (하지만 당신 입장에서 보면 당신은 완벽하게 보통 사람일 것이다.)

이상이 교육 수준에서 본 보통 사람이다. 그렇다면 재산과 소득은 어떨까?

2016년 가계 소득의 중앙값은 5만9309달러였다.[2] 일반적으로 각 가정은 여러 가족으로 구성되어 있다. 2016년도의 개인 소득 중앙값은 3만1099달러였고, 평균값은 4만6550달러였다.[3] 대부분의 사람이 어떻게 살고 어떤 조건에서 일하는지 보여주는 적절한 통계치는 중앙값이다. 평균값은 수백만 달러를 버는 얼마 안 되는 사람들 때문에 높아지는 경향이 있기 때문이다. 중앙값이란 모든 사람을 소득 수준에 따라 한 줄로 세웠을 때 한가운데 오는 사람의 소득을 말한다. 미국인 절반은 3만1099달러 이하를 벌고, 절반은 그 이상을 번다. 또, 70퍼센트의 미국인은 5만 달러 이하를 번다.(교육 수준에 따른 소득의 중앙값은 〈표3〉과 같다.)

앞서 말한 바와 같이 당신이 이 글을 읽고 있다면, 당신이 아는 사람의 70퍼센트가 5만 달러 이하를 벌 가능성은 없을 것이다. 대졸자 이상의 평균 소득은 5만5000달러인데, 그중 석사 학위 소지자와 전문 학위 소지자의 평균 소득은 각각 6만1000달러와 9만1000달러다.

노동통계청 자료에 따르면 시간당 임금의 중앙값은 17.40달러다. 이 말은 노동자가 일주일에 약 35시간씩 50주 동안 일한다는 뜻이다. OECD 평균인 34.4시간과 거의 일치한다. 따라서 평균적인 미국 노동자는 2년제 대학 졸업 미만의 학력을 가지고 시간당 약 17달러를 번다고 볼 수 있다.

지난번에 실시한 인구조사 결과에 따르면 미국인의 80.1퍼센트는 도시권에 거주하고, 19.9퍼센트는 시골 지역에 산다고 한다. 하지만 여기에는 오해의 소지가 있다. 인구조사에서는 도심지에서 아무리 멀리 떨어진 교외에 산다 하더라도 도시의 경계 안에 있는 사람이라면 모두 도시권으로 분류한다. 온라인 부동산 사이트 트룰리아Trulia가 최근에 전국적으로 실시한 설문조사에 따르면 응답자의 26퍼센트

교육 수준	소득의 중앙값
중졸 미만	$ 16,267
중졸 이상, 고졸 미만	$ 17,116
고졸	$ 25,785
대학 입학, 학위 없음	$ 30,932
2년제 대학 졸업	$ 35,072
학사 학위 이상	$ 55,071
학사 학위	$ 49,804
석사 학위	$ 61,655
전문 학위	$ 91,538
박사 학위	$ 79,231

[출처] 미국 인구조사국, 인구 조사, 2016 사회 및 경제 통계 보충 자료

만 도시에 산다고 했고, 53퍼센트는 자신의 주거지를 교외, 21퍼센트는 시골이라고 답했다.[4] 두 자료를 종합해보면 미국 인구의 대략 절반 정도가 교외에 살고 있다는 것을 알 수 있다. 따라서 대부분의 미국인에게 가장 일반적인 주거 지역은 아직 교외라고 볼 수 있다.

1인당 소득도 주마다 다르다. 2016년 1인당 소득이 가장 높은 곳은 컬럼비아 특별구(워싱턴 D.C.)로 5만567달러였고, 1인당 소득이 가장 낮은 곳은 미시시피주로 2만2694달러였다.[5] 25번째와 26번째는 오하이오주와 메인주였는데, 평균 소득은 각각 2만9604달러와 2만9164달러였다. 결국, 미국 수도가 소득이 가장 높은 주의 역할도 한

셈이다.

미국인의 재무적 불안정에 관한 기사를 본 적이 있을 것이다. 소비자 금융 서비스 회사 뱅크레이트^{Bankrate}가 2017년에 실시한 설문 조사에 따르면, 미국인의 59퍼센트는 예기치 않게 발생한 500달러 정도를 지출할 만큼의 저축액도 없다고 한다.[6] 이들은 신용카드에 의지하든지, 다른 사람에게 도움을 청하든지, 아니면 몇 달 동안 지출을 줄여 이 돈을 감당해야 할 것이다. 연방준비제도도 2015년에 비슷한 내용의 보고서를 발표했는데, 미국인의 75퍼센트가 결제 계좌나 저축 계좌에 400달러 정도의 긴급 비용을 지출할 만큼 돈이 들어 있지 않다고 했다.

고등학교를 졸업했거나 대학 공부를 한 적이 있는 평균적인 미국인의 순자산 중앙값은 주택 자산을 포함해 3만 6000달러 언저리다. (미국인 63.7퍼센트가 집을 가지고 있는데, 2004년에는 이 비율이 69퍼센트였다.[7]) 하지만 주택 자산을 제외하면 순자산 중앙값은 9000~1만 2000달러로 떨어지고, 자동차 가치마저 빼면 4000~7000달러밖에 되지 않는다.

안타깝게도 인종 간 자산의 격차가 매우 크다. 흑인과 히스패닉 가구의 자산 수준은 전반적으로 아주 낮다. 백인과 아시아인의 자산은 흑인이나 히스패닉보다 평균 8~12배 많다. 주택 보유 비율도 높아서, 히스패닉과 흑인이 각각 48퍼센트와 46퍼센트인 반면 백인과 아시아인은 75퍼센트와 59퍼센트에 이른다.

이런 인종별 자산 통계자료는 내 마음을 아프게 했다.

남성과 여성의 격차도 여전했다. 여성 가구주는 남성 가구주보다

<표4> 연령별, 교육 수준별 가구당 자산 가치의 중앙값(2013)

구분	순자산	금융기관 예치 자산	주식 및 뮤추얼펀드	주택 자산
연령				
35세 이하	$ 6,936	$ 2,330	$ 8,000	$ 30,000
35~44세	$ 45,740	$ 2,800	$ 16,000	$ 50,000
45~54세	$ 100,404	$ 3,500	$ 28,000	$ 70,000
55~64세	$ 164,498	$ 4,650	$ 50,000	$ 100,000
65세 이상	$ 202,950	$ 8,934	$ 73,300	$ 131,709
65~69세	$ 193,833	$ 6,749	$ 62,000	$ 125,000
70~74세	$ 202,390	$ 9,817	$ 75,000	$ 132,000
75세 이상	$ 197,758	$ 10,001	$ 78,575	$ 140,000
교육 수준				
고졸 미만	$ 5,038	$ 560	$ 28,153	$ 60,000
고졸	$ 36,795	$ 1,500	$ 20,200	$ 70,000
대학 입학	$ 36,729	$ 1,800	$ 20,500	$ 67,000
2년제 대학 졸업	$ 66,943	$ 3,000	$ 21,000	$ 60,000
4년제 대학 졸업	$ 147,578	$ 6,900	$ 30,000	$ 94,000
대학원	$ 325,400	$ 15,500	$ 50,000	$ 135,000

[출처] 미국 인구조사국, 소득 및 프로그램 참여 조사Survey of Income and Program Participation, 2014년 패널 대상 1차 조사(2017.6. 온라인으로 입수)

자산이 12퍼센트 적었다. 또, 여성은 평균적으로 남성보다 소득도 20퍼센트 적었다.[8] 이것 역시 가슴 아픈 이야기다. 하지만 교육 수준은 여성이 남성보다 높았는데, 앞으로 이 격차는 더 벌어질 것으로 보인다.

<표5> 연령별, 자산형태별 가구당 자산 가치의 중앙값(2013)

인종	순자산	금융기관 예치 자산	주식 및 뮤추얼펀드	주택을 포함한 순자산
백인	$ 103,963	$ 4,600	$ 35,000	$ 85,000
히스패닉을 제외한 백인	$ 132,483	$ 5,500	$ 37,500	$ 90,000
흑인	$ 9,211	$ 1,000	$ 9,000	$ 56,000
아시아인	$ 112,250	$ 7,600	$ 25,000	$ 150,000
기타	$ 13,703	$ 1,300	$ 15,000	$ 59,000
히스패닉	$ 12,460	$ 1,380	$ 10,000	$ 50,000
비 히스패닉	$ 99,394	$ 4,500	$ 34,000	$ 85,000

출처: 미국 인구조사국, 소득 및 프로그램 참여 조사, 2014년 패널 대상 1차 조사,
(2017.6. 온라인으로 입수)

우리는 주식시장의 성과를 국가 번영의 대략적인 지표로 사용할 때가 많다. 그런데 주식시장 투자금액의 중앙값은 0에 가깝다.[9] 주식, 뮤추얼펀드, 근로자가 직접 관리하는 퇴직연금, 개인퇴직계좌IRA 등 어떤 방식으로든 주식을 가지고 있는 미국인은 52퍼센트에 불과하다. 또, 미국인 하위 80퍼센트가 가지고 있는 주식은 전체 주식의 8퍼센트에 지나지 않는다. 그렇다. 상위 20퍼센트가 상장 주식의 92퍼센트를 소유하고 있다. 이 말은 평균적인 미국인은 부의 효과wealth effect를 제외하고 주식시장 상승의 혜택을 거의 누리지 못한다는 뜻이다. 부의 효과란 주식 등 자산의 가치가 상승하면 부유한 사람이 소비를 더 많이 해 경기가 활성화되는 효과를 말한다.

그렇다면 보통 사람은 어떤 사람인가? 미국의 보통 사람은 2년제 대학이나 4년제 대학을 졸업하지 못했다. 대학을 1년 정도 다녔거나 고등학교만 졸업했을 수도 있다. 순자산은 대략 3만6000달러 정도 되는데 주택 자산과 자동차 자산을 빼고 나면 6000달러가량 된다. 그러면서 그달 벌어 그달 쓰기 바쁘다. 요구불 예금 계좌에 들어 있는 돈은 500달러가 되지 않고 주식시장에 투자한 돈도 별로 없다. 이것은 통계치의 중앙값이므로 미국인의 50퍼센트는 이보다 수준이 더 낮다.

당신이 이 책을 읽고 있다면, 당신이나 당신 친구 또는 당신 가족의 생활은 아마 위에서 설명한 것과 다를 것이다. 이것이 통계적으로 보통이라는 사실에 충격을 받았을지도 모르겠다. 나한테는 그다지 놀라운 사실이 아니었다. 지난 몇 년간 일 때문에 여기저기 다니면서 본 것이 있기 때문이다.

기술 발전의 영향으로 일자리가 대거 사라지기 시작하면 미국의 보통 사람들은 기댈 데가 많지 않을 것이다.

생계를 위해
우리가 하는 일 ─────────

"인류가 인공지능의 잠재적 위험에 대처하는 방법을 익히지 못한다면 AI는 인류 문명에 최악의 사건이 될 수 있다."
- 스티븐 호킹Stephen Hawking

얼마 전에 친구 데이비드와 만나기 위해 이메일을 보낸 적이 있다. 데이비드는 답장을 보내며 참조란에 수신인을 한 명 추가했다. 에이미 잉그럼이라는 이름이었는데, 나는 에이미가 데이비드의 비서라고 생각했다. 그 이후 내가 에이미로부터 받은 메일 내용은 다음과 같다.

✉ ─────────────────────────────────

에이미 잉그럼〈amy@x.ai*〉

앤드루 씨, 안녕하세요?

─────────────

* x.ai-약속 일정을 짜는 인공지능 비서.

데이비드 씨와의 약속 날짜를 잡으려고 연락드렸습니다.

혹시 동부 표준시로 1월 17일, 화요일, 오전 8시 30분이면 괜찮으시겠습니까? 아니면 1월 17일, 화요일, 오후 2시나 1월 18일, 수요일, 오전 10시 30분도 가능합니다.

데이비드 씨는 브루클린 로스팅 컴퍼니에서 만나 커피를 마시고 싶다고 하십니다. 주소는 다음과 같습니다. 25 Jay St, Brooklyn, NY 11201, USA.

에이미 드림

에이미 잉그럼/데이비드 씨 개인 비서

_____

나는 이 메일에 답장을 보내 일정을 잡았다. 며칠이 지나서야 '에이미 잉그럼'은 챗봇**이고 x.ai는 기술 회사라는 사실을 알게 되었다. 데이비드는 웃으면서 얼마 전에 같은 서비스를 쓰는 사람과 약속 날짜를 잡은 적이 있었다고 했다. 결국, 챗봇 두 개가 계속 메일을 주고받으며 일정을 조율한 것이었다.

물론 실제 비서는 일정을 짜는 것 외에도 많은 일을 한다. 메일 초안을 작성하기도 하고, 자료 조사도 하고, 어떤 일의 최종 기한을 알

_____

** chatbot, 인공지능을 기반으로 메신저에서 사람과 일상 언어로 대화할 수 있게 만든 소프트웨어.

려 주기도 하고, 전화 통화를 하거나 회의할 때 같이 참석하기도 하는 등 셀 수 없이 많다. 하지만 이런 일들은 점점 클라우드를 기반으로 한 인공지능의 영역으로 바뀔 것이다.

기계가 발전해 인간의 노동이 필요 없어진다는 생각은 오랫동안 공상과학 소설의 영역에 머물러 있었다. 하지만 이제는 우리가 직면한 현실이 되었다. 물론 아직 이런 현상이 대세가 될 정도로 심각한 상황은 아니다. 하지만 미국의 보통 사람들은 곤경에 처해 있다. 많은 미국인이 자동화로 인해 일자리를 잃을 위기에 놓여 있다. 10~15년 후의 이야기가 아니다. 지금 당장의 이야기다.

미국인들이 근무하는 일반적인 분야는 〈표6〉과 같다.

미국 전체 노동인구 1억4000만 명 중 6800만 명(48.5퍼센트)이 이 다섯 개 분야 중 한 군데서 일하고 있다. 이 직업군에 있는 노동자들이 지금 일자리를 빼앗기고 있는 것이다.

사무 및 행정 직원

미국에서 가장 많은 사람이 종사하는 직업군이다. 맥킨지는 행정에서 가장 흔한 업무인 자료 수집 및 가공의 64~69퍼센트가 자동화할 수 있는 일이라고 본다.[1] 구글, 애플 및 아마존은 이 일을 대체할 수 있는 인공지능AI 행정 보조원 개발에 수십억 달러를 쏟아붓고 있다. 이런 일자리는 대기업에 많이 있다. 이들은 다음번 경제 위기가 닥치면 소프트웨어, 봇*, 인공지능을 결합해 인력을 대체하려 들 것

---

* 로봇을 줄인 말. 인터넷 웹사이트를 검색해 콘텐츠를 모아오는 에이전트의 역할을 한다.

직업군	노동자의 수	비율	평균 시급	시급의 중앙값
총계	140,400,040	100.00%	$ 23.86	$ 17.81
사무 및 행정 지원	22,026,080	15.69%	$ 17.91	$ 16.37
판매 관련	14,536,530	10.35%	$ 19.50	$ 12.78
요리 및 서빙 관련	12,981,720	9.25%	$ 11.47	$ 10.01
운송 및 물품 운반	9,731,790	6.93%	$ 17.34	$ 14.78
생산직	9,105,650	6.49%	$ 17.88	$ 15.93

[출처] 노동부 노동통계청, 산업·직업별 고용구조 조사, 2016. 5.

이다.

사무 및 행정 업무로 분류되는 일자리 중 250만 개가 고객서비스 상담직이다. 이 일에 종사하는 사람들은 일반적으로 고졸 출신자로 시급 15.53달러, 연봉 기준으로는 3만2000달러를 받으며 콜센터에서 일한다.

여러분은 모두 형편없는 음성인식 소프트웨어가 짜증 나 상담원과 통화할 수 있을 때까지 전화기 버튼을 계속 누른 경험이 있을 것이다. 하지만 곧 우리가 차이를 느끼지 못할 수준까지 발전한 AI 서비스가 나올 예정이다. 현재도 하이브리드 방식을 쓰고 있는 회사가 있다. 음성 녹음과 필리핀에 있는 사람을 하나로 묶어, 전화를 건 사람이 실제로는 필리핀인과 통화하고 있으면서도 미국에 있는 원어민과 통화한다고 생각하게 만드는 기술이다. 미리 녹음된 음성을 들려주기 때문에 가능한 일이다. 이 기술은 '말씨를 바로잡는' 소프트웨어라 불린다. 조만간 AI가 전화를 받을 것이고, 우리는 통화 상대방이 봇인지 사람인지 구별하지 못하는 때가 올 것이다.

수천 개에 이르는 기업의 고객서비스를 관리하는 회사 라이브퍼슨LivePerson의 창업자 겸 CEO 롭 로카시오Rob LoCascio는 웹챗 기술 개발자로 콜센터 업무의 권위자다. 라이브퍼슨은 얼마 전 스코틀랜드 왕립은행과 같은 고객사를 대상으로 '하이브리드 봇hybrid bot'을 출시했다. 이 서비스는 사안에 따라 봇과 사람이 서로 번갈아 가며 고객을 응대할 수 있는 시스템이다. 롭은 현재의 기술 수준으로도 고객서비스 업무의 40~50퍼센트는 충분히 자동화할 수 있을 것으로 평가한다.[2] 롭은 수천만 명의 노동자를 실직시킬 '자동화 쓰나미'가 밀려오리라고 예측한다. 이 쓰나미가 닥치면 고용 가능성이 대폭 줄어들어 향후 몇 세대에 걸쳐 영향을 미칠 경제적 어려움의 충격파가 생길 것이라고 한다. 일자리를 잃게 될 사람들은 대부분 재훈련을 받을 시간 같은 호사를 누리기 힘든 저소득층으로, 재교육에 투자할 만한 돈도 없는 사람들일 것이라고 한다. 라이브퍼슨이라는 회사의 CEO가 자신이 일하는 산업 분야에서 인간 노동자의 고용 가능성에 대하여 하는 이야기이기 때문에 상당히 심각한 조짐이 아닐 수 없다.

얼마 전에 대형 금융기관에서 일하는 기술자를 만난 적이 있다. 이 사람은 자기네 은행 본점 근무자 3만여 명 중 약 30퍼센트가 시스템 간 정보를 전송하는 사무 업무를 보는 사람이라고 하면서, 이 일은 앞으로 5년 안에 자동화될 것이라는 말을 했다. 다른 은행에 근무하는 친구와도 비슷한 이야기를 나눈 적이 있다. 이 친구는 샌프란시스코 노숙자 쉼터에서 자원봉사를 하다가, 예전에는 사무직 근로자였는데 그 일이 필요 없어지면서 노숙자가 된 사람을 많이 보았다고 했다. 그러면서 자기네 은행도 지원부서 직원과 사무직 근로자를 대규모로 감원하는 중이라고 했다.

한 사람이 하는 일의 일부분만 자동화가 가능할 것이라고 주장하는 사람도 있다. 하지만 당신이 사무직 근로자 100명이 근무하는 부서를 책임진 사람이고 이 일의 50퍼센트가 자동화할 수 있는 일이라면, 당신은 아마 직원 절반을 해고한 뒤 나머지 사람들에게 업무를 맞추라고 할 것이다. 그다음 해에도 이런 일은 반복될 것이다. 사무 업무는 대부분 비용 발생 부서에 속하지 성장 동력에 속하지 않는다. 사무실이 갈수록 자동화되고 효율성이 높아지면서 사무 및 행정 지원 업무 일자리 수만 개가 클라우드 속으로 사라질 운명에 놓여 있다.

영업 및 판매 직원

여러분은 모두 집 근처 편의점에 가본 경험이 있을 것이다. 예전에는 두세 명의 계산원이 있었지만, 지금은 문제가 생기면 해결하기 위한 직원 한 명만 있고 계산은 고객이 스캐너를 들고 직접 하게 되어 있다. 이것도 아직 남아 있는 동네 상점 이야기다. 지금도 많은 수의 동네 상점이 문을 닫고 있다.

대략 열 명 중 한 명의 미국인이 영업 및 판매 직원으로 일하고 있으며, 그중 880만 명이 소매 영업 직원이다. 이들의 평균 시급은 11달러로 1년에 2만2900달러를 번다. 고등학교를 졸업하지 못한 사람이 많고, 백화점 노동자의 39.60퍼센트는 여성이다.

2017년은 '소매업의 종말'이라고 부르는 현상이 시작된 해로 기록될 것이다. 2016년 10월에서 2017년 5월 사이에 백화점에서 일하던 근로자 10만 명이 실직했다. 이는 미국에서 석탄 산업에 종사하는 모든 근로자를 다 합한 수보다 많은 숫자다. 「뉴욕타임스」는 2017년 4월에 다음과 같은 기사를 실었다. '소매업 일자리가 사라지면, 최근 몇십 년 동안 제조업 노동자가 겪었던 것처럼 엄청난 수의 저임금 소매업 근로자가 경제적으로 불안정해질 것이기 때문에 예기치 못한 사회적·정치적 결과를 초래할 수도 있다.'

월스트리트 애널리스트들은 소매 업종 전체를 투자 불가 종목으로 보고 있다. 앵커 스토어*인 JC 페니^{JC Penny}, 시어스^{Sears}, 메이시스^{Macy's} 등이 매장을 폐쇄하며 수십 개의 쇼핑몰이 문을 닫고 있다. 폐쇄 점포수는 곧 수백 개에 이를 전망이다. 최근에 파산을 선언한 체인점으로는 페이리스^{Payless}(4496개 점포), BCBG(175개 점포), 에어로포스테일^{Aeropostale}(800개 점포), 베베^{Bebe}(180개 점포), 리미티드^{Limited}(250개 점포) 등을 들 수 있다. 2017년 현재 파산 위험이 있는 체인점은 클레어스^{Claire's}(2867개 점포), 짐보리^{Gymboree}(1200개 점포), 나인웨스트^{Nine West}(800개 점포), 트루릴리전^{True Religion}(900개 점포) 등이 있는데, 당신이 이 글을 읽을 때쯤에는 이미 파산했거나 영업을 중단했을지도 모른다. 크레딧스위스^{Credit Suisse}는 2017년에 역사상 가장 많은 8640개의 주요 소매 매장이 문을 닫을 것이라고 예측했다.[3] 지금까지는 금융위기가 있었던 2008년이 최고 수준이었는데 그 수준을 넘어서는

---

* anchor store, 쇼핑몰 등에서 손님을 끌어들이는 역할을 하는 중심 상점.

것이다. 매장 면적 기준으로 1365만 제곱미터가 사라진다. 이 역시 역대 최고 수준이다. 참고로 미국에서 가장 큰 쇼핑몰인 몰 오브 아메리카the Mall of America의 면적은 26만 제곱미터다. 따라서 2017년에만 몰 오브 아메리카 정도 크기의 매장 52곳이 문을 닫는 셈이다. 일주일에 한 곳꼴이다.

상업 부동산 관련 정보 및 마케팅 회사 코스타CoStar에 따르면, 미국에 있는 전체 쇼핑몰 1300개 중에서 310개가량이 2017년에 앵커 스토어를 잃을 위기에 처했다고 한다. 일반적으로 앵커 스토어가 사라지면 쇼핑몰은 급속히 쇠퇴하기 시작한다. 또 다른 소매업 분석가는 앞으로 몇 년 안에 쇼핑몰 400개가 문을 닫을 것이고, 나머지 900개 중에서도 650개는 간신히 영업을 유지할 것으로 전망했다.[4]

나는 어릴 때 뉴욕주 요크타운하이츠에 있는 쇼핑몰에 자주 갔었다. 당시 그곳은 나에게 쇼핑, 문화, 자유, 사회적 지위 등 여러 면에서 최고를 뜻했다. 나는 마음에 드는 옷이 나오면 찜해놓았다가 세일할 때까지 기다리곤 했었다. 거기서 어떤 물건을 하나라도 사는 날이면 정말 기뻤다. 좋든 싫든, 가끔 학교 친구와 마주치는 때도 있었다. 이제 많은 지역에서 쇼핑몰과 관련해 그런 추억을 갖기는 힘들어졌다.

쇼핑몰이 문을 닫거나 부도가 나면 해당 지역에 여러모로 나쁜 영향을 끼친다. 우선 많은 사람이 일자리를 잃는다. 쇼핑몰 하나가 문을 닫으면 약 1000개의 일자리가 사라진다. 직원 1인당 평균 소득을 2만 2000달러로 보았을 때 지역 공동체 전체로는 2200만 달러의 임금이 날아가는 셈이다. 거기다 쇼핑몰에 납품하는 업체가 되었건, 쇼핑몰 직원을 상대로 장사하는 업체가 되었건, 지역 업체에서 추가로 사라지는 일자리도 평균 300개가량 된다.

나쁜 영향은 더 있다. 쇼핑몰은 지방 정부 예산의 중요한 수입원이다. 판매세는 카운티와 주의 금고로 바로 들어간다. 재산세도 마찬가지다. 쇼핑몰이 문을 닫으면 지방 정부의 세수가 확 줄어든다. 이것은 지방 정부 예산 및 학교 예산의 감축으로 이어질 것이고, 결국 지방 정부 일자리의 감축으로까지 이어질 것이다. 메이시스 매장 하나당 평균 매출은 1년에 약 3600만 달러다. 현재의 판매세 및 재산세 세율 기준으로 보았을 때 메이시스 매장 하나가 문을 닫으면 주와 카운티의 세수에는 몇백만 달러의 구멍이 생길 것이다.

완전히 망했거나 망해가는 쇼핑몰에 가보았다면 그곳이 주는 울적한 기분과 으스스한 느낌을 알 것이다. 해당 지역이 더는 쇼핑몰을 지탱할 수 없다는 신호이자 거기서 벗어나야 한다는 신호다. 당신에게만 해당하는 이야기가 아니다. 망해가는 쇼핑몰은 범죄의 소굴이 된다. 멤피스 지역에서는 쇠퇴해가던 쇼핑몰 한 군데에서만 몇 년 동안 890건의 범죄가 보고된 적도 있다.[5] 지역 주민 한 사람은 "주차장에 주차한 차를 열쇠로 긁어놓는 일이 많아요. 또, 가족이 쇼핑몰에 갔을 때 안전하다고 느낄 만큼 보안이 잘 되어 있지도 않아요"라는 말을 했다. 애크런에서는 쇠퇴해가던 쇼핑몰에서 구리선을 훔치려던 남자가 감전사한 적도 있었고, 빈 점포에서 지내던 노숙자가 징역형을 선고받기도 했다. 결국, 애크런 시장이 주민들에게 쇼핑몰 철거 계획이 잡힐 때까지 그 근처에 가지 말라는 경고까지 하게 되었다.

유령 쇼핑몰은 내가 '부정적 기반 시설'이라고 부르는 것의 한 예에 속한다. 쇼핑몰이라는 물리적 시설물은 그 안에서 상거래 활동이 이루어지면 대단한 가치를 지닌다. 하지만 상거래 활동이 이루어지지 않으면 아주 빠르게 지역 사회의 애물단지가 될 수 있다. 내가 처음 디트로이트와 그 인근 지역을 방문했을 때가 생각난다. 당시는 디트로이트가 최악의 상황일 때였다. 미용실, 어린이집, 커피숍 등 경제 호황기에 사람들이 생활을 영위하던 흔적이 여기저기에서 눈에 띄었다. 경제가 쇠퇴하자 사람들이 떠나고 문을 닫은 점포들이었다. 엄청나게 긍정적이었던 빌딩, 상가, 주택 등 모든 시설물의 가치가 엄청나게 부정적으로 바뀌어버린 것이다. 사용되지 않는 기반 시설은 빠른 속도로 황폐화하며 마치 좀비 영화의 무대처럼 황량하고 음산한 분위기를 자아낸다. 디트로이트는 2011년 이후 그전보다 훨씬 나아졌다.

획기적인 아이디어를 통해 쇼핑몰을 다른 목적으로 전용하려고 애쓰는 사람들도 있다. 교회, 복합 사무 공간, 레크리에이션 센터, 복합 병원, 경험적 소매*, 심지어는 공공 예술 공간 등으로 활용하는 것이다. 샌안토니오 교외에 있는 대형 쇼핑몰은 현재 웹호스팅 회사 랙스페이스Rackspace의 본사 건물로 쓰이고 있다. 이곳을 방문해보면 상당히 놀라운 느낌이 든다. 이렇게 변신에 성공하는 경우도 있지만, 대부분은 사용되지 않고 텅 빈 채 범죄의 소굴이 되어 주변 수 킬로미터 안에 있는 부동산 가치를 함께 떨어뜨린다.

이렇게 많은 쇼핑몰과 상점이 문을 닫는 이유는 무엇일까? 부동산 개발업자들이 너무 많이 지어서 그럴 수도 있다. 하지만 가장 큰 원인

---

* experiential retail. 단순히 물건만 파는 것이 아니라 엔터테인먼트, 체험 등의 요소를 더해 쇼핑의 즐거움을 극대화하고자 하는 소매 점포.

은 전자 상거래의 부상이다. 그 중심에는 아마존이 있다. 아마존은 미국 내 전체 전자 상거래의 43퍼센트를 점유한다. 시가총액은 4350억 달러에 이른다. 2015년 이후 전자 상거래 시장은 연간 400억 달러씩 성장하며 기존 소매업을 고사시키고 있다. 아마존은 식료품 배달 분야의 진출 속도를 높이기 위해 얼마 전에 홀푸드Whole Foods까지 사들였다. 내가 아는 사람 대부분이 아마존에서 많은 물건을 구입한다. 오프라인 소매점이 아마존과 가격 경쟁을 벌이는 것은 사실상 불가능하다. 아마존은 매장을 만들기 위해 돈을 쓸 필요가 없고, 많은 물량을 효율적으로 배달하는 시스템 구축에만 집중하면 되기 때문이다.

아마존의 또 다른 장점은 이익을 남기려고 하지 않는다는 점이다. 아마존은 상장한 지 20년이 지나는 동안 수익을 낸 적이 거의 없다. 몇 년 전 재무 지식이 있는 사람들이 이 사실을 깨닫고 "아마존은 수익을 내지 않는다"라며 주식을 공매도한 적이 있었다. 아마존 설립자 제프 베조스Jeff Bezos는 이에 대응해 1년 동안 새로운 사업에 일절 투자하지 않고 이익률을 높이는 데 주력했다. 아마존 주식을 공매도한 사람들은 큰 손해를 입었다. 이제 아마존 주식을 공매도하는 사람은 없다. 주가는 주당 900달러를 넘어섰고 베조스는 세계에서 손꼽는 부자가 되었다. 베조스는 해마다 개인 재산 10억 달러를 떼어내 자신이 만든 우주 탐험 회사 블루오리진Blue Origin에 투자하고 있다. 그의 친구한 사람이 나한테 이런 농담을 한 적이 있다. "조만간 이 친구에게 자기가 사는 별에 무슨 일이 일어나는지에 대해서도 신경을 좀 쓰라고 해야겠어."

아마존은 경쟁적인 일 처리 방식으로 유명하다. 무자비하다고까지 하는 사람도 있다. 2009년 아마존은 다이어퍼스닷컴^{Diapers.com}을 협상 테이블에 끌어들이기 위해 이 회사가 취급하던 기저귀 등을 대폭 할인해 판매했다. 이 전략이 들어맞아 얼마 후 아마존은 다이어퍼스닷컴을 5억4500만 달러에 인수했다.

나는 제프 베조스가 낙후된 지역에 있는 쇼핑몰에까지 이런 전략을 쓰고 있다고 생각하지는 않는다. 그렇다고 해도 아마존 같은 거대 전자 상거래 기업으로 인해 소매 매장이 사라지면 피해를 입는 사람은 수십만 명에 달할 것이다. 단지 쇼핑몰에 근무하는 사람들뿐만 아니라 몰에서 쇼핑하는 것을 좋아하는 사람, 몰에서 나오는 재산세로 급여를 받는 지방 정부 공무원, 몰 인근에 부동산을 소유한 사람 등도 피해자가 될 수 있다. 수백 개의 공동체에 커다란 구멍이 생길 것이고, 공동체마다 수천 명에 이르는 주민의 삶이 붕괴할 것이다. 피해자는 노동시장에서 가장 약자라고 볼 수 있다. 소매업 근로자는 대부분의 다른 산업 근로자보다 보수가 적고, 일반적으로 대졸자가 거의 없기 때문이다. 이들은 어디로 가야 할 것인가?

비단 쇼핑몰만의 문제가 아니다. 작은 상점이나 식당도 곳곳에서 문을 닫고 있다. 아마 지금도 당신이 사는 곳이나 일하는 곳 인근에서도 빈 점포를 볼 수 있을 것이다.

경제사학자 루이스 하이먼^{Louis Hyman}은 「뉴욕타임스」 논평란에 실은 글에서, 소매 부문이 사양길로 접어들며 뉴욕주 북부지방이나 다른 지방에 있는 소도시가 처한 어려움을 자세히 설명하면서, 근로자가 새로운 경제 현실에 어떻게 적응해야 좋을지에 대한 방안을 제시했다.[6]

중심가*는 지금도 존재하지만 사치스러운 소비자 경험의 영역으로 존재한다. (…) 만약 지방의 유동성이 떨어지는 문제에 대한 해법이 모든 사람을 소프트웨어 엔지니어로 만드는 것이라면, 희망이 없다. (…) 오늘날 인터넷 덕분에 미국의 소도시도 처음으로 월스트리트에서 돈을 끌어다 쓸 수 있게 되었다(대도시는 더욱 보편화되었다). 시골이나 소도시에 사는 미국인이라도 업워크Upwork 같은 프리랜서용 플랫폼을 이용하면, 자신이 가진 능력이나 재능을 활용해 전 세계 어디에 있는 일자리든 구할 수 있다. 접수원이라면 뉴욕주 핑거레이크스에 있는 자기 집에서 샌프란시스코에 있는 회사 방문객을 맞이할 수 있다는 이야기다. 또, 엣시닷컴Etsy.com 같은 전자 상거래 웹사이트를 이용하면 애팔래치아에 사는 나무 조각가도 전 세계의 고객을 상대로 맞춤 조각품을 만들어 팔 수 있다.

이 논평은 전반적으로 건설적인 아이디어를 잘 요약했다. 앞으로 소매 부문은 위축될 것이라는 사실을 인정하고, '모든 사람을 프로그래머로 만들자'라는 말도 안 되는 생각이 잘못되었다는 점을 재미있게 밝혀놓았다. 사실 일자리를 잃은 사람에게 프로그래머가 되라는 것은 극히 소수에게만 가능한 헛된 이야기다. 하지만 하이먼이 제안한 대안을 조금 더 깊이 들여다보면, 이것 또한 비현실적이며 실제로 시도해보지 않은 사람이나 제안할 수 있는 내용이라는 사실을 알

---

* main street, 소매점이 늘어선 소도시의 중심가를 의미하지만 미국의 중산층을 가리키는 말이기도 함.

게 될 것이다. 업워크는 주로 전 세계를 대상으로 개발자나 디자이너 또는 크리에이티브의 일자리를 찾아주는 사이트다. 미국 소도시의 소매 점원이 이 사이트에 접속해서 일자리를 찾으려면 그럴 만한 기량이 있어야 가능한 일이다. 이런 사이트에 들어가 보면 세계 각지에서 서비스를 제공하겠다고 나서는 지원자를 볼 수 있는데, 이들은 대학 졸업자라도 시급 4달러 정도의 낮은 보수로 일을 하겠다고 제안한다. 게다가 일자리를 구하려는 경쟁이 아주 치열하고 돈도 제때 주지 않을 뿐 아니라 복지혜택도 전혀 없다.

샌프란시스코에 있는 회사는 접수원 대신 아이패드를 쓰든지, 아니면 진짜 사람을 고용할 것이다. 수백 킬로미터 떨어진 소도시에 있는 사람을 아바타로 채용할 이유가 없다. 엣시닷컴에서 나무 조각품을 파는 일은 몇몇 사람에게만 해당하는 이야기일 뿐만 아니라 가족을 먹여 살릴 일이 되기도 어렵다. 일반적으로 엣시닷컴을 통해 물건을 파는 사람들이 올리는 수입은 가계 소득의 13퍼센트에 지나지 않는다.[7] 이들은 대부분 다른 직업이 있으면서 추가 수입을 올리려는 사람들이다. 엣시닷컴에서 물건 파는 일이 전업인 사람들의 41퍼센트는 배우자나 파트너를 통해 건강보험을 해결하고, 39퍼센트는 메디케어나 메디케이드** 또는 다른 정부 지원 복지 프로그램에 의존하고 있다.

사라져가는 소도시의 소매 매장에서 근무하는 근로자 일부는 컴

** Medicare, Medicaid. 미국의 의료 관련 사회보장제도. 메디케어는 노인 의료보장, 메디케이드는 빈곤층 의료보장이다.

퓨터를 통해 텔레마케터, 폰섹스 접대부, 중국 어린이를 가르치는 영어 교사, AI의 영상 분류 훈련을 돕는 보조원 등 보잘것없는 일자리를 구할 수 있을 것이다. 하지만 이것 역시 장래가 밝은 일은 아니다. 원거리, 미숙련 일자리는 자동화에 매우 취약할 뿐만 아니라 더 낮은 가격으로 노동력을 제공하겠다는 경쟁에 노출되어 있기 때문이다. 소매업 근로자 대부분은 적어도 집을 벗어나 동료나 고객과 대화를 나누고, 직원 할인 혜택을 받고, 사회의 구성원이라는 느낌을 가지는 즐거움은 누리고 살았다.

좋은 의도를 가진 평론가들조차 갈수록 비현실적이고 변변찮은 생계유지 방식을 제안하는 이유는, 시간이나 열정 또는 노동을 화폐와 교환하는 것만이 유일한 삶의 방식이라는 전통적 사고방식에 사로잡혀 있기 때문이다. 당신 또한 답을 찾으려 해도 찾기 어려울 것이다. 왜냐하면, 사실은 답이 없기 때문이다. 생존과 결핍 모델은 점점 더 많은 사람을 황폐화시킨다. 우리가 가장 먼저 해야 할 일은 그 방식을 버리는 것이다.

요리 및 서빙 직원

미국에서 세 번째로 큰 직업군으로, 시급의 중앙값은 10달러고 평균 연봉은 2만3850달러다. 고졸 학력자가 대부분이다. 음식을 만들거나 서빙 하는 노동자는 콜센터 노동자나 소매업 노동자만큼 빠른 시일 안에 일자리를 잃을 위기에 처해 있지는 않다. 가족이 운영하는 식당이 조만간 영업 방식을 바꾸지도 않을 것이고, 식당 노동자는 일반적으로 보수가 높지 않기 때문에 이들을 바꿀 유인도 그다지 많지 않을 것이다. 그래도 식당 산업은 어려움을 겪고 있다. 그 이유는 왕래하는 사람이 줄어든 곳이 많고, 사무실에서 점심을 해결하는 사람이 늘었고(이른바 '점심시간의 우울'이다), 경쟁이 더 치열해졌으며, 중간 가격대의 식당이 줄어든 데다 블루에이프런^{Blue Apron}과 같이 집에서 요리할 수 있게 준비된 식료품 배달 서비스 업체가 증가했기 때문이다. 그래도 식당은 전통적 소매 매장보다 잘 버텨 낼 수 있으리라고 생각하는 사람이 많다.

하지만 변화의 조짐이 보이고 있다. 얼마 전 샌프란시스코에서 벤처 투자가로 일하는 친구와 브런치를 함께한 적이 있었는데, 다음은 이 친구가 들려준 이야기다. "나한테 소프트웨어를 들고 찾아온 회사가 하나 있었어. 패스트푸드 매장 여러 군데에 있는 종업원을 필요에 따라 자유롭게 배치해 효율성을 높이는 프로그램이었어. 종업원을 한 매장에 붙박이로 두지 않고 근처에 있는 매장 여러 곳으로 돌려 효율성을 극대화하자는 거지. 좋은 아이디어라는 생각이 들었어. 하지만 내가 몇 군데 패스트푸드 체인 본사에 가서 이런 소프트웨어를 쓰겠느냐고 물었더니 이런 말을 하더라고. '직원을 좀더 효율적으로 부리는 일에는 관심이 없소. 직원을 아예 안 쓸 생각이거든요.' 그래서 그 회사에 투자하지 않았지. 그 대신 로봇으로 스무디와 피자를 만들어 배달하는 회사에 투자했어."

내 친구한테만 일어난 일이 아니다. 샌프란시스코에 있는 어떤 건물 로비에 로봇 바리스타가 등장했다. 이름은 고든^{Gordon}이다. 이 로봇은 주문만 하면 어느 장소에나 설치할 수 있다. 나도 고든에게 커피를 주문해봤는데 고든이 만든 아메리카노는 스타벅스보다 40퍼센트나 값이 싸면서도 맛있었다. 고든은 인간 바리스타보다 더 효율적이고 더 싸게 같은 품질, 심지어는 더 나은 품질의 커피를 만들어 준다. 아침에 출근 시간에 쫓기는 와중에 빨리 커피 한 잔을 들고 가고 싶을 때 이런 장점은 매우 가치 있게 느껴질 것이다. 고든이 등장하자 스타벅스는 15만 명에 이르는 자사의 바리스타를 로봇으로 대체할 계획이 없다는 성명을 발표해야만 했다.

어떤 일자리는 다른 일자리에 비해 로봇으로 대체하기가 훨씬 쉬울 것이다. 예를 들면, 우리는 모두 드라이브 스루 패스트푸드 음식점을 효율적이라며 좋아한다. 사람과의 상호작용이 별로 없다는 점은 개의치 않는다. 사실 미국에서 패스트푸드 음식점 매출의 50~70퍼센트는 드라이브 스루 창구를 통해 이루어진다. 우리 모두가 알고, 사랑하는(혹은 사랑했던) 맥도널드도 그중 하나다. 드라이브 스루 매장에는 멋진 헤드셋을 쓴 직원 한두 명이 스피커로 주문을 받는다. 이 직원들은 대부분 앞으로 5년 안에 소프트웨어로 대체될 것이다. 증시에 상장된 패스트푸드 체인이 가장 공격적으로 효율성이 증진된 기술을 받아들일 것으로 보인다. 규모도 크고, 재원도 있으며, 분기마다 주주 수익률을 극대화하기 위한 실적 압박을 받기 때문이다. 맥도널드는 얼마 전에 '미래의 경험'이라는 계획을 발표했다. 이 계획에는 우선 매장 2,500군데의 계산원을 기계로 대체하겠다는 내용이 들어 있다.[8] 맥도널드의 전임 CEO도 대규모 자동화가 얼마 남지 않았다는 뜻의 말을 한 적이 있다. 현재 패스트푸드 체인점 직원이 일반적으로 받는 시급 8.90달러를 옹호하던 중 "프렌치프라이를 봉지에 담는 일을 하는, 효율성이 떨어지는 직원을 시간당 15달러를 주고 채용하느니 3만

5000달러짜리 로봇 팔을 사는 것이 더 싸게 먹힌다"라는 말을 했다.[9] 로봇 팔은 앞으로 값이 더 내려가고 효율성이 높아질 일만 남았지만, 직원 급여는 올라갈 일만 남았다. 패스트푸드 음식점에서 일하는 근로자는 대략 400만 명가량 된다.

최근에 공항에 가본 적이 있다면 서빙 하는 사람을 아이패드로 대체한 식당을 보았을 것이다. 얼마 전에 개업한 레스토랑 체인 잇사 Eatsa는, 한쪽에는 음식을 주문할 수 있는 아이패드를 설치하고 다른 한쪽에는 칸막이로 구분한 음식 보관함을 설치해놓았다. 서빙 하는 종업원을 모두 없앤 것이다. 잇사는 최근에 외식 업계에서 가장 영향력 있는 브랜드로 거명되며 우리 생활의 일부가 되어 가고 있다. 위험을 무릅쓰고 앞장선 체인 몇 개가 사람을 쓰지 않고 효율적으로 운영되는 모습을 보면 나머지 업체도 곧 따라갈 것이다. 맥킨지는 요리 및 서빙 업무의 73퍼센트를 자동화할 수 있을 것으로 추정한다.

음식을 만드는 측면에서 보자면, 현재 3D프린터를 이용해 5분 안에 주문자의 요구에 맞춘 따끈한 피자를 만들 수 있다. 올해 말부터 일부 놀이 공원이나 스포츠 경기장에서 비헥스 BeeHex가 만든 로봇, 셰프 3D Chef 3D의 모습을 볼 수 있을 것이다. 로봇 바리스타와 마찬가지로 셰프 3D도 인간 요리사보다 더 빠르고 깨끗하며 믿음직스럽다. 식당에는 이 기계를 작동하는 사람 한 명만 있으면 된다. 셰프 3D는 반죽부터 소스 바르기, 토핑까지 1분 안에 끝마칠 수 있다. 맛도 뛰어나다고 한다. 더는 오븐 옆에서 피자를 만드는 사람이 필요 없어지는 것이다. 이 기계를 이용해 이동식 피자집이라는 개념으로 사업을 하려는 회사도 나타나고 있다. 특별 제작한 트럭을 타고 주문한 고객 댁으로 이동하면서 피자를 만드는 것이다.

마지막 단계인 배달 측면에서도 변화가 일어나고 있다. 지금 워싱턴과 샌프란시스코에서는 음식을 배달하는 로봇이 운용되고 있다. 1달러 정도 받고 음식을 배달해주는 이동식 냉장고라고 보면 된다.[10] 스타십 테크놀로지스Starship Technologies라는 회사는 스무 개 남짓 되는 로봇을 내놓고 워싱턴에서 지리를 익히게 하고 있다. 워싱턴에서는 자율주행 로봇의 인도 통행이 합법화되었다. 이런 로봇으로 인해 많은 배달원이 일자리를 잃게 될 것이다.

몇 년 동안 샌드위치 가게 체인을 운영하던 제프 주로프스키Zeff Zurofsky라는 친구가 나에게 이런 말을 한 적이 있다. "우리 체인점을 운영하는 데 가장 큰 문제는 가끔 무단결근하는 직원이 있다는 거야. 최저임금보다 꽤 많이 더 주는 편인데도 직원의 신뢰도가 계속 문제가 되고 있어."

요리와 서빙 일자리는 낮은 인건비와 세분화된 시장 덕분에 앞으로도 당분간 그 수를 유지할 것으로 보인다. 하지만 기본적으로 대부분의 일이 매우 반복적이고 자동화할 수 있는 일이다. 재원이 풍부한 회사는 앞으로도 계속해서 비용을 줄이기 위해 새로운 방식을 시도할 것이다. 이에 따라 시간이 갈수록 종업원이 줄어드는 식당이 점점 늘어날 것이다. 거기다 지역 경제가 쇠퇴하면 그 지역에 있는 식당도 힘겹게 버티다 결국 문을 닫게 될 것이다.

사무원과 소매 매장 직원과 요리 및 서빙 직원은 미국에서 가장 흔한 직업이다. 이들 직업군 모두 심각한 위기에 직면해 있으며 일자리가 대폭 줄어들 것으로 보인다. 하지만 이들 직업군에 대한 걱정은 걱정도 아닌 것으로 보이게 하는 직업군이 있다. 자동화를 이야기할 때 가장 눈에 띄게 피해를 당할 것으로 보이는 일자리(그래서 아무리 냉철한 평론가라도 겁을 먹게 한다.)는 바로 네 번째로 큰 직업군인 화물 운반직, 즉 화물차 기사다.

공장 노동자와
화물차 기사

지난 몇 년 사이에 제조업 일자리가 큰 폭으로 줄었다는 사실을 모른다면 그동안 아무 생각 없이 산 사람인지도 모른다. 2000년까지만 해도 미국의 제조업 일자리는 1750만 개였다. 그러다 절벽에서 떨어지듯 급락하기 시작해 1200만 개 아래로 내려가더니 2011년부터 조금씩 회복하고 있다.

500만 명이 넘는 제조업 노동자가 2000년 이후 일자리를 잃었다. 그중 80퍼센트가 넘는 일자리, 즉 400만 개 이상의 일자리가 자동화 때문에 사라졌다.[1] 제조업 노동자의 73퍼센트가 남성인 점을 고려하면, 노동자 계급에 속하는 남성이 일자리 감소의 피해를 가장 크게 입은 셈이다.[2] 생산가능인구에 속하는 미국 남성 여섯 명 중 한 명 정도가 경제활동인구에서 빠져나갔다. 선진국에서 가장 높은 비율이다.[3]

\<그림5\> 미국의 제조업 분야 고용 현황(1970~2017) ▬▬▬▬▬

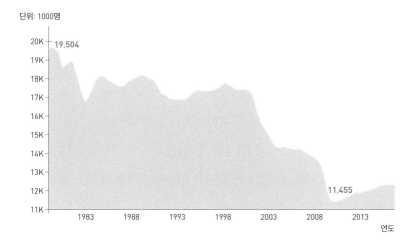

단위: 1000명

[출처] 경제 조사, 세인트루이스 연방준비은행.

이들 500만 명의 노동자에게는 무슨 일이 일어났을까? 새 제조업 일자리를 찾았든지, 재훈련을 받고 다른 일자리를 구했든지, 아니면 더 나은 일자리를 찾아 다른 주로 이사했을 것으로 생각하는 낙관적인 사람도 있을 것이다.

실제로는 그중 많은 사람이 경제활동인구에서 빠져나갔다. 노동부가 2012년에 실시한 조사에 따르면, 2009~2011년 사이에 일자리를 잃은 제조업 노동자 41퍼센트가 그때까지 일자리를 구하지 못했든지, 아니면 실직 후 3년 이내에 노동시장에서 빠져나갔다고 한다.[4] 인디애나대학이 실시한 또 다른 연구에 따르면, 인디애나주에서 2003~2014년 사이에 일자리를 잃은 운송 장비 및 1차 금속 제조업 노동자 20만 명 중 44퍼센트가 2014년까지 급여를 받은 기록이 전혀 없고, 그들 중 그 사이에 대학을 졸업한 사람은 3퍼센트에 불과하다고 한다. 연구 보고서는 '학교로 다시 돌아가 공부하는 사람은 거의 없고, 실직 근로자를 지원하는 수많은 정부 프로그램을 이용하는 사람도 별로 없는 것 같다'고 하였다.[5]

아직 남아 있는 제조업 일자리도 이전보다 더 높은 교육 수준과 기술 수준을 필요로 한다. 공장이 더 첨단화되고 자동화되었기 때문이다. 2000년 이후 전체 제조업 일자리가 급격하게 줄어드는 와중에도 석·박사 학위 소지자의 일자리는 32퍼센트나 증가했다.[6] 물론 앞에서 본 것처럼 석·박사 학위는커녕 대학이나 전문대학조차 졸업하지 못한 사람이 대다수이기 때문에 그런 일자리는 많은 사람에게 그림의 떡에 지나지 않는다.

이코노믹 이노베이션 그룹Economic Innovation Group CEO 스티브 글리크먼Steve Glickman은 다음과 같이 말한다. "불경기로 인해 한 가지 산업에 의존하던 도시가 큰 피해를 보았다. 특히 공업 경제나 제조업 경제에 지나치게 의존하던 지역의 피해가 심했다. 사람들은 이런 질문을 한다. 일자리를 잃은 사람들은 앞으로 어떻게 될 것인가? 우리 눈앞에 보이는 현실은, 피해를 당한 지역 주민을 고용할 업체가 새로 생기는 비율이 놀라울 정도로 낮다는 것이다."[7]

일자리를 잃은 제조업 노동자 중 새 일자리를 찾지 못한 이들 40퍼센트는 어떻게 살까? 간단히 답하자면 극빈층으로 전락해 장애 급여를 신청하는 사람이 많다. 장애 급여 신청자는 2000년부터 급증하기 시작해 모두 350만 명이 늘었다. 특히 오하이오, 미시간, 펜실베이

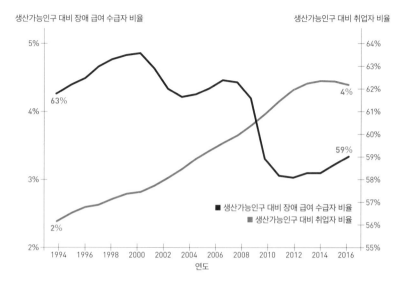

<그림6> 생산가능인구 대비 취업자 비율 및 장애 급여 수급자 비율(1994~2015)

생산가능인구 대비 장애 급여 수급자 비율

생산가능인구 대비 취업자 비율

■ 생산가능인구 대비 장애 급여 수급자 비율
■ 생산가능인구 대비 취업자 비율

연도

[출처] 미국 노동통계청 및 사회보장국

니아를 비롯한 제조업이 몰려 있는 주에서 그 수가 큰 폭으로 증가했다. 미시간주의 경우 2003~2013년 사이에 실직한 31만 명 중 거의 절반이 장애 급여를 신청했다.[8] 일자리에서 쫓겨난 사람 중 많은 사람이 정부에 의존하는 최하층 계급 대열에 합류한 것이다.

화물차 기사가 일자리를 잃으면 어떤 일이 일어날지를 잘 보여주는 지표다. 화물차 기사의 평균 연령은 49세이고, 94퍼센트가 남성이며, 학력은 고등학교 졸업이 대부분이다. 화물차 기사는 29개 주에서 가장 흔한 직업으로, 미 전역에는 350만 명의 화물차 기사가 있다.[9]

스스로 주행하는 트럭은 이미 전 세계 여기저기에서 모습을 드러내고 있다. 2017년 네바다주와 콜로라도주에서는 자율주행 트럭이 화물을 배달하는 데 성공했다. 리오틴토^{Rio Tinto}는 오스트레일리아에 있는 광산에서 하루 24시간 철광석을 운반하는 자율주행 트럭 73대를 운용하고 있다. 유럽에서는 2016년에 처음으로 자율주행 트럭 행렬이 유럽대륙을 가로질러 주행했다. 우버는 2016년에 자율주행 트럭 회사 오토^{Otto}를 6억8000만 달러에 사들인 다음 현재 기술자 500명을 고용해 기술을 완벽하게 다듬고 있다. 구글에서 분리된 자율주행차 회사 웨이모^{Waymo}는 대형 트럭 제조사 다임러^{Daimler} 및 볼보^{Volvo}와 함께 자율주행 트럭을 개발하는 중이다.

자율주행 트럭과 자율주행 승용차 관련 스타트업을 지원해온 메이븐 벤처스^{Maven Ventures}의 벤처 투자가 짐 샤인먼^{Jim Scheinman}은, 고속도로 주행이 시내 주행보다 훨씬 쉽기 때문에 자율주행 트럭이 자율주행 승용차보다 훨씬 일찍 출시될 것이라고 말한다. 트레일러트럭의 영역인 고속도로는 도심지보다 훨씬 덜 복잡하고 교차로도 적으며 차선도 선명하다. 게다가 화물차와 관련한 경제적 유인이 승용차보다 월등히 크다.

모건스탠리는 화물 운반을 자동화했을 때 절감할 수 있는 비용 규모를 믿기 어려울 정도의 금액인 연간 1680억 달러로 추산했다. 여기에는 연료 절감(350억 달러), 인건비 절감(700억 달러), 사고 감소(360억 달러), 생산성 및 장비 활용도 증가(270억 달러) 등의 요인이 포함되어 있다.[10] 이 정도면 화물차 기사를 집에 가라고 하기에 충분한 유인이 되고도 남는다. 기사에게 연간 4만 달러의 연봉을 주고 출근하지 말라고 해도 1년에 거의 1000억 달러를 절감할 수 있다는 이야기다.

자율주행 트럭을 도입하면 수백억 달러를 절감하는 경제적 효과 외에도 수천 명의 생명을 구할 수 있다는 장점도 있다. 전미 도로교통안전국에 따르면 2014년 미국에서 대형 트럭과 관련된 사고로 목숨을 잃은 사람은 3903명이었고, 부상자는 11만 명에 이르렀다고 한다.[11] 사고 원인의 90퍼센트 이상이 적어도 일정 부분은 운전사 과실이었다. 사망 사고 7건 가운데 대략 1건은 운전사 과로가 원인이었다. 우리는 대부분 운전을 배울 때 고속도로에서 트럭을 만나면 피하라는 말을 듣는다. 다 그럴 만한 이유가 있었던 것이다.

이상에서 본 바와 같이 자율주행 트럭을 도입해야 할 유인은 어마어마하게 크다. 연간 수백억 달러를 절감할 수 있고 수천 명의 생명을 구할 수 있다. 이런 이유로 국가 경쟁력 향상과 국민 복지 증진을 위해 자율주행 트럭을 가급적 빨리 도입해야 한다고 주장하는 사람도 있을 것이다. 위에서 말한 유인 외에도 일손이 부족하다고 호소하는 화물 운송 회사도 많다. 화물차 기사는 사방이 막힌 좁은 공간에 앉아 수백 시간을 보내야 하는데, 이렇게 육체적으로 힘든 업무를 하려고 하는 사람을 구하기 힘들기 때문이다. 화물차 기사는 1년에 240일을 집을 떠나 화물 자동차 휴게소나 모텔에서 자고, 하루에 11시간을 도로에서 보낸다. 이들에게서는 비만, 당뇨병, 흡연, 무기력증, 고혈압 등을 흔히 볼 수 있다. 한 연구 보고서에 따르면 화물차 기사의 88퍼센트가 적어도 하나 이상의 만성 질환 위험 요소가 있다고 한다.[12]

하지만 화물차 기사의 일자리를 계속 보존해야 한다고 주장하는 사람도 많을 것이다. 고등교육을 받지 못한 엄청난 수의 남성 근로자가 한꺼번에 일자리를 잃으면 얼마나 심각한 문제가 발생할지 알고 있기 때문이다.

350만 명에 이르는 화물차 기사 중 일부분만 실직한다고 해도 그 파급 효과는 상당할 것이다.[13] 화물차 기사가 미국의 지역 경제에 얼마나 중요한 역할을 하는지 아무리 과장해도 지나치지 않다. 화물 자동차 휴게소, 식당, 모텔 등에서 화물차 기사의 요구를 충족하기 위해 일하는 사람은 720만 명에 이른다. 미 전역에서 2000개가 넘는 화물 자동차 휴게소가 화물차 기사 전용 호텔, 식당, 식료품점, 오락센터를 운영하고 있다. 화물차 기사 한 명이 1년에 길에서 5000달러 정도만 쓴다고 가정해도(주당 100달러가량 된다.) 지역 경제에 미치는 영향은 175억 달러에 이른다. 매일 수천 명의 화물차 기사가 지나다니지 않으면, 수십만 명이 추가로 일자리를 잃는 것에 더하여 존재 목적을 잃을 위기에 처할 마을도 적지 않을 것이다. 예를 들어 네브래스카주의 경우 근로자 열두 명 중 한 명꼴인 6만3000명이 화물차와 관련된 산업에 종사한다.

화물차 기사들은 그런 시대가 온다는 것을 생각도 하지 않고 있다. 실제로 블룸버그Bloomberg의 변화위원회Shift Commission가 2017년에 화물차 기사에게 자율주행 트럭이 일자리를 빼앗아 갈 것이라는 사실에 대해 얼마나 걱정하느냐고 물었더니, 응답자 대부분이 거의 이구동성으로 전혀 관심이 없다고 말했다. 장담하건대 그런 시대는 반드시 온다. 최근에 일론 머스크Elon Musk는 테슬라Tesla가 2017년 11월에 화물 트럭을 출시할 것이라고 발표했다. 일론은 또, 2019년까지 테슬라가 만드는 모든 차를 자율주행차로 만들겠다고 선언하며 이렇게 덧붙였다. "당신 차는 당신을 회사에 내려다 주고 종일 다른 사람들을 신고 다니며 돈을 벌다가 당신을 다시 태우러 올 것이다. 이런 일이 일어날 가능성은 100퍼센트다." 테슬라 트럭도 결국 승용차와 같은 이런 자율주행 기능을 탑재하리라는 것은 불문가지다. 자율주행차를 만드는 다른 회사들도 2020년을 자율주행차가 대량으로 쏟아져 나올 첫해로 보며 테슬라와 유사한 시간표를 제시한다. 위기에 처한 사람은 화물차 기사만이 아니다. 차량 공유 대기업의 고위 임원 한 사람은 나에게 2022년까지 자기네 회사 공유 차량의 절반을 자율주행차로 대체할 계획이라고 말했다. 이렇게 되면 미국에 있는 우버와 리프트Lyft 기사 30만여 명이 피해를 볼 것이다.

화물차 기사의 실직은 가장 극적이고 눈에 띄는, 자동화와 인간 노동자 간의 전쟁터가 될 것이다. 콜센터 직원이나 소매 매장 점원 또는 패스트푸드 음식점 종업원 같은 일자리는 큰 충돌이나 소란 없이 없앨 수 있다. 하지만 화물차 기사는 다를 것이다.

현재 미국 연방정부는 주 정부가 승인하기만 하면 자율주행차를 허용하겠다는 입장이다. 화물 운송업계의 산업 보고서에는 '미국 교통부는 도로 안전을 증진하기 위한 방편으로 자율주행차 개발을 전폭 지원하고'라는 내용이 들어 있다. 2016년에 화물 운송업계는 로비 자금으로 910만 달러를 썼다. 오하이오주 정부는 벌써 1500만 달러를 투자해 콜럼버스시 외곽에 56킬로미터에 이르는 자율주행 트럭 시험용 고속도로를 건설하기로 했다. 애리조나, 캘리포니아, 네바다주는 자율주행차 시험 운전을 허용했고, 다른 주들도 곧 같은 조치를 내릴 예정이다.

화물차 기사와 업계는 저항할 것인가? 1950년대만 해도 화물차 기사의 노동조합 가입률이 높았다. 당시 팀스터Teamsters(미국화물노조-옮긴이)는 강성 노조로 이름을 떨쳤다. 하지만 오늘날에 와서는 화물차 기사의 노동조합 가입률은 13퍼센트에 불과하다.[14] 또, 화물 운송업체의 90퍼센트가 10대 이하의 트럭을 보유한 영세 기업이다. 화물차 기사의 약 10퍼센트(35만 명)는 자기 차를 가지고 영업하는 1인 기업이다.[15] 화물 운송업체는 간접비를 절감하기 위해 기사들에게 자기 차를 사든지 리스하라고 압박한다.

자율주행 트럭 도입은 단계적으로 이루어질 것이다. 처음에는 안전을 위해 자율주행 트럭에 사람이 탑승할 것이다. 기사는 장거리를 이동하는 동안 쉬거나 다른 일을 할 수 있을 것이므로 현재의 1일 운행 시간인 11시간 이상 운행할 수 있을 것이다. 이렇게 되면 트럭과 장비의 생산성 향상으로 이어질 것이고, 급여 체계가 바뀌면서 화물차 기사의 임금도 떨어질 가능성이 높다. 다음 단계는 트럭의 행렬을 만들어 맨 앞차에만 사람을 태우고 나머지는 자동으로 앞차를 따라가게 할 것이다. 바람의 저항을 줄일 수 있으므로 연료비를 절감할 수 있다. 그런 다음 도시 외곽에 만든 별도의 시설에서 나머지 차에도 사람을 태운 후 마지막 남은 거리를 운행할 것이다.

화물 운송이 점점 자동화되면, 어느 순간 화물차 기사는 운송 효율성 향상과 노동 수요 감소가 맞물리면서 자기네 일자리가 엄청나게 줄어들 것이라는 사실을 깨닫게 될 것이다. 그러면 다른 선택의 여지가 있는 사람은 업계를 떠날 것이다. 하지만 트럭 운전 외에 다른 방도가 거의 없는 사람이 많다. 그들도 그 사실을 알고 있다. 화물차 기사 중에는 군 출신자가 많다. 2012년 현재 걸프전 참전 용사 가운데 약 5퍼센트인 8만 명이 운전기사로 일하고 있다.[16] 이들은 자부심도 강하고 물불을 가리지 않는다. 만약 트럭을 구입하거나 리스한 35만 명의 기사가 일자리를 잃고 분노한다면 어떤 일이 벌어질까? 35만 명 중 한 명이 앞장서기만 하면 된다. 고속도로를 막고 경제를 멈추는 등 대혼란을 초래할 대규모 시위가 일어나리라는 것을 어렵지 않게 상상해볼 수 있을 것이다.

이런 일이 벌어질 시기는 2020년에서 2030년 사이가 될 것으로 예측한다. 바로 코앞에 닥친 셈이다.

화이트칼라 ──────────────── 제6장
일자리도 사라질 것이다

다음은 2017년도에 작성된, 잼 만드는 회사 JM 스머커^{J.M. Smucker}의 수익보고서에 관한 기사 내용이다.

JM 스머커의 지난달 EPS(주당 순이익) 추정치 하락

지난 3개월간의 EPS 컨센서스(시장 예상치)는 1.25달러 아래로 떨어졌다. 애널리스트들은 연간 순이익을 주당 5.75달러로 예상한다. 분기 매출액은 13억7000만 달러였던 전년 대비 1퍼센트 하락한 13억5000만 달러가 될 것으로 예상한다. 연매출액은 59억3000만 달러가 될 전망이다.

3분기 연속으로 증가하던 전년 대비 매출액이 4분기에 와서 떨어진 것이다.

JM 스머커는 지난 8분기 연속으로 흑자를 기록했으며, 특히 지난 네 분기 동안에는 전년 대비 평균 16퍼센트의 이익률 증가를 보였다. 이익이 가장 많이 증가한 시기는 3분기로 32퍼센트의 증가율을 기록했다.

이 기사에서 이상한 점이 눈에 띄는가? 물론 상을 받을 만한 글솜씨는 아니다. 그래도 이해하는 데는 전혀 지장이 없을 것이다. 눈치챘을지 모르지만 AI가 작성한 기사다.

내러티브사이언스Narrative Science라는 AI 회사는 수천 개의 이익 전망 기사와 주식 관련 업데이트 기사를 작성해 「포브스」에 제공하고, 스포츠 경기 내용을 요약해 판타지 스포츠* 사이트에 실시간으로 공급한다.[1] 이 회사의 봇이 탐사보도 부문에서 퓰리처상을 받을 일은 없겠지만, 시간이 지나면 AI가 작성한 글이 읽을 만한 수준에서 아주 잘 쓴 수준으로 올라갈 것이다. 그렇게 되면 틀에 박힌 이런 글을 쓰던 기자들의 일자리는 점점 위태로워질 것이다.

우리는 자동화가 진전되면 기본적·반복적 일을 하는 블루칼라 노동자의 일자리가 사라질 것이라고만 생각하는 경향이 있다. 하지만 사실은 그것보다 문제가 조금 더 복잡하다. 화이트칼라냐, 블루칼라

---

* fantasy sports, 이용자가 실제 스포츠 선수로 가상의 팀을 꾸려 온라인에서 스포츠 경기를 펼치는 게임. 선수의 실제 게임 성적이 대입된다.

냐 또는 지적 기술이냐, 육체적 기술이냐가 중요한 문제가 아니다. 실제로 중요한 것은 틀에 박힌 일이냐, 아니냐다. 틀에 박힌 일이라면 어떤 종류의 일자리라도 AI와 자동화의 위협에 노출되어 있다. 그러다 시간이 지나면서 더 많은 종류의 일자리가 위협받을 것이다. 틀에 박힌 활동을 하는 사람이라면, 의사, 변호사, 회계사, 자산관리사, 증권거래인, 기자뿐만 아니라 심지어는 예술가와 정신분석 전문가까지도 점차 자동화 기술의 희생양이 될 것이다. 최고 수준의 교육을 필요로 하는 일자리 중에도 사라질 가능성이 높은 일자리가 많다. 이런 근로자 중에는(예를 들어 투자 상담사 같은 경우) 자동화 기술이 수익률이 높다고 투자를 권유하다가 자신의 목이 도마 위에 오르는 신세가 되는 사람도 있을 것이다.

내 친구 중에 컬럼비아대학 병원 방사선 전문의가 있다. 이 친구가, 최근 자기네 병원 방사선과장이 GE의 초청을 받아 환자의 방사선 촬영 필름을 판독하는, 인간과 컴퓨터 간의 시범 대결에 참여한 이야기를 내게 들려주었다. GE가 초청한 의사들은 수십 년 경력이 있는 그 분야 최고 수준의 전문가들이었다. 이런 의사들이 방사선 촬영 필름을 보고 누가 종양을 더 정확하게 진단하는지 컴퓨터와 경쟁을 벌인 것이다.

어느 쪽이 이겼을까?

컴퓨터가 아주 쉽게 이겼다. 소프트웨어 프로그램은 사람 눈에는 보이지 않는 희미한 회색 음영을 '볼' 수 있다는 사실이 밝혀졌다. 게다가 컴퓨터는 수백만 장의 필름을 보며 비교할 수 있는데, 그 정도 양의 참고 자료라면 아무리 경험 많은 의사라도 절대 따라갈 수 없는 수준이다.

우리는 아무리 복잡한 자료라도 가져다 종합한 뒤, 대부분의 경우 그 분야에서 최고로 뛰어난 사람과 같거나 그보다 나은 수준으로 업무를 수행하고 결정을 내리는, 초지능형 컴퓨터 시대에 들어서고 있다. 이런 복잡한 자료의 예로는 판례, 방사선 촬영 필름, 자산 가격, 금융 거래 명세, 보험 통계자료표, 페이스북의 좋아요 표시, 고객 사용 후기, 이력서의 중요한 내용, 얼굴 표정 등을 들 수 있다. 이로 인해 회사의 업무처리 방식이나 직원 고용 방식이 엄청나게 바뀌리라는 생각을 하지 못한다면, 당신은 회사의 운영 원리를 잘 이해하지 못하고 있는 것이다. 회사는 많은 사람을 고용한다고 돈을 버는 것이 아니고 어떤 과업을 수행하기 때문에 돈을 번다. 갈수록 많은 사람을 고용한다는 것이 시대에 뒤떨어졌다는 뜻이 되어 가고 있다.

나는 1999년 사회에 첫발을 내디디며 '데이비스 폴크 앤 워드웰 Davis Polk and Wardwell'이라는 세계 굴지의 법률 회사에서 회사법 변호사로 잠깐 일한 적이 있다. 당시 계약서 작성 업무가 할당되면 가장 먼저 하는 일은, 시스템을 뒤져 현재의 계약 내용과 가장 유사한 과거의 계약서를 찾는 것이었다. 우리는 우리가 하는 일이라고는 계약서의 조건을 찾아서 바꾸는 일뿐이라는 농담을 하곤 했었다.

우리가 최고급 전문직이라고 생각하는 일자리에도 반복적으로 수행되는 기능이 많다. 나는 이것을 지적 육체노동이라고 부른다. 의사, 변호사, 회계사, 치과의, 약사 등은 여러 해 수련을 거친 뒤 조금씩 다를 수는 있지만 거의 같은 일을 수없이 반복한다. 수련이라는 것은 대부분 오랜 시간 한 자리에 가만히 앉아 일관성 있으면서 믿음직스럽

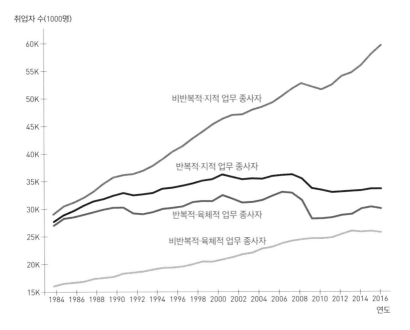

취업자 수(1000명)

비반복적·지적 업무 종사자

반복적·지적 업무 종사자

반복적·육체적 업무 종사자

비반복적·육체적 업무 종사자

연도

[출처] 경제 자료, 세인트루이스 연방준비은행

게 행동하고 업무를 수행하는 사람으로 만드는 과정이다. 이들은 흰 가운이 되었든 비즈니스 정장이 되었든 유니폼을 입는다. 시장은 이들에게 전문성과 경험을 쌓은 대가로 높은 보상을 하고(즉, 돈을 많이 주고) 존경과 경의를 표한다.

　이들은 기본적으로 조금 더 기계에 가까운 사람이 되도록 훈련받고 준비하는 것이다. 하지만 결코 진짜 기계만큼 잘할 수는 없다.

　연방준비제도는 전체 일자리의 약 44퍼센트에 해당하는 6200만 개 정도를 틀에 박힌 일을 하는 직업으로 분류한다. 그러면서 이런 중간 기술을 필요로 하는 일자리가 사라지는 현상을 '일자리 양극화'라고 부른다. 저임금 서비스 일자리와 고임금 지적 일자리만 남고 그 중간 일자리는 거의 사라지는 것을 뜻한다. 이런 추세는 미국 중산층이 사라지고 소득 불평등이 놀랄 만큼 심화되는 현상과 맞물려 돌아간다.

일자리가 사라지는 원인 중 하나는 컴퓨터 성능과 인공 지능의 놀랄만한 발전 속도 때문이다. 무어의 법칙을 들어본 적이 있을 것이다. 컴퓨터 성능은 기하급수적으로 향상되어 18개월마다 두 배로 높아진다는 것이다.[2]

시간이 지나면서 성능이 기하급수적으로 향상된다는 말의 뜻이 잘 와 닿지 않을 것이다. 1971년형 폴크스바겐 비틀을 예로 들어 보겠다. 만약 이 차가 무어의 법칙에 따라 성능이 향상되었다면, 2015년에는 시속 48만 킬로미터로 달릴 수 있었고, 휘발유 3.8리터당 320만 킬로미터를 주행할 수 있었다는 뜻이다. 이런 일이 컴퓨터에서 실제로 일어나고 있다. 사람들은 무어의 법칙이 계속되지는 않을 것으로 생각했지만, 지난 50년간 이 법칙은 들어맞았고 그에 따라 컴퓨터 성능은 계속 향상되고 있다.[3] 이제 인텔과 마이크로소프트, 구글, IBM 등은 양자컴퓨터에 투자하고 있다. 원자보다 작은 입자에 정보를 저장하는 컴퓨터다. 이렇게 되면 앞으로도 무어의 법칙은 계속될 것이다.

우리는 지금 그 끝을 알 수 없을 만큼 빠르고 강력한 컴퓨터의 성능 향상을 목격하고 있다. 1996년 IBM이 만든 컴퓨터 '딥 블루Deep Blue'가 세계 체스 챔피언을 꺾었을 때 사람들은 놀랐다. 하지만 크게

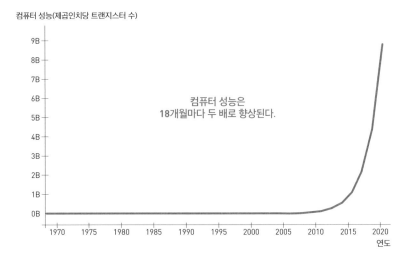

<그림8> 무어의 법칙

컴퓨터 성능(제곱인치당 트랜지스터 수)

컴퓨터 성능은
18개월마다 두 배로 향상된다.

연도

놀라지는 않았다. 체스는 수가 다양하기는 해도 어느 정도는 한정된 게임이다. 따라서 컴퓨터 성능만 충분하다면 다음에 움직일 가능성이 있는 모든 수를 다 계산해 낼 수 있다.

하지만 바둑은 이야기가 다르다. 바둑은 3천 년 역사를 자랑하는 중국의 게임으로 이론적으로는 수가 무궁무진하다. 따라서 아무리 AI 라도 세계 최고 수준의 바둑 기사를 이기려면, 순수한 계산 능력 외에도 판단력과 창의력을 닮은 어떤 능력이 있어야 할 것이다. 2015년 구글이 만든 딥마인드DeepMind는 세계 최고의 바둑 기사를 꺾었고, 2017년도에는 다시 다른 세계 챔피언을 꺾었다. 딥마인드의 전략을 본 바둑 고수들은 딥마인드가 지금까지 인간이 한 번도 본 적 없는 수와 전략을 썼다고 말했다.

이제 우리가 지적 또는 창의적이라고 생각하는 많은 일을 할 수 있는 새로운 종류의 인공지능이 등장하고 있다. 여러분도 기계 학습이라는 말을 들어본 적이 있을 것이다. AI의 한 분야로 기계에 자료를 주고 가장 좋은 방법이 무엇인지 스스로 학습하게 하는 것이다. 사람이 행위와 방법을 정확하게 지시할 필요가 없으므로 기계 학습은 매우 강력한 힘을 가지고 있다. 사람이 가이드라인만 제시하면 AI가 자료를 취합한 뒤 가장 좋은 방법을 선택해 추천하기 시작한다. 기계 학습을 적용해 초기에 할 수 있는 일로는, 이미지 태깅*, 스팸 걸러내기, 문서에서 키워드 찾기, 신용카드 사기 예방을 위한 이상 자료 검출, 주식 거래 추천, 기타 규칙 기반의 과업 등을 들 수 있다.

기계 학습이라는 말은 여러분이 들어보았을 또 다른 용어인 빅데이터Big Data와 함께 쓰일 때가 많다. 디지털 혁명 덕분에 우리는 지금 역사상 그 어느 때보다도 많은 정보에 접근할 수 있게 되었다. 새로운 정보의 생산도 기하급수적으로 늘어나고 있다. 지난 2년 사이에 생산된 데이터가 지금까지의 전 인류 역사를 통틀어 만들어진 데이터보다 많다는 추계도 있다. 예를 들어 우리는 구글에서만 초당 4만 번의 검색 질의를 하는데, 이것을 1년 동안 합하면 모두 1조2000억 번에 이른다. 이 검색 질의 하나하나가 다 새로운 정보가 되는 것이다. 2020년경이면 1초에 지구상에 있는 사람 한 명당 1.7메가바이트에

---

* image tagging, 이미지에 꼬리표를 붙이는 기술. 사물의 이미지를 클릭하면 바로 구매 사이트로 넘어가는 등으로 응용할 수 있다.

해당하는 정보가 생산될 것이라고 한다.[4]

　이런 정보는, 인스타그램 같은 SNS에 친구가 올린 사진을 클릭한 사람 명단같이 별 볼 일 없는 시시한 내용이 대부분이다. 하지만 중요한 것은 새로운 데이터가 홍수처럼 쏟아지다 보니 그중에 실제로 쓸 수 있는 매우 유용한 정보도 있다는 것이다. 작가 유발 하라리[Yuval Harari]는 AI가 당신의 온라인 데이터 분석 결과를 근거로 당신이 어떤 사람을 결혼 상대자로 선택하는 것이 좋을지 알려주는 세계를 상정하고 있다. 현재 빅데이터 가공 분야에 큰돈이 몰리고 있다. 어떤 보고서는 포천 1000대 기업에 속하는 전형적인 기업이 데이터 사용률을 10퍼센트만 올린다면 1년에 6500만 달러의 매출을 더 올릴 수 있을 것이라고 추산한다. 현재는 가용 데이터 중 겨우 1퍼센트의 절반, 즉 0.5퍼센트만 분석해 사용하고 있다는 것이다. 또 다른 보고서는 데이터 사용 방법을 개선하면 건강보험 지출액을 연간 3000억 달러 절감할 수 있을 것이라고 추산한다. 국민 1인당 연간 1000달러에 해당하는 금액이다.

　금융 서비스업과 같이 많은 양의 데이터를 활용하는 산업은 이미 새로운 능력을 이용하는 방향으로 변신하고 있다.[5] 금융 서비스업은 여러모로 자동화와 가장 잘 어울리는 산업이다. 업무는 매우 반복적이면서 논리적이고, 조직은 돈이 많고 효율성을 중시하며, 문화는 극도로 경쟁적이기 때문이다. 2008년에 설립된 베터먼트[Betterment]는 자동화된 자산관리 서비스 회사로 2017년 현재 90억 달러 이상의 자산을 관리하고 있다. 베터먼트와 경쟁업체 웰스프론트[Wealthfront]는 수수료를 낮추고 투자 결정을 자동화해 기존 투자 상담사의 일자리를 크게 잠식했다. 이와 관련해 「파이낸셜타임스」는 다음과 같은 기사를 게재했다. '젊은 고객은 1년에 한 번씩 투자 상담사와 만나 신흥시장이나 채권 또는 구조화된 상품* 등의 상대적 장단점에 대해 이야기하고 싶어하지도 않고 그럴 시간적 여유도 없다. 이들이 원하는 것은 단순한 투자 안내와 24시간 접근 가능성이다. (…) 이들은 사무실에 찾아가 듣는 조언이 아니라 앱을 원한다.' 2020년경이면 전 세계에서 로보어드바이저**가 관리하는 자산은 8조1000억 달러로 급증할 것으로 예상된다. 40세 이하 투자자의 72퍼센트는 가상 투자 상담사의 도움을 받는 것에 전혀 거부감을 느끼지 않을 것이라고 말했다.

한때 뉴욕증권거래소의 입회장에는 5500명에 이르는 플로어트레이더***가 어슬렁거렸지만 이제는 400명도 채 남아 있지 않다. 증권 거래 업무 대부분을 거래 알고리즘에 따라 돌아가는 서버에 빼앗겼기 때문이다. CNBC 화면에 나오는 거래소 장면은 뉴욕증권거래소가 아니라 시카고상업거래소를 찍은 것이다. 시카고상업거래소에는 아직도 그럴듯한 배경을 연출할 만큼 사람이 남아 있다. 뉴욕증권거래소에서 일하는 골드만삭스 소속의 증권 거래인은 2000년까지만 해도 600명이었지만 2017년에는 단 두 명으로 줄었다.[6] 이 두 명의 증권 거래인이 컴퓨터 엔지니어 200명의 지원을 받아 업무를 처리하고 있다. 2016년에 금융 서비스 회사 스테이트스트리트State Street의 회장은

---

* ELS(주가연계증권), DLS(파생결합증권) 등과 같이 주가지수, 선물, 금리, 채권 등을 연계하여 구조화한 금융 상품.
** robo-advisor, 로봇robot과 투자 상담사advisor의 합성어. 컴퓨터 프로그램을 통해 투자 자산을 대신 운용해 주거나 투자 조언을 해 준다.
*** floor trader, 뉴욕증권거래소에서 자기 매매 업무를 담당하는 딜러.

자사 직원 3만2000명 중 20퍼센트가 앞으로 4년 안에 자동화에 밀려 일자리를 잃을 것으로 예상했다.[7] 주요 투자은행들은 벤처기업 켄쇼 Kensho가 만든 AI 투자 분석 시스템을 잇달아 도입하고 있다.[8] 켄쇼라 불리는 이 시스템은 전 세계에서 일어나는 각종 사건과 회사 내부 자료를 토대로 상세한 분석 보고서를 작성한다. 이전에는 투자은행 애널리스트가 담당하던 일이다. 사업을 시작한 지 4년이 채 되지 않는 켄쇼의 가치는 5억 달러에 이른다. 켄쇼 시스템을 이용하면 연봉 25만 달러짜리 고학력자가 40시간에 걸쳐 쓰던 보고서를 몇 분 안에 받아볼 수 있다. 이에 따라 블룸버그는 월스트리트의 인력이 2016년에 최고치에 달했으며 앞으로는 차츰 일자리가 사라질 것이라고 보도했다.[9] 금년에 주요 은행 대부분이 직원을 해고하며 이 보도가 맞는다는 사실을 보여주었다.

미국인 250만 명을 고용하고 있는 보험업계는 정보 처리를 중심으로 돌아가는 산업이다.[10] 자동화에 아주 적합하다는 뜻이다. 맥킨지는 보험업계의 대규모 인력 감축을 예상한다.[11] 인력 감축의 영향은 전 부서에 미치겠지만, 특히 운영부서와 판매부서가 가장 크게 영향을 받을 것으로 보인다고 한다. 이에 따라 2025년까지 25퍼센트의 인력이 줄어들 것이라고 한다. 도시에서 일하는 화이트칼라 근로자 수십만 명이 일자리를 잃게 되는 것이다.

회계사와 경리도 위험하다. 어떤 회계사는 시간당 보수를 산정하던 방식에서 월별 정액 상담료를 받는 방식으로 바꾸었다고 한다. 클라우드 기반의 회계 소프트웨어가 자동으로 회계장부를 정리해주는 바람에 그 일이 사라져버렸기 때문이다. 미국에는 170만 명의 경리와 내부 감사인이 있고, 120만 명의 회계사와 외부 감사인이 있다.[12] 경리와 내부 감사인은 이미 사라지는 추세다. 회계사들은 용감하게도 고객에게 재무 전략을 조언하는 일로 업무의 방향을 틀겠다고 말한다. 나도 지금까지 대여섯 명의 회계사를 써보았지만 대부분의 경우 세금 신고서를 작성해서 제출하는 일 이상을 바란 적이 없다.

숫자보다는 말 위주로 돌아가는 직업도 위기에 처해 있기는 마찬가지다. 2016년에 딜로이트Deloitte가 발표한 보고서에 따르면, 앞으로 법률과 관련된 업무의 39퍼센트가 자동화될 예정이므로 향후 10년 안에 법률 시장의 '대대적인 개혁'이 예상된다고 한다.[13] 이에 따라 변호사 보조원과 법무 비서의 일자리가 사라질 것으로 보인다. 또, 규모를 축소하거나 합병하는 로펌이 많이 생기면서 법률 시장 전체의 고용이 감소할 것으로 예상된다. 내가 로스쿨에 다니던 1990년대 후반만 해도 사람들은 변호사를 안정된 직업으로 여겼다. 하지만 오늘날 로스쿨은 시장 수요보다 훨씬 많은 졸업생을 쏟아내고 있고, 이들의 서비스를 필요로 하는 시장은 줄어들고 있다. 내 친구 한 사람은 대기업을 상대로 일상적인 응답, 소장 제출, 서류 검토 등 소송 관련 기본 업무를 처리해주는 AI 회사를 운영한다. 결과적으로 이들 대기업은 예전처럼 신출내기 변호사를 많이 고용할 필요가 없을 것이다.

소송 업무를 처리하는 세계적 로펌의 최고혁신책임자 클리프 더턴Cliff Dutton을 만나 이야기를 나눈 적이 있다. 더턴은 인간 변호사의 소송 서류 검토 정확도는 약 60퍼센트라고 했다. 나는 젊은 시절 변호사로서 서류를 검토하던 때가 생각났다. 두 시간 정도 서류를 들여다보면 아무리 집중하려고 해도 눈이 게슴츠레해졌다. AI를 탑재한

소프트웨어의 서류 검토 정확도는 이미 85퍼센트에 가깝다. 게다가 속도도 변호사 몇 사람이 팀을 이뤄 작업하는 것보다 훨씬 빠르다.

의사는 여러 해에 걸친 힘든 훈련과 진료를 통해 변호사보다도 더 많은 전문성과 지식과 판단력을 쌓았다. 나는 MIT와 하버드를 나온 최고 수준의 의사 친구에게 진료 행위 중 얼마나 많은 부분을 자동화할 수 있을 것으로 생각하느냐고 물어본 적이 있다. 그 친구는 이렇게 대답했다. "적어도 진료의 80퍼센트는 '요리책'과 같아. 의사는 해야 한다고 알고 있는 대로 그냥 하는 거야. 대부분의 의술에 상상력이나 창의성이 들어설 여지는 별로 없어."

나는 어떤 분야의 의료 행위가 자동화에 가장 적합할지 기술자와 함께 하나하나 따져보았다. 이 기술자는 영상의학과(위에서 살펴본 바와 같다), 병리학과(영상의학과와 아주 유사하다), 가정의학과(AI의 도움을 받으면 임상 간호사뿐만 아니라 일반인도 대부분의 문제를 해결할 수 있다), 피부과(가정의학과와 유사하다) 및 그 밖에 한두 가지 전문 분야를 꼽았다. 그러면서 자기가 아는 외과 의사들이 로봇의 지원을 받으며 하는 수술을 얼마나 좋아하는지에 대해서도 들려주었다. 시야가 크게 넓어지고 사물이 더 선명하게 보일 뿐만 아니라 불필요한 움직임이나 손 떨림 현상 같은 것을 자동적으로 막아주기 때문이라고 했다. 게다가 수련 중인 학생들은 수술실에 들어가지 않고도 수술 과정을 다 볼 수 있고, 의사 본인도 사후에 자기가 한 수술 절차를 점검해볼 수 있다고 했다.

나는 이 기술자에게 의사가 원격으로 수술하는 것도 가능할 것인지 물어보았다. 그는 이렇게 대답했다. "언젠가 그렇게 되겠지요. 지금은 의사가 환자 곁에 있어야 한다고 생각할 뿐만 아니라 데이터 전송 구간이 길어지면 전송 지연 현상이 일어날 수도 있어요." 그렇기는 해도 로봇의 지원을 받는 수술 덕분에 최고의 외과의가 전 세계의 환자를 대상으로 수술할 수 있는 길이 곧 열릴 것이라고 했다. 이 말은 수술의 전 과정과 수술 중 의사가 내리는 사소한 결정까지 모두 기록할 수 있다는 뜻이기도 하다. 이런 데이터가 쌓이면 AI는 수천 건의 수술을 분석해 각각의 상황에 어떻게 대처해야 할지 알게 될 것이다. 사람의 개입 없이 로봇이 행한 최초의 임플란트 수술은 2017년 9월 중국에서 이루어졌다. 로봇이 수술을 시작해 3D프린터로 제작한 임플란트 두 개를 환자에게 식립한 것이다. 로봇 슈퍼외과의가 탄생할 날이 한 세대 정도밖에 남지 않은 것 같다.

사람들은 대부분 미술이나 음악처럼 창의력을 필요로 하는 일이나 심리 치료처럼 민감하고 세심한, 사람과의 상호작용이 필요한 일에서는 인간이 언제나 AI보다 우위에 있을 것으로 생각한다. 하지만 구글의 뉴럴 네트워크neural network(사람의 사고 기능을 모방한 컴퓨터 시스템)는 사람이 그렸다고 착각할 만한 예술작품을 만들어냈다.[14] 온라인으로 검색해보면 이아모스lamus라는 소프트웨어 프로그램이 작곡한 교향곡도 찾아볼 수 있을 것이다. 이 곡을 들어본 많은 사람은 인간이 작곡한 곡과 구분하기 어렵다고 말했다. 구글에서 이아모스가 작곡한 'Adsum'을 찾아 한번 들어보라.

당신은 아마 심리 치료야말로 자동화가 가장 넘보지 못할 영역이라고 생각했을지도 모른다. 만약 그렇다면 당신이 틀렸다. 서던캘리포니아대 연구원들은 외상 후 스트레스 장애PTSD를 앓고 있는 참전 군인들을 치료하기 위해 국방부의 자금 지원을 받아 2016년 '엘리Ellie'라는 이름의 인공지능 심리 치료사를 개발했다. 엘리는 동영상 아바타의 모습으로 나타나 환자와 마음을 위로해주는 대화를 나눈다. 엘리는 환자가 인간 치료사로부터 추가 치료를 받아야 할지 판단하기 위해 환자의 목소리와 얼굴 표정을 관찰한다. 초기에 드러난 결과를 보면 전망이 밝아 보인다. 환자가 진짜 사람보다 인공지능 치료사에게 속마음을 털어놓는 것이 더 편해 보일 때도 많았다. 엘리는 인간 치료사를 보조하는 역할로 개발되었다. 하지만 엘리가, 처음에는 치료사가 환자를 상담하는 동안 다른 환자의 접수를 돕는 일을 하다가 차츰 더 많은 일을 맡아서 하게 되리라는 것은 누구나 쉽게 상상할 수 있을 것이다.

열세 살 되던 해 치아교정기를 착용하기 위해 이를 네 대 뽑았다. 아버지 이를 볼 때마다 '무슨 수를 써서라도 저렇게 되지는 말아야지.'라고 생각했던 터라 약간 흥분까지 했을 정도였다. 치과에 가는 길에 의사가 어떤 마술을 부려 내 이를 뽑을까 하고 궁금해했던 기억이 난다. 대단한 마술도 아니었다. 의사는 첫 번째 이에 집게를 갖다 대더니 이가 뽑힐 때까지 이리저리 잡아당겼다. 두 번째 이는 잘 뽑히지 않아 의사가 자세를 몇 번 바꿔야 했다. 의사가 내 가슴 위에 발을 대고 이를 확 잡아 뽑았던 기억이 난다.

나는 집으로 돌아오며 '와, 치과의사가 되려면 힘이 세야 되겠네' 하고 생각했다. 물론 턱이 많이 아팠다.

내가 이 이야기를 하는 이유는 우리가 생각하는 지적 작업과 육체적 작업 사이의 경계가 불분명할 때가 많다는 사실을 말하고 싶어서

이다. 외과의사는 가장 훈련을 많이 받고 가장 보수가 높은 의사에 속한다. 사람의 신체를 절개한다는 것은 큰일이기 때문이다. 하지만 가장 가치 있는 외과의사의 일은 대부분 육체적이고 기계적인 일이다. 내가 아는 외과의사는 대부분 손가락이나 손을 다칠까 봐 농구 같은 운동은 절대 하지 않는다고 한다.

어떤 일자리는 그 일을 대체할 수 있는 새로운 기술이 도래한다고 바로 사라지지는 않을 것이다. 의료 분야에 자동화가 어떻게 전개될지는 많은 부분이 법규와 면허에 달려 있다. 현재는 의사나 약사 면허 없이 하는 의료 행위는 대부분 불법이다. 의료는 기술 혁신이 월등히 진전된 다음에야 AI가 진료 행위를 할 수 있게 될 가능성이 매우 높은 분야다. 막강한 로비 능력을 갖춘 의사들이 제도 도입을 막기 위해 싸울 것이기 때문이다. 이들은 인공지능이 발달해 그렇지 않다는 확실한 증거가 눈앞에 보여도, 그 누구도 고도의 훈련을 받은 인간 의사보다 환자에게 도움이 될 수 없다고 주장할 것이다. 인간 의사를 더 좋아하는 환자도 많을 것이다. 물론 시간이 지나면서 서서히 사라질 현상이라고 생각한다.

AI가 정말로 여러 방면에서 지능적이 되려면 아직도 넘어야 할 장애물이 많다. 어떤 신경 과학자는, 오늘날 인간보다 낫다고 하는 시스템 대부분이 어떤 특정 분야의 과업에서는 그럴 수 있을지 몰라도 나머지 분야에서는 두 살 먹은 아기보다 못하다고 했다. 하지만 현재의 컴퓨터 성능을 훨씬 뛰어넘는 컴퓨터의 성능에 대한 우리의 인식은 바뀌고 있다. 화이트칼라의 일이나 창의적인 일 중에서도 자동화할 수 있는 일이 많다. 스타트업에 종사하는 사람들이 잘하는 말로, 답이 무엇인지 확신이 서지 않을 때는 '문제가 있는 곳에 돈을 투입하라' 는 말이 있다. 머지않아 '문제가 있는 곳에 AI를 투입하라'는 말이 모든 문제에 대한 답이 되는 시절이 올 것이다.

만약 당신 일자리는 컴퓨터의 공격으로부터 안전하리라고 생각한다면 아마도 틀린 생각이 될 것이다. 앞으로 10년 안에 일의 목적과 본질은 엄청난 변화를 겪을 것이다. 문제는, 일자리를 가진 사람이 지금보다 줄어들 것이라는 사실과는 별개로 무엇이 이런 변화를 이끌 것인가에 있다.

인간성과 일

나는 큰 자동차 사고를 겪은 적이 있다. 스무 살 되던 해 밤중에 차를 몰고 프로비던스에서 보스턴에 있는 형 집에 가던 길이었다. 그 때 내가 운전하던 차는 집에서 쓰던 낡은 혼다 어코드였다. 밖에는 비가 내리고 있었다. 보스턴에 가까워지자 길은 전속력으로 달리던 고속도로에서 신호등이 있는 도로로 바뀌었다. 갑자기 신호를 받고 대기 중이던 차가 눈에 들어왔다. 나는 브레이크를 힘껏 밟았지만 너무 늦었다. 타이어에서 끼익 소리가 나는가 싶더니 앞에 있는 차에 세차게 부딪히는 느낌이 전해져 왔다. 이 충격으로 앞차의 뒷부분 3분의 1이 구겨지고, 내가 몰던 낡은 어코드도 앞부분이 함몰되어 마치 아코디언처럼 쭈그러들었다. 안전띠를 맨 내 몸이 앞으로 홱 쏠렸다. 그러고는 정신을 잃었다.

몇 초가 지나 정신을 차린 나는 차에서 나와 앞차로 갔다. "괜찮으세요?" 망가진 차 모습을 보니 겁이 덜컥 났다. 다행히 다친 사람은 없었다. 앞차에는 나보다 나이가 조금 더 들어 보이는 사람 세 명이 타고 있었다. 그들은 충격을 받긴 했지만 괜찮다고 했다. 화를 내지는 않았다. 나는 몇 번이나 사과했다. 내가 너무나 멍청이 같다는 생각이 들었다.

우리는 차가 지나다니는 길옆에 서서 비를 맞으며 경찰차와 견인차가 올 때까지 기다렸다. 그러면서 망가진 차를 수리해서 다시 쓸 수 있을지에 관한 이야기를 나누었다. 우리가 기다린 시간은 30분 정도였는데 마치 몇 시간을 기다린 것처럼 느껴졌다. 나는 견인차 조수석에 타고 자동차 정비소로 가서 형이 올 때까지 기다리기로 했다. 정비소 문은 굳게 닫혀 있었다. 견인차가 떠난 후, 할 수 없이 나는 도로변에 앉아 얼굴을 양손에 파묻고 비를 맞으며 형을 기다렸다.

내가 이날 밤을 생생하게 기억하는 이유 중 하나는 그날 낮에 대학 시절 만난 여자 친구와 헤어졌기 때문이었다. 나는 상심했고, 기댈 사람이 필요해 보스턴에 있는 형에게 가던 길이었다. 결국, 당시 나의 감정 상태로 인해 주의력이 떨어졌고, 그것이 다른 차를 추돌한 가장 중요한 요인이라고 말할 수 있을 것이다.

인간성은 우리 개개인을 독특하게 만들어주는 요인이다. 우리 삶의 모든 면을 생각해보면 그중에서 인간이 가장 중요하다고 할 수 있다. 하지만 그렇다고 해서 인간이 항상 이상적인 운전자, 상담사, 서빙 직원, 판매원, 업무 지원 요원 등이 되는 것은 아니다. 운전자는 집중력을 잃기도 한다. 상담사는 신뢰를 깰 때도 있다. 서빙 직원도 기분이 좋지 않은 날이 있을 것이고 그러면 손님에게 친절하지 않을 수 있다. 판매원이 편견이 있으면 부적절한 처신을 하기도 한다. 업무 지원 요원도 일이 싫증날 때가 있을 것이다. 이런 예는 수도 없이 많다. 인간 자체로서의 인간과 노동자로서의 인간 사이에는 큰 차이가 있다. 전자는 꼭 있어야겠지만 후자는 그렇지 않을 수도 있다.

유발 하라리는 『호모데우스 Homo Deus』에서 택시 기사는 하늘을 올려다보기도 하고, 인생의 의미를 생각하기도 하고, 오페라를 듣고 눈물짓는 등 로봇 기사가 할 수 없는 수많은 일을 할 수 있다는 말을 한다.[1] 하지만 이런 것들은 대부분 우리가 택시를 이용하는 목적과는 아무 관계가 없다. 심지어 우리는 기사와 대화를 나누는 것보다 혼자 조용히 가는 것을 좋아할 때가 더 많다. 나도 이런 사실 때문에 미안함을 느낄 때가 있다.

신경제에서 공통으로 나오는 이야기 중 하나는, 성장 분야와 서비스 경제의 일자리에는 여자가 남자보다 훨씬 더 적합하다는 것이다. 예를 들어 다른 사람을 돌보거나 가르치는 일 같은 것인데, 이런 일들은 자동화하기 가장 어려운 일에 속한다. 반면, 물품 제조, 창고 하역, 트럭 운전과 같이 전통적으로 남자가 우위에 있던 일자리는 자동화하기 가장 쉬운 일로 꼽힌다. 나는 종종 여자들로부터 이런 소리를 듣는다. "남자들도 시대 흐름에 맞춰 '여자 일'을 하면 될 텐데 왜 안 하는지 모르겠어." 말은 쉽지만 하기는 어려운 이야기다. 게다가 시장이 요구한다고 해서 사람들한테 자기하고 맞지 않는 일을 하라고 말하는 것이 옳은 일인지에 대한 확신도 없다. 시장은 어떻게 하는 것이 우리한테 가장 좋은 것인지에 대해 관심이 없다. 시장의 요구에 맞춰

본성을 바꾸는 것이 답이 아닐 수도 있다는 뜻이다. 다른 한편으로는 주로 남성의 영역이었던 기술이나 금융 같은 고소득 직종에 더 많은 여성을 진입시키려는 움직임도 뚜렷이 눈에 띈다.

나는 지금까지 몇 번 회사를 창업해보았는데, 그 과정에서 가장 좋았던 점은 즐겁게 맡은 일을 열심히 하는 사람들과 팀을 이뤄 함께 일하는 것이었다. 하지만 일에 대한 인간의 역할을 과대평가하고 인간을 고용하는 단점을 과소평가하는 사람이 많다는 사실도 알게 되었다. 인간이 일꾼으로서 불완전할 뿐만 아니라 그런 인간을 관리하는 것이 얼마나 힘든 일인지 몇 가지 사례를 들어 보겠다.

- 인간은 일반적으로 일정 수준의 훈련이 필요하다.
- 인간은 일반적으로 시간이 지나면 더 많은 것을 바란다.
- 인간은 휴식이 필요하다.
- 인간은 건강보험이 필요하다. 사용자가 보험료를 내기도 하는데, 누가 보험료를 내느냐는 노동자에게 민감한 문제다.
- 인간은 병에 걸린다.
- 인간은 자신이 하는 일에서 만족감을 느끼고 싶어한다.
- 인간은 이유 없이 기분이 좋지 않은 날도 있다.
- 인간은 같은 일을 정확하게 같은 방식으로 수백만 번 할 수 없다.
- 인간은 시간을 함께 보내고 싶은 가족이 있다.
- 인간은 때로 일을 잘 하지 못해 해고가 필요하다. 이럴 경우 인간은 사용자가 해고 수당을 주기를 바란다. 만약 주지 않으면 기분 나빠 한다.

- 인간은 싫증을 느낀다.

- 인간은 법적 보호를 받는다. 따라서 사용자를 고소할 때도 있다.

- 인간은 사기가 저하돼 생산성이 떨어질 수도 있다.

- 인간은 15~20년을 돌봐야 생산력이 생긴다. 나중에는 생산력이 사라지고, 말년에는 10~15년간 병약한 상태로 보낸다. 인간은 사용자가 말년을 보낼 돈과 아이를 양육할 돈까지 책임지고 주기를 바랄 때가 많다.

- 한 인간에게 나쁜 일이 생기면 다른 인간도 그 사실을 안다.

- 인간은 때로 다른 사람을 괴롭히기도 하고 다른 사람과 자기도 한다.

- 인간은 잠을 잔다.

- 인간은 가끔 거짓말을 하기도 하고 심지어는 물건까지 훔친다.

- 인간은 하던 일을 그만두고 다른 일거리를 찾기도 한다.

- 인간은 사물을 본다. 그리고 다른 사람과 정보를 주고받는다.

- 인간은 마약을 하기도 한다.

- 인간은 다치기도 하고 장애인이 되기도 한다.

- 인간은 가끔 마음이 바뀔 때가 있어 미덥지 못하다.

- 인간은 일손이 부족할 때 휴가를 쓰기도 한다.

- 인간은 자기 능력을 넘어서는 여러 복지혜택을 얻기 위해 조직을 구성해 교섭하기도 한다.

- 인간은 판단을 그르쳐 자기 명성에 해가 될 행위를 할 때도 있다.

- 인간은 SNS 계정이 있다.

- 인간은 휴일에는 쉬고 싶어한다.

- 인간은 이혼하거나 관계를 정리할 때가 있다. 이럴 경우 인간은 마

음이 우울해져 생산성이 떨어지기도 한다.

- 인간은 기자에게 정보를 누설하기도 한다.
- 사용자는 인간을 다른 회사에 팔 수 없다.
- 인간에게는 품질 보증서가 없다.
- 인간의 소프트웨어는 쉽게 업그레이드되지 않을 때가 많다.

인간을 동물에 비유한 타이완 제조업체 폭스콘Foxconn 설립자 테리 궈Terry Gou의 말이 떠올랐다.[2] 그는 애플 제품을 만드는 직원 수십만 명을 지원하기 위해 로봇 30만 대를 도입했다. 그 전 2년 동안 폭스콘 직원 열네 명이 자살한 것이 로봇 도입에 영향을 끼쳤다. 사람과 달리 로봇은 감정이 없기 때문에 비관할 일도 없다.

자동화 물결이 밀려오는 이유 중 하나는, 일 처리가 유일한 목표인 입장에서 보면 사람이 기계보다 훨씬 다루기 까다롭기 때문이다. 이렇게 생각한다고 나쁘게 볼 필요는 없다. 이 사실을 받아들여야 해결책을 찾는 노력을 할 수 있다. 또, 인간을 가치 있게 하는 것이 무엇인지 깊이 생각해보는 계기가 될 수도 있다.

우리는 인간이 실제로 가장 적합하다고 할 수 없는 일이 많다는 사실에 대해 생각해볼 필요가 있다. 그 반대도 마찬가지다. 일은 대부분 인간에게 딱 들어맞을까? 즉, 인간이 일에 적합하지 않다면, 일은 인간에게 적합할까?

볼테르Voltaire는 이런 말을 했다. "일은 세 가지 커다란 악, 즉 권태, 부도덕, 궁핍을 막아준다." 일이 완전히 없어지면 대부분의 사람에게 좋지 않은 영향을 끼친다는 사실은 분명하다. 장기 실직은 사람을 황폐화하는 주요 원인 중 하나로 알려져 있다. 행복 수준이 뚝 떨어져 회복되지 않는다. 2010년 독일 연구원들의 연구 결과에 따르면, 장기 실직은 시간이 지날수록 배우자의 사망이나 영구적인 신체 손상보다 삶의 만족도에 더 나쁜 영향을 끼친다고 한다. UC버클리에서 공중위생학을 가르치는 랠프 카탈라노Ralph Catalano 교수는, 실직 상태가 길어지면 육체적 또는 정신적으로 사회적 지위 상실감과 총체적 불안감 및 사기 저하를 겪는다고 말한다.

하지만 다른 한편으로 보면 자기 일을 정말로 좋아하는 사람은 드물다. 갤럽 조사에 따르면 전 세계의 노동자 중 자기 일에 몰입하는 사람은 13퍼센트에 지나지 않는다고 한다. 미국에서는 이 숫자가 조금 더 높다. 자기 일에 몰입한다고 말한 미국인은 2015년도에 32퍼센트 정도 된다.[3] 그렇다 하더라도 이 말은, 3분의 2가 넘는 사람이 하루하루 간신히 빼먹지 않고 일하러 나간다는 뜻이라고 볼 수 있다.

개그맨 드루 케리Drew Carey의 말을 떠올리게 하는 내용이다. "아, 일이 싫으시다고요? 진작 말씀하시지요. 지지모임이 있거든요. '모든 사람'이라는 이름인데, 지금 바에서 회의 중입니다." 신이 나서 일할 수 있는 직업을 찾는 사람은 드물다. 특히 경제적 목표가 있거나 절박함에서 벗어나야 하는 사람일수록 더 그렇다. 주위에서 성공했다고 말하는 사람들조차도 여러 번 현실과 타협했고, 시간이 지나면서 현실에 효과적으로 적응하는 방법을 배운 사람들이다. 자기 일을 정말로 좋아하는 사람을 만나면 그 사람을 잘 기억해두기 바란다. 아주 드문 일이기 때문이다.

인간성과 일 사이에는 음의 상관관계가 존재하며 돈이 연루되어 있다. 가장 인간적인, 따라서 자연스럽게 사람의 마음을 많이 끄는 일 자리나 역할은 보수가 0이거나 0에 가까운 경향이 있다. 어머니, 아버지, 예술가, 작가, 음악가, 코치, 선생님, 동화 구연 지도사, 보육사, 상담사, 댄서, 시인, 철학자, 기자 등의 역할은 무보수이거나 보수가 박할 때가 많다. 그래서 이런 역할로는 잘살기는커녕 생존하기도 힘들 수 있다. 이런 역할은 대부분 사회에 매우 긍정적인 영향을 끼치지만, 시장으로부터는 외면을 받는다.

한편, 돈을 많이 버는 일자리일수록 인위적인 일자리일 가능성이 크다. 회사법 변호사, 기술자, 금융인, 거래인, 경영 컨설턴트 등과 같은 직업은 고도의 효율성을 필요로 한다. 인간의 본성을 버리고 시장 논리에 따르는 사람일수록 보상을 더 많이 받는 것이다. 이런 사실을 보여주는 하나의 예로 미국인이 일에 투입하는 시간이 늘었다는 점을 들 수 있다. 현재 고학력 미국인은 30년 전보다 더 많은 시간을 일하고 있으며, 야간이나 주말에도 메일로 업무 지시를 받는 사람이 많다. 다른 선진국에서 근로 시간이 줄어든 것과 대조적이다. 최근 갤럽 조사에 따르면 미국인 열 명 중 네 명이 일주일에 50시간 이상 일한다고 한다.[4]

하지만 항상 이랬던 것은 아니다. 사실 미국인의 주당 근무시간은 1980년까지 계속 줄어들어왔다. 영국 경제학자 존 메이너드 케인스John Maynard Keynes는 1930년에 쓴 유명한 저서에서, 생산성 향상과 기술 발전이 지속한다면 2030년경에는 서구의 생활수준이 네 배 높아질 것이고, 사람들은 일주일에 15시간만 일하게 될 것으로 예측했다. 생활수준에 대한 그의 예측은 맞았지만 근무시간은 완전히 틀렸다.

또 한편, 여러 연구 결과에 따르면 우리가 하는 일 중에는 실제로 가치를 높이지 못하는 일이 많으므로 근무시간을 줄여도 생산성은 대부분 그대로 유지할 수 있을 것이라고 한다.

벤저민 허니컷Benjamin Hunnicutt 아이오와대학 역사학 교수는, 계산원이 하는 일이 비디오게임이라면 사람들은 그것을 머리를 쓸 필요가 전혀 없는 최악의 게임으로 부를 것이라고 했다. 하지만 거기에 일이라는 이름이 붙으면 정치인들이 나서서 고귀하고 의미 있다며 치켜세울 것이라고 했다. 허니컷 교수는 "긍정심리학에서는 목적, 의미, 정체성, 성취감, 창의성, 자율성 등을 웰빙의 조건으로 꼽아왔다. 하지만 일반적인 일에서는 찾아볼 수 없는 것들이다"라고 말했다.[5] 오늘날 대부분의 일은 생존을 위한 수단이다. 일이 없어지면 사람들은 경제적 고통뿐만 아니라 심리적, 사회적, 심지어는 육체적 고통까지 받는다.

일이 인간에게 적합한 것이냐에 대한 판단은 일정 부분 각자의 관점에 달렸다. 인간은 일을 싫어하면서도 일에 지나치게 의존하고 있다. 그렇다고 일이 없어지면 무엇을 어떻게 해야 할지도 모른다. 오스카 와일드Oscar Wilde는 "일은 그보다 나은 것을 할 수 없는 사람들의 도피처다"라는 말을 했다. 유감스럽게도 이 말은 우리 대부분에게 해당하는 말인 것 같다.

우리가 극복해야 할 과제는 일이 인간을 필요로 하는 것보다 인간이 일을 더 필요로 한다는 사실이다.

통상적인
반론

나는 자동화로 인해 노동시장이 받을 충격에 관해 전국 각지의 다양한 배경을 가진 사람들과 수많은 대화를 나누어보았다. 내가 가장 많이 받는 질문은 "만약 그런 일이 일어나고 있다면, 우리가 알고 있어야 하는 거 아닌가요?"였다. 사람들은 미국 경제에서 일어나고 있는 일에 대해 확신이 없거나 믿지 못하고 있다. 바로 눈앞에 보이는 것, 또는 자기와 생각이 같은 웹사이트나 소셜미디어를 통해 듣는 것만 믿고 싶어하는 사람이 많다. 그렇게 해서 자신의 현재 생각을 강화하는 것이다. 그러므로 수백 킬로미터 떨어진 기술회사 캠퍼스에서, 그것도 비밀리에 개발되고 있는 것은 믿기 힘들어한다.

다음 장으로 넘어가 미래에 일어날 일을 알아보기 전에 내가 흔히 받는 질문 몇 개를 골라 내 생각을 밝혀보고자 한다.

"일자리가 사라진다는 두려움은 사람들이 주기적으로 한 번씩 떠들어대던 현상 아닌가요? 농업혁명이나 산업혁명이 일어났을 때도 그랬지만 지금까지 들어맞은 적이 없지 않나요?"

1900년에 40퍼센트에 이르던 경제활동인구 중 농업 종사자의 비율이 2017년에는 2퍼센트로 줄었지만, 그때보다 식량 생산이 늘고 그사이에 멋지고 새로운 일자리가 많이 생겨난 것도 사실이다. 산업혁명 이후 예상하지 못한 여러 서비스 분야의 일자리가 대폭 늘어나 많은 노동력을 흡수한 것도 사실이다. 사람들은 19세기에 자동화가 일자리를 파괴한다는 경고음을 냈다. 그중 가장 유명한 것이 영국에서 직물 공장의 기계를 파괴한 러다이트 운동*이다. 이런 경고음은 1920년대 및 1960년대에도 나왔지만 결과는 언제나 예측을 크게 벗어났다. 지금까지 고비마다 있어 왔던 새로운 일자리에 대한 비관은 모두 쓸데없는 기우였던 셈이다.

그렇다면 이번에는 뭐가 다르다는 걸까?

기본적으로 현재 문제가 되고 있는 기술은 지금까지 그 어느 때보다도 훨씬 다양할 뿐만 아니라, 훨씬 빠른 속도로, 훨씬 더 많은 경제 분야에, 훨씬 더 폭넓게 적용되고 있다. 대규모 농장, 트랙터, 공장, 조립 라인, PC 등의 등장도 각각 노동시장에 매우 큰 영향을 끼쳤다. 하지만 인공지능, 기계 학습, 자율주행차, 첨단 로봇공학, 스마트폰, 드론, 3D프린터, 가상현실 및 증강현실, 사물 인터넷, 유전체학genomics,

---

* Luddite Movement, 1811~1817년 영국 중부·북부의 직물공업지대에서 일어났던 기계 파괴운동.

암호 화폐, 나노 기술 등의 발전에 비하면 혁명적인 크기의 자릿수가 다르다. 이런 기술의 변화는 각각 수백만 명의 노동자를 고용하고 있는 여러 산업에 지대한 영향을 끼친다. 그런데 이 변화의 속도나 폭, 충격이 지금까지 인류가 겪은 어떤 변화와도 비교할 수 없을 만큼 엄청나게 크고, 변화의 본질도 완전히 다르다.

이번이, 노동시장이 변화에 유의미하게 적응하고 맞춰 가지 못하는 첫 번째 시대가 될 수 있다는 말은 사실이다. 벤 버냉키Ben Bernanke 전 연방준비제도이사회 의장은 2017년 5월 다음과 같은 말을 했다. "우리는 지금까지 인간의 상상력이나 창의력, 사회적 상호작용은 인간에게만 있는 독특한 것이므로 기계가 복제할 수 없다고 생각해왔지만, AI는 본질적으로 내연기관과 다르다는 사실을 인정해야 합니다. 우리는 계산원뿐만 아니라 외과 의사까지도, 적어도 일부분은 AI가 대체할 수 있는 시대에 다가서고 있습니다."[1] 2017년 블룸버그가 크로스섹터 전문가*를 대상으로 한 설문조사에서 응답자의 58퍼센트가 '사실상 이번에는 다르다'는 표현과 노동시장 파괴가 심각하고 유례없을 것이라는 사실에 동의했다.[2] 이런 생각을 하는 사람은 점점 늘어나고 있다.

많은 사람, 그중에서도 특히 경제학자들은 모든 일이 다 잘될 것이라고 생각하는 경향이 있는 듯하다. 이들은 산업혁명을 들먹이며 "그전에도 이런 일이 있었어. 그래서 러다이트 운동도 일어났잖

---

* cross-sector expert, 학문이나 기술 등에서 두 분야 이상을 아우르는 분야를 전문적으로 다루는 사람.

아? 그래도 새 일자리는 계속 생겼어"라는 말을 한다. 그러면서 다음과 같은, 겸손을 가장한 무지를 무슨 마법이나 되는 것처럼 신봉한다. "새로 생길 일자리가 무엇이 될지는 알 수 없어. 인간의 상상력을 뛰어넘는 일이지. 그런 걸 추측하는 건 오만한 짓이야. 하지만 새 일자리가 생길 거라는 건 알고 있어." 모든 일이 다 잘될 것이라고 생각하는 사람은 내가 '건설적 제도주의'라고 부르는 잘못을 범하고 있다. 모든 문제는 저절로 해결될 것이라는 기본적 견지에서 사회 제도를 보는 것이다.

내 생각에 이것은 판단과 현실을 부정하는 것이다. 역사는 반복을 멈출 때까지 반복된다. 그러니 누구도 경고음을 낼 필요가 없다. 만약 경고음을 내는 사람이 있다면 무식하거나 역사를 모르는 사람 취급을 받을 수 있다. 심지어 부정적인 성향에다 지나치게 민감하다는 평까지 들을 수 있다.

이번 경우에도 그럴 수 있다.

지금까지는 사람보다 더 똑똑한 컴퓨터가 나온 적이 없었다. 자율주행차는 자동차의 발명과는 종류가 완전히 다른 기술의 발전이다. 데이터가 인간의 판단을 대신하려고 한다. 이런 예는 한도 끝도 없다. 미래에 대한 대비는 돈을 투자할 때 듣게 되는 경고와 비슷하다. 과거가 항상 현재나 미래를 보여주는 최고의 지표가 아닐 수 있다는 것이다.

산업혁명이 진행되던 기간에 사회가 굉장히 어수선했다는 사실도 떠올려 볼 필요가 있다. 미국에서는 제1차 세계대전이 일어나기 전 수백만 명의 노동자가 공장과 조립 라인에 일자리를 빼앗기던 1870~1914년 사이를 이 시기로 본다. 이 기간에 미국은 대혼란을 겪었고, 사회 불안에 대응해 주 정부의 역할도 바뀌었다. 1886년에 노동조합이 들고 일어나 노동자의 권리 증진, 주 40시간 노동, 연금의 제도화 등을 요구했다. 1894년 철도 파업이 일어나자 노동절이 새로 공휴일로 지정되었다. 당시 철도 파업으로 30명이 죽고 8000만 달러의 재산 피해가 났다. 지금의 화폐 가치로 22억 달러에 이르는 금액이다. 미국 정부는 고등학교 보편교육도 도입했다. 이에 따라 고등학교에 다니는 미국의 청소년 비율은 1910년 19퍼센트에서 1940년에는 73퍼센트로 올라갔다. 또, 1910년에는 9퍼센트에 지나지 않던 18세 청소년 중 고등학교 졸업자 비율은 1940년이 되자 50퍼센트로 올라갔다. 여성 참정권 운동은 1920년에 목적 달성에 성공하며 막을 내렸다. 그 와중에 사회주의, 공산주의, 무정부주의 같은 정치 운동도 기세를 떨쳤다. 혁명의 기미도 끊이지 않았다. 그러니 역사가 다시 반복되리라고 믿고 있다 하더라도 기술 발전으로 노동력 수급이 크게 바뀌면 많은 갈등과 변화는 각오해야 할 것이다.

"그냥 두어도 노동시장은 새로운 현실에 맞춰갈 것이고 사람들은 다른 일자리로 옮겨가지 않을까요?"

나는 대학에서 효율적 시장 가설을 배운 적이 있다. 주가는 가용한 정보를 모두 반영하고 있기 때문에 시장을 이기려는 시도는 결국 성공하지 못한다는 것이다. 오늘날 대부분의 투자 전문가들은 이 가설이 완전히 틀렸거나 아니면 적어도 완전하지는 않다고 생각한다. 그 사실은 금융위기, 행동경제학의 부상, 특정 헤지펀드의 성공, 증권회사가 다른 증권회사보다 조금이라도 빨리 거래소에 접속하려고 수백만 달러를 들여 더 빠른 통신 회선을 확보하려 한다는 사실 등을 보면 알 수 있다고 한다.

사람들은 노동시장도 이와 비슷하게 아주 효율적이라고 가정한다. 즉, 누군가가 해고를 당하거나 일자리가 자동화되면 자기한테 딱 맞는 새 일자리를 찾으리라는 것이다. 공공 정책도 이런 생각을 중심으로 수립된 것이 많다. 하지만 이것 또한 근본적으로 잘못된 생각이다.

잘나가는 분야에 있는, 기술과 재능이 뛰어난 사람에게는 노동시장이 언제나 열려 있다. 만약 당신이 실리콘밸리의 뛰어난 프로그래머라면, 문자 그대로 길만 건너면 또 다른 고소득 일자리를 얻을 수 있을 것이다. 어쩌면 당신한테 딸린 수수료를 노리고 당신을 도와줄 괜찮은 헤드헌터도 몇 명 따라붙을지 모른다. 그런 뒤 당신을 소개해 준 대가로 당신 연봉의 12~15퍼센트 정도를 챙길 것이다.

당신의 기술과 재능이 열악할수록, 또 당신이 몸담고 있는 분야가 불황일수록 새 일자리를 찾을 전망은 불확실하다. 만약 당신이 공장 노동자이거나 방금 문 닫은 소매 매장의 판매 점원이라면, 인근에 있는 다른 공장이나 소매 매장도 경기가 좋지 않아 일자리가 없을 가능성이 높다. 일단 당신이 시장을 떠나면 그때부터 상황은 더 나빠진다. 한동안 실직 상태에 놓인 사람은 자신감과 기량이 떨어진다. 연구 결과에 따르면 사용자는 6개월 이상 실직한 사람을 매우 위험하게 본다고 한다.[3] 위축감은 금방 자리 잡을 수 있다. 육아 휴직을 마치고 돌아온 여성은 다시 자리를 잡느라 힘든 시간을 보낼 때가 많다. 이것은 고학력 여성이라고 다르지 않다.

고용 시장은 비효율로 가득 차 있다. 우리는 모두 실생활을 통해 그 사실을 알고 있다. 그런데도 비현실적인 꿈의 세상을 상정하고 수립한 정책이 너무 많다. 예를 들면, 사람들은 무한정 주 경계를 넘나들 것이고, 어떤 일자리가 나와 있는지 알고 있고, 일자리를 다시 잡을 때까지 버틸 수 있을 만큼 돈을 저축해 놓았고, 학교로 돌아가서 공부할 것인지에 관해 현명한 결정을 내릴 수 있고, 무한한 회복력이 있고, 자기를 응원하고 자기의 장점을 알아줄 이해심 많은 사용자를 만나리라는 것 등이다. 나도 지금까지 여러 해 동안 수백 명을 고용해보았다. 평범한 사람에게는 사실상 위에서 말한 내용 중 해당되는 것이 아무것도 없다.

"좋아요. 기존 일자리가 사라지리라는 사실은 받아들일게요. 그러나 무엇이 될지는 예측할 수 없지만 그 자리를 대신할 일자리가 생기지 않을까요?"

어떤 혁신이 되었건 새로운 기회를 창출할 것이고, 그 모든 기회를 다 예측할 수는 없다. 자율주행차가 등장하면 기반 시설의 개선이 필요할 테니 건설 분야 일자리가 늘어날 수도 있다. 소매 매장이 사라지면 시간이 갈수록 드론 조종사가 더 필요해질 가능성이 높다. 데이터의 중요도가 높아지면서 데이터 과학자는 벌써 새롭게 뜨는 직업이 되었다.

문제는 새로 생기는 일자리 대부분이 기존 일자리와는 다른 분야고, 숫자도 사라지는 일자리보다 적다는 것이다. 새 일자리는 일반적으로 기존 일자리에서 쫓겨난 노동자보다 높은 교육 수준을 필요로할 가능성이 크다. 게다가 실직한 근로자가 일자리가 있는 곳으로 이

주해 자격 요건을 확인한 뒤 기량을 익혀 그 자리를 차지할 가능성은 거의 없다고 보는 편이 맞을 것이다.

소매 매장을 예로 들어 보겠다. 여러분 중에는 이렇게 말하는 사람이 있을지도 모른다. "쇼핑몰이나 중심가의 소매 매장이 문을 닫는다고 무슨 상관있겠어요? 그래도 물류창고에는 사람이 필요할 테고, 물건을 운반할 화물차 기사도 필요할 뿐 아니라 수많은 전자상거래 웹사이트를 관리할 웹 디자이너 자리도 있잖아요?" 하지만 새로운 일자리는 대부분 쇼핑몰이나 인구 밀집 지역에서 멀리 떨어진 곳에 있을 가능성이 높다. 시간이 지나면 물류창고 노동자는 물류창고 로봇을 관리하고 운용하는 소수의 기술자로 대체될 것이고, 화물차 기사도 소수의 물류 전문가로 대체될 것이다. 사람들은 캘리포니아 교외에 로봇 관리자 일자리가 새로 200개 생겼고, 멤피스에 물류 전문가 일자리가 새로 100개 생겼고, 시애틀에 웹 디자이너 일자리가 새로 50개 생겼다고 좋아하며 "와, 대학 졸업자 일자리가 350개나 생길 줄 몰랐네. 만세!"라고 할지도 모른다. 그러는 동안 소매 매장에서 일하던 실직자 5만 명은 사람이 점점 줄어드는 도시에서 헛되이 기회만 찾고 있을 것이다.

활자 매체를 통해 발행되던 신문이 인터넷 매체로 바뀌기 시작하자 "아날로그 돈 1000원을 주고 500원짜리나 100원짜리 디지털로 바꾼다"고 불평하던 사람들이 있었다. 일자리에서 일어날 일이 바로 이런 식이 될 것이다. 고졸자 100명을 다른 곳에 있는 대졸자 다섯 명이나 열 명으로 바꾸는 것이다.

문제는 '우리가 아직 예측할 수 없는 새로운 일자리가 생겨날 것인가?'가 아니다. 물론 새로운 일자리는 당연히 생겨날 것이다. 하지만 진짜 문제는 '기량과 교육 수준이 낮은 중년의 일자리가 그들이 현재 살고 있는 곳 인근에 수백만 개 새로 생겨날 것인가?'이다.

새로 늘어나는 일자리 중 전문 기술이 없는 사람에게도 맞는 일이 있다면 그나마 요양보호사일 것이다. 하지만 모든 사람에게 적합한 일은 아니다. 화물자동차 기사가 할머니 목욕시켜 드리는 일을 좋아하지는 않을 것이기 때문이다. 보수도 박하다. 요양보호사는 일주일에 평균 34시간 일하고 1년에 평균 2만2600달러를 번다. 요양보호사 네 사람 중 한 사람은 연방정부에서 정한 빈곤선 이하의 생활을 한다, 또, 건강보험 혜택을 못 받는 사람이 많다. 이 분야는 이직률이 높아 연간 이직률을 60퍼센트로 추산하는 사람도 있다.[4] 요양보호사는 지난 몇 년 사이에 가장 많이 늘어난 일자리 열 개 중에서 패스트푸드 음식점 종업원 다음으로 수입이 낮았다.

요양보호사협회Paraprofessional Healthcare Institute 대변인 딘 비비Deane Beebe는 이렇게 말한다. "이 일을 막장 직업이라고 부르는 사람도 있습니다.[5] 굉장히 힘든 일이에요. 어느 직업보다도 부상률이 높을 정도로 육체적으로 힘들 뿐 아니라 정신적으로도 매우 힘듭니다. 사람과 직접 부딪치는 일이고, 다른 사람과 격리된 곳에서 하는 일이거든요."

만약 요양보호사가 우리가 생각하는 미래의 일자리에 대한 답이라면 우리는 심각한 곤경에 빠지게 될 것이다.

"노동자가 새로운 일자리로 옮겨 갈 수 있도록 정부가 교육과 재훈련 프로그램을 제공해야 합니다."

이론적으로 멋진 말이며, 정치 구호로도 손색이 없다.

하지만 실상은 다르다. 여러 연구 결과에 따르면 현재 시행되고 있는 것과 같은 재훈련 프로그램은 효용이 없으며, 효용이 있다 해도 미미하다고 한다. 최근의 프로그램 중 규모가 가장 큰 것은 지난 15년 동안 제조업 노동자를 중심으로 진행되던 재훈련 프로그램이다. 실직한 제조업 노동자를 위한 연방정부 프로그램인 무역조정지원제도TAA, Trade Adjustment Assistance에 대한 연구 결과를 보면, 이 프로그램에 참여한 사람이 4년 동안 번 돈은 대조군보다 적었다고 한다. 특히 나이 든 사람일수록 그런 경향이 강했다. 수리정책연구소Mathematica Policy Research도 별도의 연구를 통해 TAA 참여자와 전통적 실업자 지원제도 수혜자를 비교해보았다. 그 결과 TAA 참여자의 수입이 전통적 실업자 지원을 받은 사람보다 더 낮았을 뿐 아니라, 특정 직업 훈련을 받은 사람 중 37퍼센트만이 실제로 그 분야에서 일하고 있다는 사실을 밝혀냈다.[6] 미시간주에서 시행하는 '낙오자는 없다No Worker Left Behind'라는 프로그램에 대한 비슷한 조사에서도 프로그램 참가자 3분의 1이 일자리를 찾지 못했다고 한다.[7] 일반적으로 실직한 제조업 노동자의 40퍼센트가량이 일자리를 찾지 못한다는 다른 연구 결과와 비교해보았을 때 그다지 나은 성과라고는 할 수 없다.

크라이슬러에서 일하다 실직한 맬 스티븐Mal Stephen이라는 사람은 인터뷰에서 이렇게 말했다. 정부 지원금 4200달러로 사설 직업 훈련소에서 직업 훈련을 마친 지 1년이 넘었지만 "아직 내 기술에 맞는 일자리를 못 잡았어요.[8] (정부 지원 훈련 프로그램은) 이런 싸구려 직업 훈련소가 돈 버는 방편에 지나지 않는 것 같아요. 모두 그 돈을 빼먹으려고 혈안이 되어 있어요." 51세인 스티븐은 공적 자금으로 16주 동안 교육을 받은 뒤 컴퓨터 기술과 비즈니스 수학 자격증을 받았다. 다른 실직자들도 실직 근로자의 직업 훈련을 위해 새로 설립된 영리 목적의 직업 훈련소는 교육의 질이 의심스러울 뿐만 아니라 효용 가치도 거의 없다고 말한다. 스티븐을 인터뷰한 사회학자는, 이들이 받은 훈련은 빈껍데기에 불과한 교육이라 이력서 장식용밖에 되지 않을뿐더러 정부가 재훈련을 마친 자로 분류하는 용도로나 쓸 수 있다고 했다.

이상의 이야기도 교육 혜택을 받을 수 있는 사람들 이야기다. 미시간주의 '낙오자는 없다' 프로그램은 2010년 대기자 명부에 수만 명의 이름이 쌓이자 그 이후 신규 신청자 접수를 중단했다. 미시간에서 수십 명의 실직자를 대상으로 한 어떤 연구에 의하면, 정부 재훈련 프로그램을 통해 훈련비 지원을 받으며 훈련을 받고 있는 사람은 한 명밖에 없었다고 한다. 다른 사람들은 시간이 너무 많이 지났다든가, 받으려고 하는 훈련 과정이 다른 주에 있다든가, 프로그램이 지원하지 않는 훈련을 선택했다든가, 수업과 수업 사이에 공백 기간이 있어 계속 받으려면 재교육을 받고 와야 한다는 등의 이유로 거절당했다고 한다. 또 다른 사람들은 어떤 혜택을 받을 수 있는지 몰라 우물쭈물하다가 명부에 이름을 올려놓으라는 말을 듣고 그렇게 했지만 그 이후로 연락을 받지 못했다고 말했다.

많은 실직자를 대상으로 한 재훈련 프로그램이 성공하려면 다음과 같은 여러 전제 조건이 필요하다. 정부는 다양한 산업에서 실직한 근로자를 모두 확인할 수 있어야 하고, 대규모 인원의 재훈련을 지원할 수 있는 재원과 개인별 상황을 고려하는 융통성이 있어야 한다.

또, 유용한 정보를 여러 사람에게 실시간으로 전파할 수 있어야 한다. 구직자는 수요가 있는 직종의 재훈련을 받을 만한 능력과 의지가 있어야 한다. 또, 직업 훈련소나 학교에서 시장성이 있는 신기술을 실질적으로 익혀야 한다. 마지막으로, 그 지역에 젊은 노동자 대신 새로 훈련받은 중년의 노동자를 대량으로 고용하려는 사용자가 있어야 한다.

위에서 말한 전제 조건에 들어맞는 실직자도 일부 있겠지만, 대부분의 실직자에게는 해당되지 않는 이야기다. 사실 많은 실직자가 시장성을 잃지 않기 위해 피닉스대학이나 영리 목적의 다른 교육기관에서 교육받느라, 정부 지원금을 쓰거나 빚더미에 올라앉는 것이 현실이다.

성공적인 실직자 재훈련 프로그램을 위해 투자해야 한다는 말은 100퍼센트 맞는 말이다. 하지만 역사적으로 볼 때 실직자가 양산되고 있다는 사실을 알면서도 재훈련 프로그램을 제대로 성공시킨 적이 없었다는 사실도 알아야 한다. 이 프로그램이 다양한 산업의 대규모 인원에게 효과적으로 적용되기를 바라는 것은, 정책 수립을 위한 권고라기보다 희망 사항에 더 가깝다고 보는 편이 맞을 것이다.

"일자리가 이미 사라지고 있다면, 그 사실이 실업률에 드러나야 하지 않을까요?"

꼭 그런 것은 아니다. 실업률을 구하는 식은 당신이 생각하는 것과 다를 수 있기 때문이다.

2017년 9월 현재 실업률은 4.2퍼센트로 2008년 경제 위기 이후 역대 가장 낮은 수준에 근접했다. 대단히 좋은 일이다. 경제학자들은 아주 이상적인 상태인 '완전고용'에 대한 이야기를 하기 시작했다. 완전고용은 경제활동인구에 속한 사람이 원하는 만큼의 일자리가 있는 상태를 가리킨다.

문제는 실업률이, 경제활동인구 중 일자리를 찾으려고 하지만 찾지 못하는 사람의 비율을 말한다는 것이다. 실업률을 계산할 때는 장애가 생겼든지 자발적으로 일자리 찾기를 포기하였든지 간에 어떤 이유에서건 경제활동인구에서 빠져나간 사람은 고려하지 않는다. 만약 당신이 낙담한 나머지 일자리 찾기를 포기했다면, 당신은 더는 '실업자'로 분류되지 않는다. 실업률은 불완전고용 상태에 있는 사람도 고려하지 않는다. 불완전고용이란 대학을 졸업하였으나 대학 졸업 학력이 필요 없는 바리스타 같은 일을 하고 있는 경우를 말한다.[9] 보수파 경제학자 닉 에버스탯^{Nick Eberstadt}은 실업률이 "더는 노동을 하지 않는 사람의 수나 비율을 보여주는 믿을 만한 지표의 기능을 하지 않는다"고 말했다.

실업률이라는 것은 파티 현장에 있는 사람만 보고 파티가 잘 진행되고 있는지 판단하는 것과 같다. 파티에 초대받지 못하였거나 갈 수 없었던 사람은 고려하지 않는다. 또, 방을 잘못 찾아 들어가 불쾌한 일을 겪고 있는 사람도 고려하지 않는다.

취업을 포기해 경제활동인구에 포함되지 않는 미국인의 비율은 몇십 년 만에 최고치에 도달했다. 현재 비경제활동인구는 9500만 명에 이른다. 성인의 37퍼센트에 해당하는 기록적인 숫자다. 2000년에는 7000만 명밖에 되지 않았었다. 비경제활동인구 증가는 학생과 은퇴자 수의 증가 같은 인구 구조의 변화에 기인한 측면도 있다. 그렇다고 하더라도 실업자에 포함되지는 않지만 일이 있다면 당장이라도 일을 하려고 나설 비경제활동인구가 500만 명이나 된다. 역대 최저의 노동참여율*이나 불완전고용까지 포함하는 'U-6 실업률'** 같은 확대 지표를 보면, 노동시장이 비정상적이고 건강하지 못하다는 사실을 알 수 있다. 특히 젊은 노동자에게 이런 현상이 심하다. 얼마 전 뉴욕 연방준비은행이 최근에 대학을 졸업한 젊은이를 대상으로 실업률을 조사했더니 44퍼센트라는 결과가 나왔다.[10]

2017년 5월에 조사한 U-6 실업률은 8.4퍼센트로 기본 실업률의 거의 두 배나 되었다.[11] U-6 실업률은 기본 실업률보다 현실을 훨씬 더 정확하게 보여주는 지표다. 지난 10년간 U-6 실업률은 9~16퍼센트 사이를 오르내렸다.

실업률은 현실을 심하게 오도하는 숫자이기 때문에, 불완전고용률 및 노동참여율과 같이 놓고 논의하지 않는 한 거기에 현혹되지 말아야 한다.

"기술 혁명이 일어나는 중이라면 생산성 향상이 우리 눈에 보여야 하는 것 아닐까요?"

여러분은 아마 이런 생각을 못 했을지도 모른다. 하지만 경제 전문가와 학자들 사이에서는 오랫동안 논쟁을 벌여 왔던 문제다. 기본적인 생각은, 만약 새로운 기술을 이용해 적은 사람으로 훨씬 많은 일

---

* 생산가능인구 중 취업자와 적극적으로 구직 활동을 하는 실업자의 비율.
**구직을 단념한 사람과 불완전고용 상태에 있는 사람까지 실업자에 포함해 계산한 실업률.

을 하고 있다면 생산성 급등이 눈에 띄리라는 것이다. 하지만 실제 생산성은 이전보다 떨어졌다. 따라서 자동화로 인해 일자리가 사라진다는 걱정은 기우에 불과하다는 것이다.

여기에 대해 가능성 있는 설명이 몇 가지 있다. 가장 먼저, 생산성 지표는 과거 지향적이다. 예를 들어 자율주행차의 생산성을 나타내는 숫자는, 수만 대의 자율주행차가 도로를 굴러다닐 때까지는 비교의 대상이 없으므로 보여줄 수 있는 것이 아무것도 없다. 그래도 우리는 자율주행차가 등장하리라는 사실을 알고 있다. 우리는 타조가 아니기 때문에 주위를 둘러보고 합리적으로 미래를 예측할 수 있다. 앞으로 닥쳐올 일을 알기 위해 지표에 의존하는 것은 폭풍우가 닥친 뒤에 배의 해치를 닫는 격이다.

또 다른 설명으로는, 낮은 생산성은 일거리를 찾는 노동자의 과잉 현상을 반영하는 것일 수도 있다는 것이다. 「이코노미스트」의 라이언 애번트Ryan Avent는 다음과 같은 이론을 내놓았다. 기술은 인간과 기계 할 것 없이 풍부한 노동력을 만들어냈다. 그런데 노동 비용이 낮고 성장률도 낮은 환경에 처한 기업은 신기술에 적게 투자한다. 이렇게 되면 생산성 증가율이 떨어진다. 이 이론에 따르면 우리는 낮은 인건비 때문에 사용자가 혁신을 할 유인이 많지 않은 환경에 놓여 있는 것으로 볼 수 있다.

예를 하나 들어 보겠다. 당신이 수년간에 걸쳐 천천히 미국 전체 노동자 10퍼센트의 일을 할 수 있는 기계를 만든다고 해보자. 그사이에 실업자가 10퍼센트 늘어날까? 아니다. 일자리를 빼앗긴 근로자도 먹고살아야 하므로 눈에 띄는 대로 어떤 일거리든 잡을 것이기 때문이다. 이렇게 되면 임금이 떨어질 것이고 생산성도 떨어질 것이다. 또, 더 많은 노동력을 자동화 기계로 대체하려는 유인도 줄어들 것이며 노동참여율도 떨어질 것이다. 지금 우리가 처한 상황이 바로 이렇다.

생산성 통계자료에, 노동자가 줄어들어 1인당 생산량이 많이 증가한 모습이 보이지 않는 또 다른 큰 이유가 있다. 엄밀히 말해 아직은 경기 확장 국면이기 때문에 사용자가 불황에 대비해, 가혹하고 평판에 악영향을 미칠 결정을 미루어 놓았기 때문이다.

2000년대 중반 내가 교육 회사의 CEO로 있을 때 우리 회사는 몇 년 동안 탄탄한 성장세를 보였다. 회사가 잘 돌아가던 시절이라 인심 좋은 사장이 되기도 쉬웠다. 회삿돈으로 식사도 했고 때가 되면 야유회도 갔다. 회사 이름으로 프로 농구팀인 뉴욕 닉스와 뉴욕 메츠의 정기 입장권을 사 팀별로 나눠주기도 했다. 연봉도 제때 인상해주고 상여금도 지급했다.

그러다 월매출액이 전년보다 떨어지는 달이 있었다. 2009년 1월이었다. 앞날을 보여주는 중요한 신호일 수도 있다는 느낌이 들었다. 나는 내 방에 들어가 여러 가지 시나리오를 검토하기 시작했다. 비용 절감을 하려니 인력과 회사 운영을 효율적으로 하는 방법을 찾게 되었다. 신규 채용을 하지 않고, 비핵심 분야 업무를 아웃소싱하고, 연봉 인상을 축소하고, 협력업체와 재협상하는 것 등이었다. 우리 회사 인력은 모두 출중했지만, 상황이 정말로 나빠지면 신규 입사자 몇 명은 내보낼 수밖에 없겠다는 생각이 들었다. 회사가 잘 돌아갈 때라면 신규 입사자라고 해서 그런 생각은 하지 않았을 것이다.

2월이 되자 매출액이 다시 뛰어올랐다. 나는 실행해도 괜찮을 것 같아 보이는 계획 하나만 추진하기로 하고 나머지 긴급 대책은 모두 거두어들였다.

댄 길버트Dan Gilbert*가 나한테 이런 말을 한 적이 있다. "나는 늘 우리 직원들에게 하나밖에 선택할 수 없다면 성장을 선택하라고 말하지요." 일반적으로 경영진은 회사를 성장시키고 기회를 최대한 이용하려고 한다. 회사를 효율적으로 운영하려고 노력하지만 그것이 언제나 최우선 순위는 아니다. 또, 회사가 비교적 잘나갈 때는 일부러 충격적인 조치를 취하려고 하지 않는다.

하지만 회사가 어려워지면 비용 절감이라는 이름으로 모든 분야에 현미경을 들이대기 시작한다. 인력, 업무처리 절차, 기술, 하도급 업체, 공급업체, 협력사, 리스, 휴일 행사 등 모든 것이 다 도마 위에 오른다. 그래도 해결되지 않으면 값을 깎든지 아예 없앨 방법을 찾는다. 또, 해결된다고 해도 더 나은 방법을 찾으려 할 수도 있다.

해고자 수를 보여주는 그래프를 보면, 불황이 닥칠 때까지는 상당히 안정적인 수준을 유지한다는 사실을 알 수 있다. 그러다 불황이 닥치면 사용자는 효율성을 높이는 데 혈안이 돼 사람들을 마구 잘라내기 시작한다.

자동화가 몰고 올 충격의 크기는 다음번 불황이 닥치면 확인할 수 있을 것이다. 기업은 콜센터와 고객지원센터를 인공지능 방식 또

---

* 록벤처스Rock Ventures와 퀴큰론스Quicken Loans의 창업자 겸 회장. NBA 팀 클리블랜드 캐벌리어스의 소유주이기도 하다.

<그림9> 실업 급여 최초 청구자 수(1970~2016) ▬▬▬▬

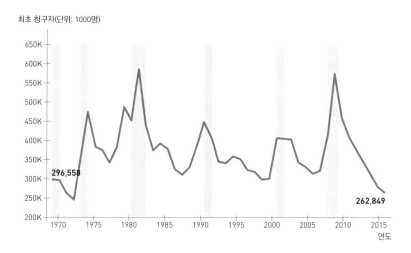

최초 청구자(단위: 1000명)

296,558

262,849

연도

[출처] 경제 조사, 세인트루이스 연방준비은행

는 봇과 인간이 함께 근무하는 하이브리드 방식으로 바꾸려 할 것이다. 패스트푸드 체인 CEO는 로봇 요리사를 시험적으로 도입해볼 것이다. 화물 운송 회사도 비용 절감 방법을 받아들일 것이다. 대기업은 회계 부문과 법률 부문의 고비용에 의문을 제기할 것이다. 이렇게 끝도 없이 비용 절감의 칼날은 자동화 기술의 도움을 받아 속속 등장할 것이다. 그렇게 되면 기업은 훨씬 적은 인력을 써서 종전과 같은 양을 생산할 수 있을 것이므로 생산성은 급등할 것이다. 물론 최악의 생산성 향상 방식이다. 또, 공공 부문은 세수가 줄어드는 상황에서 급격히 늘어나는 새로운 복지 수요를 감당해야 할 것이다.

나는 서두에서 우리는 조금씩 온도가 올라가는 냄비 속에 든 개구리와 같다고 했다. 그런데 그것보다는 그릴은 예열되고 있는데 우리는 아무것도 모르는 개구리라고 말하는 것이 더 정확한 표현인 것 같다.

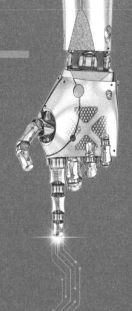

제2부

인간에게
일어나고 있는 일

거품 속의 삶

제9장

여섯 군데 장소로 향하는 여섯 개의 진로

우리는 앞에서 미국의 보통 사람에 대해 살펴보았다. 나는 벤처 포 아메리카를 시작하기 전에 6년 동안 대학 졸업자를 위한 국가시험 준비 회사를 운영했다. 그러면서 미국의 고학력자가 무슨 일을 하는지 많이 보게 되었다. 그들의 진로는 거의 정해져 있기 때문에 예측이 가능하다. 의식적으로 깨닫고 있든 그렇지 않든, 많은 고학력자가 취업문이 점점 좁아져 가는 와중에 자신의 전공과 희망 직업을 조금이라도 더 지속가능해 보이는 진로를 향해 맞추어 왔기 때문이다.

벤처 포 아메리카에 있는 사람들은, 오늘날 똑똑한 미국 사람이라면 여섯 군데 도시 중 한 군데서 여섯 가지 분야의 일 중 하나를 할 것이라는 우스갯소리를 한다. 여섯 군데 도시는 뉴욕, 샌프란시스코,

보스턴, 시카고, 워싱턴, 로스앤젤레스를 말하고, 여섯 가지 분야는 금융, 컨설팅, 법무, 기술, 의료, 학계를 가리킨다. 현시점에서 똑똑한 사람이 택할 수 있는 가장 현명한 길은 월스트리트에 가서 뛰어난 금융 전문가가 되든지 실리콘밸리에 가서 천재적인 기술자가 되는 것이라는 게 일반적인 통념이다.

금융 산업과 기술 산업은 거대한 인재 영입 파이프라인을 구축하기 위해 해마다 수천만 달러를 쏟아붓는다. 이들은 대학 캠퍼스에 상주하다시피 하며 유망한 학생들에게 접근해 식사, 돈, 술, 항공권, 교육 기회 등 그들의 마음을 끌 만한 것이라면 무엇이든 제공한다. 또, 풍족한 삶이나 사회적 신분 상승을 약속하기도 하고 인맥이나 동료의 압박을 동원하기도 한다. 금융 회사에 근무하는 친구 하나는 자기네 회사가 고급 인력을 발굴해 영입하는 데만 한 사람당 5만 달러 정도를 쓸 것이라고 추정한다. 헤지펀드 한 곳은 학교의 채용 행사에 참여하지 않기로 한 이유를 설명하느라 다트머스대학 학생 한 명당 100달러의 돈을 줬다. 컬럼비아대학 취업지원센터에는 '골드만삭스 실'까지 있다. 월스트리트에 있는 은행에 근무하는 친구 하나는 자신이 쓸 거래 알고리즘을 설계하기 위해 캘리포니아공과대학 출신 박사를 영입하면서도 우스운 생각이 든다고 말했다. "그 사람들은 화성 탐사 프로젝트 같은 일을 해야 하는 거 아냐?" 그래도 그 친구는 해마다 그 일을 하고 있다.

실리콘밸리에는 보통의 미국인이 10년 동안 만질 돈보다 더 많은 돈을 1년에 버는 젊은이가 많다. 물론 대부분 일류대학 출신자들이다. 방학 동안 기술 기업에서 일하는, 엔지니어가 아닌 인턴조차도 한 달

수령액이 7000달러가 넘고, 주말에 집에 가는 무료 항공권 같은 복지 혜택을 받기도 한다. 갓 졸업한 공대 학생을 잡기 위한 입찰 경쟁이 벌어져 대여섯 자리 숫자의 사이닝 보너스*가 지급되기도 한다. 구글은 여섯 자리 숫자의 초봉과 별도 보너스를 제시하며 스탠퍼드, 버클리, 카네기멜런, MIT 같은 일류대학 출신자를 영입한다. 페이스북은 유망한 학생들에게 노출을 극대화하기 위해 일류대학에서 해커톤**을 개최하기도 하고, 교수들과 유대를 강화하기도 하고, 엄청난 물량의 자원을 투자하기도 한다. 현재 실리콘밸리의 평균 연봉은 20만 달러에 육박하고 있다. 물론 이것은 엄청난 액수가 될 수도 있는 주식 기준 보상(흔히 스톡옵션이라고 한다)은 제외한 금액이다.

학생들이 모르고 있었을 것이라는 생각은 하지 마라. 20퍼센트가 넘던 스탠퍼드대학 인문학 계열 학생의 비율은 2016년에 7퍼센트로 급락했다. 이에 따라 한때 인기를 끌던 사학과와 영문학과는 수강을 희망하는 학생이 없어 학교가 공황에 빠지기도 했다. 이제 스탠퍼드 공과대학으로 불러야 한다고 나한테 농담하는 교직원도 있었다. 〈표7〉은 일류대학 출신자들의 졸업 후 진로를 조사한 내용이다.

일류대학 졸업자는 하는 일만 똑같은 것이 아니라 일하는 장소도 똑같다. 내 모교인 브라운대학 2015년 졸업자의 80퍼센트는 졸업 후 뉴욕, 보스턴, 샌프란시스코, 워싱턴 등 네 군데 대도시로 진출했다. 마찬가지로 2016년 하버드대 졸업생의 반 이상이 뉴욕주나 매사추세

---

* signing bonus, 회사에 새로 입사하는 직원에게 주는 일회성 인센티브.
**hackathon, 해킹과 마라톤의 합성어. 일정한 시간 안에 프로그램을 해킹하거나 개발하는 시합.

학교	금융	컨설팅	기술 및 공학	대학원	로스쿨	의과대학
하버드	18	21	18	14	13	16
예일	16	13	15	12	15	17
프린스턴	15	9	9	14	11	12
스탠퍼드	11	11	16	22	6	17
펜실베이니아	25	17	15	12	9	13
MIT	10	11	51	32	0.4	5
브라운	13	10	17	15	9	17
다트머스	17	14	8	16	10	14
코넬	19	16	18	19	9	17
컬럼비아	23	11	19	19	12	16
존스홉킨스	14	19	13	28	7	31
시카고	27	11	16	14	11	11
조지타운	23	17	9	7	20	15
평균	18	14	17	17	10	15

[출처] 각 대학 취업지원센터

츠주 또는 캘리포니아주로 갈 계획이라고 했다. 2016년 예일대학 졸업 예정자 74퍼센트는 뉴욕주, 캘리포니아주, 코네티컷주, 매사추세츠주, 워싱턴DC 중 한 군데에 있는 회사에 일자리를 잡았다고 보고했다. MIT 졸업생은 매사추세츠주에 그대로 머무르거나 캘리포니아주 또는 뉴욕주로 가는 것을 좋아했다. 스탠퍼드대학의 2015년 졸업생은 캘리포니아주에 그대로 머무는 경향이 강했다.

<표8> 대졸 취업자 선호 지역 (단위: %)

학교 / 지역	뉴욕	매사추세츠	캘리포니아	워싱턴DC	합계
하버드	24	20	15	N/A	59
펜실베이니아	38	N/A	11	6	55
MIT	8	44	23	N/A	75
스탠퍼드	7	N/A	75	N/A	82
브라운	36	20	19	8	82
다트머스	25	16	15	6	62
조지타운	30	3	6	24	63
예일*					74

* 미국에 거주하는 예일대학 졸업 예정자의 74.2퍼센트가 뉴욕주, 캘리포니아주, 코네티컷주, 매사추세츠주, 워싱턴 DC 중 한 군데에 있는 일자리를 잡은 것으로 조사되었다.

[출처] 각 대학 취업지원센터

일류대학은 사실상 미국 인재의 75퍼센트를 빨아들인다. 만약 당신이 위스콘신주나 버몬트주 또는 뉴멕시코주 출신의 공부 잘하는 학생인데, 펜실베이니아대학이나 듀크대학 또는 존스홉킨스대학에 갔다고 하자. 그러면 당신은 뉴욕주나 캘리포니아주, 또는 워싱턴DC에 가서 일하게 될 가능성이 높기 때문에 당신이 태어난 주는 당신을 다시 못 보게 될 것이다.

금융 부문과 기술 부문은 미국 교육의 최고 결과물을 싹쓸이하다시피 하고 있다. 이 두 분야는 미 대륙을 사이에 두고 쌍포와 같이 동서에 배치되어 끊임없이 수익성과 효율성을 추구하고 있다. 이에 따라 미국의 보통 사람은 기술 접근성 향상, 자본 이득, 더욱 능률화된 기업이라는 혜택을 누리기만 하면 된다. 하지만 유감스럽게도 이런 혜택은 엄청난 기회의 축소라는 현실 앞에 무용지물이 되어 가고 있다. 만약 당신이 가진 주식이 한 주도 없고 인근 공장이나 중심가의 소매 매장이 문을 닫는 상황이라면, 값싼 티셔츠나 주식시장의 활황 또는 다양한 앱의 등장은 도움이 되지 못하는 위안에 불과할 뿐이다.

왜 이렇게 많은 인재가 같은 곳에서 같은 일을 하고 있는 것일까? 이들은 성공의 욕망에 내몰리고 있다. 그런데 이미 구축된 인재 영입 파이프라인으로 인해 성공이 어떤 모습인지 명확히 보여주는 실체는 몇 개 되지 않기 때문이다. 돈, 지위, 직무 교육, 더 나은 이성을 만날 기회, 동료의 압박, 유리한 경력 관리 등 모든 것이 같은 방향을 가리키고 있다.

이들 사이에 팽배한 불안감과 치열한 경쟁 심리도 이들의 획일화를 부추기는 요인이다. 이들은 평판과 시장에서의 성공을 무엇보다 중요하게 여긴다. 그 이유 중 하나는 실패하면 경제적으로나 사회적으로 재앙에 가까운 결과를 맞이할 것이라고 생각하기 때문이다. 그래서 대학 생활을 지적 탐구를 하는 기간으로 여기기보다는 미래의 성공과 삶의 운명을 결정짓는 선별 기간 또는 도태 기간으로 보는 젊은이가 많다.

학생들이 고소득 일자리를 찾으려는 심리적 압박을 받는 이유 중 하나는 기록적인 규모의 학자금 대출 부채 때문이다. 지난 10년 사이 학자금 대출 부채 규모는 다른 형태의 부채에 비해 폭발적 증가세를 보였다. 학자금 대출 총액은 최근에 1조4000억 달러를 넘어섰다. 5500억 달러였던 2011년이나 900억 달러밖에 되지 않았던 1999

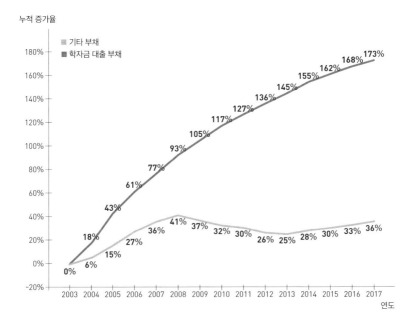

[출처] 뉴욕 연방준비은행 소비자 신용 패널/에퀴팩스Equifax

년에 비하면 엄청나게 늘어난 규모다. 졸업생 1인당 평균 부채는 3만 7172달러이고, 학자금 대출 부채가 있는 학생은 4400만 명에 이른다. 채무 연체율은 꾸준히 올라 현재 11.2퍼센트를 기록하고 있다.

사회적으로 성공했고 교육 수준도 높은 가정의 자녀들 사이에서도 불안과 우울 수준은 높다. 의사 처방을 받고 약을 복용하는 대학생 비율은 사상 최고 수준이며, 상담실 이용 비율도 역대 가장 높아 관계자들을 당혹스럽게 하고 있다.[2] 상담 신청 건수는 지난 10년 사이에 다섯 배로 늘어났다. 명문 사립학교인 서던캘리포니아대학 상담실 대기자 명부에 따르면 긴급하지 않은 학생의 경우 6~8주가 밀려 있다고 한다. 다른 학교도 사정이 크게 다르지 않다. 스탠퍼드대학에서 학장을 지냈던 줄리 리스콧헤임스Julie Lythcott-Haims는 2015년에 자신이 지켜본 경험을 토대로 학생들의 기질이 바뀌었다는 내용의 책을 썼다. 줄리는 학생들이 한 세대 만에 독립적인 젊은 성인에서 '연약'하고 '실존적 무능력'에 빠진 젊은이로 바뀌었다고 했다. 미국대학건강협회American College Health Association가 2014년에 10만 명의 대학생을 상대로 시행한 조사에 따르면, 약 84퍼센트가 자신이 해야 할 일 때문에 감당하지 못할 정도로 힘들어하고 있고, 54퍼센트가 엄청난 불안감에 시달리고 있으며, 8퍼센트는 지난 열두 달 사이에 자살을 심각하게 고민했다고 한다.[3]

관계 맺기도 바뀌었다. 여러 대학에서 성비의 균형이 깨지면서(미국 기준으로 남녀 대학생의 비율은 43 대 57로 여학생이 많다) 유대감 형성과는 거리가 먼 '훅업 문화*'가 성행하고 있다. 대학생 세 명 중 한 명은 이성과 친밀한 관계를 유지하는 것이 매우 힘들고 마음고생이 심한 일이라고 했다. 10퍼센트는 지난 1년 사이에 성적 행위를 강요받았거나 성폭행을 당했다고 했다. 리사 웨이드Lisa Wade 교수는, 혹시라도 상대방이 자기를 좋아하는 감정이 생기지 않도록 관계를 가진 후에는 며칠 동안 상대방을 깔아뭉개는 것이 요즘의 일반적인 추세라고 말한다.[4] 한두 세대 전만 해도 사랑하는 사람을 찾거나 심지어 배

---

* hookup culture, 진지하게 사귀는 관계가 아닌 남녀가 단순히 쾌락을 위해 즐기는 문화.

우자까지도 찾을 수 있던 곳이 이제는 바로 다음 날 상대방을 무시할 수 있을 정도로 초탈한 사람이라는 사실을 증명하는 곳이 되어버린 것이다.

1992년 내가 고등학교를 졸업하며 스탠퍼드대학과 브라운대학으로부터 합격 통지를 받자 우리 부모님은 몹시 흥분하셨다. 당시 두 대학의 합격률은 21퍼센트와 23퍼센트였다. 오늘날 두 대학의 합격률은 4.8퍼센트와 9.3퍼센트밖에 되지 않는다. 한때는 입학이 몹시 어려운 수준이었다면, 이제는 입학하려면 태어나면서부터 그에 맞는 계획과 교육이 필요한 수준이 되었다. 이러한 경쟁을 하려면 끊임없이 앞으로 나아가려는 추진력이 있어야 한다. 투자은행 인턴을 거쳐 지금은 스타트업에서 일하고 있는 벤처 포 아메리카 출신자 한 사람은 이런 말을 했다. "이런 끊임없는 압박이 이제는 삶의 일부가 된 것 같은 느낌이 들어요. 우리 세대는 뭔가를 성취한 다음 축하를 받는 자리에서도 머릿속으로는 다음 경쟁을 준비하고 있는 것 같아요. 야망은 엄청나게 큰데 그 야망을 이룰 마땅한 대상을 못 찾고 있는 친구들이 많이 있어요. 우리 세대를 보면 목적지가 어딘지도 모르면서 조금 더 빨리 달려가기 위해 행복을 포기하고 있다는 생각이 들어요."

"무리에서 최고가 아니라면 대체 무리 속에 있을 이유가 있을까요?" 최근 노스웨스턴대학을 졸업한 웨스트체스터 카운티 출신의 학생이 한 말이다.

물론 획일화된 삶을 싫어하고 자신의 선택과 탐구 정신을 추구하는 학생도 있다. 프린스턴대학 졸업반 학생 하나는 나한테 이런 말을 했다. "일단 여기 들어오면 위험 회피 성향이 극도로 커져요. 특별히 어떤 일을 하는 것보다 실패하지 않는 것이 목표처럼 되어버리죠." 또 다른 학생은 이렇게 말했다. "여기 생활이 너무 바빠요. 생각할 시간이 좀 있으면 좋겠어요." 마치 생각과 대학 생활이 양립하지 않는다는 듯하다.

윌리엄 데레지위츠William Deresiewicz는 그의 책 『공부의 배신Excellent Sheep』에서 열심히 공부하는 요즘 대학생을 '이유도 모르면서 성취에 내몰린 젊은이'로 묘사한다. 그러다 어떻게 나아가야 할지 확신이 서지 않으면 무기력에 빠져버린다고 한다. 나도 어릴 때 좋은 성적을 받으려고 며칠씩 열심히 공부한 기억이 난다. 그러다 'A' 등급을 받으면 하늘로 날아갈 듯 기뻤다. 하지만 기쁨은 30초를 넘기지 못하고 곧바로 공허함이 몰려왔다. 나는 성공하려는 욕구와 관련된 콤플렉스를 '성취 마귀'라고 불렀다. 수천 명의 젊은이가, 내가 그랬던 것처럼 가족의 압력, 친구들의 따돌림, 자신이 영리하다거나 재능이 있다거나 특별하다거나 뭔가 중요한 일을 할 운명을 타고났다거나 하는 믿음 등이 결합해서 생겨난 성취 욕구를 가지고 있다. 그 밑바탕에는 승자의 대열에 머무는 데 실패하면 상상할 수 없을 정도의 비참한 운명이 기다리고 있다는 두려움이 자리 잡고 있다.

'응석받이로 자란 대학생들이 기가 좀 죽은들 무슨 상관이냐?' 라고 생각하는 사람도 있을 것이다. 신경을 써야 할 이유 중 하나는 18~30세 사이의 젊은이가 소유한 개인 기업 수가 1989년 이후 60퍼센트 이상 줄어들었기 때문이다.[5] '멸종 위기종이 된 미국의 젊은 창업가'라는 제목의 「월스트리트저널」 기사에 따르면, 밀레니엄 세대는 현대 역사상 가장 적은 수의 기업을 창업한 세대가 되어 가고 있다고 한다. 일반적으로 기가 죽고 부채가 있으며 위험 회피적인 젊은이는 회사를 새로 시작하지 않는다. 그 결과는 앞으로 수십 년을 두고 영향을 끼칠 것이다.

하지만 학력 위주 사회의 꼭대기에 올라가려는 대규모 경쟁에서 승리한 젊은이들조차도 불행하다고 느낀다면 뭔가가 크게 잘못된 것이다. 그들은 "무엇 때문에 우리가 이렇게 발버둥 치면서 노력하는 거지?"라고 묻는다. 그 답은 아무도 모른다. 그런 기회를 얻는 것이 점점 힘들어지기는 하지만 '동부 연안이나 서부 연안 시장*에 있는 집단에 합류해 미친 듯이 일하는 것'이 그 답일 수도 있다. 당신이 이런 답을 좋아하지 않는다고 해도 대부분의 사람은 그렇지 않다.

나는 2011년에 벤처 포 아메리카를 시작하며 새로운 답을 제시하려고 했다. 새로운 길은 미 전역의 다양한 장소에 기업을 설립하는 것이었다. 나는 그것이 생산적인 활동이고 참여자들의 인격을 함양하는 방법이라고 생각했다. 벤처 포 아메리카의 강령 일부를 소개하겠다.

- 가치 창출, 위험과 보상, 공동선을 포함한 성취 문화를 회복하기 위하여.
- 벤처 포 아메리카의 신입 회원은 다음 신조를 받아들여야 한다.
  - 나의 직업은 나의 가치를 보여주는 선택이다.
  - 위험이 따르지 않는 용기는 없다.
  - 가치 창출은 내가 성취를 측정하는 방법이다.

---

* 뉴욕, 보스턴, LA 등 미 대륙 동부나 서부 연안에 있는 고소득 일자리.

- 나는 나 자신과 다른 사람들을 위해 기회를 창출하겠다.
- 나는 진실한 태도로 모든 일에 임하겠다.

우리의 신조는 대단히 고상하고 이상주의적인 내용으로 되어 있다. 이제 와서 하는 말이지만 2012년에 첫 수업을 하려고 강단에 설 때만 해도 나는 어느 정도 남의 눈을 의식하고 있었다.

그런데 쓸데없는 걱정이었다. 벤처 포 아메리카의 목적의식과 공동체에 대한 생각은 목마른 사람에게 주는 물과 같은 것이었다. 벤처 포 아메리카를 거쳐 간 많은 사람이 공통의 가치를 기반으로 함께 어려운 일을 해내려고 노력하는 과정에 돈독한 우정을 쌓고 친밀한 관계를 형성했다. 벤처 포 아메리카는 개인의 진로와 선택을 지원하며 여러 사람의 삶의 빈 곳을 메워 왔다. 그런데 문제는 벤처 포 아메리카의 지원을 받는 사람이 한 명이라면, 그런 지원을 받고 싶어도 받지 못하는 젊은이는 만 명이나 된다는 사실이다.

거품 속의 삶

나는 지난 몇 년 동안 전국 각지에서 온 젊은이들과 함께 일하면서도 여전히 맨해튼과 실리콘밸리에 살고 있다. 나는 이곳을 '거품'이라고 부른다. 거품 속에 사는 사람들의 삶과 일자리는 보통 사람과 다르다.

최근에 나는 부동산 투자 회사에서 일하는 친구와 저녁 식사를 함께한 적이 있다. 우리는 맨해튼에 있는 일식집에서 만났다. 한동안 서로의 근황을 묻던 끝에 내가 친구에게 최근에 근사한 호텔이라도 하나 인수했느냐고 물었다. 몇 년 전에 어떤 호텔의 숙박비 인하를 알선해 준 것이 생각나서였다.

친구의 대답은 이랬다. "우리 회사는 요즘 위험스러운 투자는 자제하고 있어. 우리가 요즘 어떤 부동산을 사들이는지 알아? 트레일러 파크*야."

내가 흥미를 느끼고 물었다. "정말이야? 왜?"

"좋은 투자처거든. 임차인들이 상하수도나 전기 공급 시설이 되어 있는 곳에 살려고 임대료를 꼬박꼬박 잘 내. 우리가 할 일은 주변 정리와 수돗물이 안 끊어지도록 하는 정도지."

나는 친구에게 임대료 연체 문제는 없느냐고 물었다.

"연체율은 매우 낮아. 그 이유는 첫째, 만약 임대료를 제때 내지 않으면 바로 그다음 날 연체 통보를 하거든. 회사는 임대료 적기 납부 여부를 꼼꼼히 살펴보지. 그 사람들도 그걸 알아. 두 번째로, 여기보다 더 싸게 살 데가 없어. 이런 곳 아니면 길거리에 나앉아야 할 사람이 정말 많거든. 그래서 어떻게든 임대료를 마련하지. 그러니 우리 입장에서는 아주 안정적인 투자처야."

"괜찮네. 그런데 회사는 어떻게 성장하지?"

친구가 어깨를 으쓱하며 대답했다. "시간이 지나면 땅값이 오르길 기다려야지."

이것은 자동화와는 아무 상관없지만 현재 우리가 하고 있는 일을 아주 잘 보여주는 사례라고 생각한다. 우리는 시장의 효율을 최대한

---

* trailer park, 영구 주거용이나 여행용 이동식 주택이 모인 구역.

끌어올린 다음 사용료를 받는다.

내 친구 중에는 기술 분야에서 일하는 친구가 많은데, 그들도 자기네가 하는 일이 다른 사람들 일자리 빼앗는 일이라는 사실을 잘 알고 있다. 일부 친구들에게는 그것이 자기네 기술 구매를 권유하는 핵심 내용이기도 하다. 인력을 줄임으로써 비용을 얼마나 절감할 수 있는지 노골적으로 밝힌다.

내가 아는 기술자와 창업가는 대부분 좋은 사람이다. 만약 이들에게 '자기 일을 하면서 다른 일자리를 없애는 것'과 '자기 일을 하면서 풍부한 기회를 만들어 내는 것' 중에서 선택할 수 있는 기회가 주어진다면, 이들은 후자를 택할 것이다. 그렇게 해서 조금 손해를 본다고 해도 기꺼이 그 길을 선택할 사람이 많다. 하지만 이것은 그들의 선택 문제가 아니다. 그들은 자기 능력을 최대한 발휘해 자기 일을 할 뿐이고 나머지는 시장이 결정하는 것이다. 그들은 때로 자신의 성공으로 인해 수백 또는 수천 명의 근로자가 일자리를 잃을 수도 있다는 사실 때문에 괴로워할지도 모른다. 하지만 자기가 하는 일이 전체적으로 봤을 때 인류의 발전을 위한 일이라고 확신하고 있다.

여기에 이의를 제기할 사람이 있을지도 모른다. 하지만 엄밀히 말하면 혁신가가 자기가 하는 일이 사회에 어떤 영향을 끼칠지를 미리 생각할 수는 없다. 이들이 할 일은 가능한 한 비용 효율적인 혁신적 제품을 만들어 시장에 공급하는 것이다. 그것 자체만으로도 어려운 일이다.

사회에 대한 책임은 '우리'의 일이다. 즉, 우리 정부와 지도자들이 해야 할 일이다.

하지만 안타깝게도 우리 지도자들은 대부분 이런 논의에서 멀찌 감치 벗어나 있다. 이들은 상대방을 헐뜯는 언론 발표, 토크쇼 출연, 정치자금을 모금하기 위한 저녁 식사 등이 반복되는 일상에 갇혀 헤 어나지 못하고 있다. 게다가 기술을 이해하지 못하는 사람이 많다 보 니 스스로 위축돼 혁신가들을 치켜세우며 그들의 마음에 들려고 노 력한다. 이와 반대로 기술자들은 정부를 방해물로 볼 때가 많아 최대 한 무시하거나 우회하려고 한다. 하지만 필요하면 로비도 한다. 그러 면서 더 좋고 더 빠르고 더 싸고 더 자동화된 제품이나 서비스를 만 들어 낸다.

이것이 현재 진행 중인 재앙의 실상이다. 기술은 우리 사회와 경 제를 탈바꿈시키고 있는데, 정치인들은 몇 년이 지난 뒤에야 효과도 없는 방법으로 거기에 대처하려 하거나 아니면 아예 모르는 척하고 있다.

거품 속의 삶이 좋다는 뜻으로 하는 말이 아니다. 우리도 앞날을 걱정한다. 우리는 피라미드 꼭대기에서 자녀에게 더 나은 환경을 제 공해주려고 경쟁하면서 어딘가에 갇힌 듯한 느낌을 받는다. 우리는 가족과 사회적 역할 사이에서 끊임없이 선택을 강요받는다. 그러면서 잠시만 쉬면 경쟁에서 뒤처질 것 같은 불안감에 시달린다. 여자는 육 아(또는 출산)와 일 사이에서 선택을 요구받는다. 남자는 직장에 충실 한 삶과 낙오자 사이에서 선택을 요구받는다. 아이가 부모의 얼굴을 둘 다 보지 못하거나 한 사람만 보는 일에 익숙해진 것이 일상화되었 다. 우리는 공공연히 상황이 악화되면 다른 곳에 가서 살자는 말을 친 구들과 주고받는다. 또, 고비용의 거품 속에서 동료와 자신을 비교하며 불만스러워한다.

우리는 가끔 경쟁이 조금 덜하거나 아이들을 키우기에 좋은 환경을 찾아 떠나는 사람들을 볼 때가 있다. 그러면 한편으로 그들을 부러워하면서도 한편으로는 그런 유혹을 잘 참아 낸 자신을 대견스러워한다. 직장에서의 감정 교류는 제한적이다. 우리는 전사들이기 때문이다. 우리가 속한 조직은 전투력이 약한 사람을 좋아하지 않는다. 우리는 장시간 근무에 능할 뿐 아니라 회사의 부름에 언제든지 응할 수 있고 지칠 줄 모르고 일한다는 사실을 자랑스러워한다.

거품 속 사회에서는 시장이 모든 것을 지배한다. 인격은 아이들이 영재 교육 프로그램 시험을 치러 가기 전에 아이들에게 읽어주는 책에 나오는 관념이거나, 상사나 부하 직원을 올바르게 대하는 수단이거나, 자신의 인맥을 관리하는 방편일 뿐이다. 우리는 어느 정도는 혁신과 효율의 물결을 위해 봉사하는 종과 같은 존재라는 사실을 대부분 인식하고 있다. 물이 차오르면 우리는 조금 더 높은 곳으로 기어오르며 항의할 것이다. 그러면서도 물길에 방해가 되지 않으려 할 것이고 최대한 시류에 편승해 자신의 시장성을 높이려 할 것이다. 우리 특기는 가벼운 자선 행위 아니던가. 그러니 뭔가 도움이 되는 일을 하려고는 하겠지만 자기가 피해를 보거나 자기 입지를 위태롭게 할 정도까지는 하지 않을 것이다. 그 정도로 어리석지는 않기 때문이다.

거품 속 사회에는 능력 위주의 시스템을 헤쳐 나오며 그 교훈을 내재화한 사람이 많다. 능력 위주 시스템의 기본 논리는 다음과 같다. 만약 당신이 성공했다면 당신이 똑똑하고 열심히 일했기 때문이므로 자랑스러워할 일이다. 만약 당신이 가난하거나 성공하지 못했다면 게으르거나 멍청하면서 수준 이하의 인성을 가졌기 때문이다. 상류층 사람들은 그럴 만한 자질이 있으니 그런 것이고, 하류층 사람들은 자신을 탓하면 되는 것이다.

내 경험에 비추어 볼 때 이런 전제는 크게 잘못된 것이다. 어릴 때의 나를 생각해보면, 부모님의 교육열이 높았고 표준화된 시험이 요구하는 답을 적는 능력이 뛰어났다는 사실 외에는 크게 내세울 게 없는 사람이었다. 나는 어릴 때 SAT* 성적이 좋다고 존스홉킨스대 부설 영재교육원에 갈 수 있었다. 또, SSAT** 성적이 좋아 엑서터***에 입학할 수 있었다. 고등학교를 졸업할 때는 SAT**** 성적을 잘 받아 스탠퍼드대와 브라운대 입학 허가를 받았다. 대학을 마친 다음에는 LSAT*****에서 좋은 점수를 받아 컬럼비아대 로스쿨에 갈 수 있었고, 그 덕분에 로스쿨을 마치자마자 여섯 자리 숫자의 연봉을 받을 수 있었다. 게다가 나중에 교육 회사의 CEO가 될 수 있었던 이유 중 하나도 GMAT 성적이 좋았기 때문이었다.

하지만 이런 시험에서 좋은 점수를 받은 것과 인성이나 도덕성 또는 직업윤리와는 거의 관계가 없다. 단지 시험을 잘 봤다는 뜻에 불과할 뿐이다. 나보다 훨씬 열심히 공부했지만 나보다 성적이 나쁜 사람도 많았다. 정말 열심히 공부했는데도 성적이 좋지 않아 울던 친구가

---

* Stanford Achievement Test, 유치원에서 고등학교에 이르기까지 미국 학생의 학업 성취도를 평가하는 시험.
** Secondary School Admission Test, 미국 사립 고등학교 입학시험.
*** Philips Exeter Academy, 미국의 명문 사립 고등학교.
**** Scholastic Assessment Test, 미국 대학 입학시험.
***** Law School Admission Test, 미국 로스쿨 입학시험.

아직도 기억에 남는다.

우리는 성공은 노력과 인성의 결과물이라고 말한다. 하지만 그것은 사실이 아니다. 오늘날 성공은 대부분 시험 성적과 집안 배경에 달려 있다. 물론 일부 예외도 있어 공평한 세상처럼 보이기는 한다. 이제는 학업 성적이나 각종 시험 성적이라는 좁은 잣대로 측정된 지적 능력이 사람의 가치를 재는 척도가 되어버렸다. 그다음 척도는 효율성이다. 현재의 제도 아래에서는 특정 재능이 다른 무엇보다도 큰 보상을 받는다. 내가 잘나갈 수 있었던 이유도 특정 재능이 있었기 때문이다. 우리 교육제도가 필요로 하지 않는 다른 재능이 있는 사람들은 자신의 기대 수준을 낮출 수밖에 없다. 나는 현실에 절망해 큰 희망을 품지 못하고 작은 희망에 만족해야 한다고 느끼는 사람을 수도 없이 보아 왔다.

J.D. 밴스J.D. Vance는 베스트셀러가 된 자신의 책 『힐빌리의 노래 Hillbilly Elegy』에서 오하이오주 미들타운에서의 성장 과정에 대해 이렇게 말한다.

대학에 못 간다고 해서 수치심이 든다거나 무슨 큰일이 일어날 것 같지는 않았다. 선생님들이 우리에게 대학에 가기에는 너무 멍청하다고 또는 너무 가난하다고 말한 적은 없었지만, 그런 분위기는 마치 공기처럼 늘 우리 주변을 가득 메우고 있었다. 우리 가족 중에 대학에 간 사람은 아무도 없었고, 동네 선배들이나 형제들은 직업 전망이 어찌 됐든 미들타운에 눌러앉아 완전히 만족하며 살았다. (…) 주변에서 별로 기대를 하지 않으므로 학생들도 스스로에 대한 기대치가 높지 않았다. (…) 동네 사람들은 성공한 사람을 보면 무조건 두 부류 중 하나라고들 생각한다. 첫 번째 부류는 행운아다. 이들은 부유하고 인맥이 좋은 집안 출신으로, 태어난 순간부터 이미 삶이 정해져 있는 사람들이다. 두 번째는 실력파다. 이들은 타고난 두뇌 덕에 실패를 하려야 할 수가 없다. 미들타운에는 첫 번째 부류에 속하는 행운아는 거의 없기 때문에, 누군가 성공했다고 하면 그저 굉장히 똑똑한 사람이라고만 생각한다. 평균적으로 미들타운 사람들은 고된 노력을 재능만큼 중요하게 여기지 않는다.[6]

미들타운 사람들은 이미 알고 있었던 것이다. SAT는 2차 세계대전 당시 똑똑한 학생을 골라내 전쟁에 내보내지 않는 방편으로 쓰이며 명성을 얻었던 시험이다. 이제는 매해가 전시가 되어버렸다.

우리 아이 하나는 몇 년 전에 자폐 스펙트럼 장애 진단을 받았다. 증세가 심하지 않고 고기능 자폐증이라 만족스러운 삶을 영위할 것으로 믿고 있다. 다행스럽게도 우리는 아이에게 적기에 많은 것을 해줄 수 있는 형편이 된다. 하지만 미국에는 우리처럼 형편이 좋지 않은 가정이 많이 있다.

능력주의라는 용어는 실제 사회를 염두에 두고 만들어진 말이 아니다. 1958년 영국 사회학자 마이클 영Michael Young이 풍자 소설을 쓰며 일종의 패러디로 만들어 낸 말이다. 저널리스트 데이비드 프리드먼David Freedman은, 당시에는 지적 능력이 성공과 실패를 결정짓는 세상은 약육강식의 세계이고 병든 사회이며 말도 안 되는 세상으로 받아들여졌다고 말한다.[7] 하지만 오늘날 우리는 그것을 현실화해 수용할 뿐만 아니라 찬양하기까지 한다. 시장 논리는 우리 모두의 마음을 끈다. 능력대로 하면 모든 일이 공평하다는 느낌이 든다. 소외된 사람이 받는 고통도 그럴 만하다고 여긴다. 가장 주목할 만한 점은 궁지에 내몰린 사람들조차도 스스로 그런 대우를 받는 것이 마땅하다고 여기는 경우가 많다는 사실이다.

틀린 생각이다. 지적 능력과 인성은 결코 같은 것이 아니다. 그것을 같은 것처럼 생각하면 우리는 파멸할 것이다. 시장은 무엇이 우리를 서로 갈라놓는가에 관해 관심을 갖지 않는 사람들을 공격할 것이다.

나는 지난 몇십 년 동안 수백 명의 고학력자와 함께 지내 왔다. 그러니 그들 모두가 다 멋진 사람은 아니라는 내 말을 믿었으면 좋겠다. 거품 속에 사는 사람들은 이 세상이 실제보다 더 질서정연하다고 생각한다. 그들은 지나치게 자세한 계획을 세운다. 그들은 똑똑한 것을 판단력으로 착각한다. 똑똑한 것을 인성으로 착각한다. 자격증을 지나치게 높게 평가한다. 가슴이 아니라 머리를 앞세운다. 지위와 확신을 필요로 한다. 위험은 나쁜 것이라고 본다. 좋지 않은 상황에 대비해 준비를 철저히 한다. 20년 앞이 아니라 2년 앞을 생각한다. 자신의 주변에도 거품 속에 사는 사람들이 있어야 한다. 다른 사람이 성공하면 배 아파 한다. 자기가 똑똑하므로 그에 맞춰 자기 위치가 결정되어야 한다고 생각한다. 아이디어가 실행보다 낫다고 생각한다. 눈에 띄게 발전하는 모습이 보이지 않으면 불안해한다. 만족을 느끼지 못한다. 자신이 틀렸을까 봐 두려워하고 바보처럼 보일까 봐 두려워한다. 영업을 좋아하지 않는다. 스스로 배짱 같은 것은 포기해 버린다. 시장을 숭배한다. 걱정이 너무 많다. 거품 속에 사는 사람들도 다른 사람들과 마찬가지로 장점과 단점이 있다.

어렸을 때 나는 다른 사람들과 함께하고 싶었다. 그러다 똑똑한 사람이니 다른 사람을 제쳐야 한다고 배웠다. 이제 우리는 이런 생각을 버리고 타고난 인간성을 되찾아야 한다. 우리는 모두 이리저리 분류되어 사회생활을 시작하기 전과 다르지 않은 똑같은 사람이다. 무엇보다도 우리는 자신이나 가족을 위해 바라는 것이 똑같은 어머니이고 아버지이며 누나고 동생이다.

시간이 얼마 남지 않았다. 시간이 더 지나면 각계각층의 사람들이 동질감을 느끼도록 하는 일이 훨씬 더 어려워질 것이다. 지금 거품 속에 사는 사람들도 대부분 다른 곳에서 성장했다. 이들은 아직도 명절이나 휴가 기간에 가족을 찾아간다. 이들도 나처럼 도시 교외의 평범한 곳에 있는 중산층 가정에서 성장했고, 다른 부류의 사람들과 아주 유사한 경험이 있다. 이들도 쇼핑몰을 좋아한다.

세대가 바뀌면 이런 동질감은 점점 희박해질 것이다. 얼마 지나지 않으면 마운틴뷰*나 어퍼이스트사이드**, 베데스다*** 등에서 날씬하면서 아주 세련된 생산품이 대량으로 쏟아져 나와 엘리트 학교로 향할 것이다. 이들은 태어나면서부터 매우 경쟁이 심하고 특별한 환경에서 보통 사람들과 접촉할 기회가 거의 없이 자란 아이들이다.

내가 어렸을 때만 해도 똑똑한 아이들과 멋진 아이들 사이에는 반

---

* Mountain View, 캘리포니아 주 실리콘밸리 인근에 있는 부촌.
**Upper East Side, 뉴욕시 맨해튼에 있는 부촌.
*** Bethesda, 워싱턴 DC 인근에 있는 부촌.

비례 관계 비슷한 것이 있었다. 똑똑한 아이는 책을 좋아하고 남들과 어울리는 데 서투른 반면, 사회성이 있는 아이는 매력적이고 인기가 있었다. 한 아이가 그 두 가지 특질을 모두 갖춘 경우는 거의 없었다. 내가 어렸을 때 다녔던 영재 캠프가 그 사실을 보여주는 전형적인 예다.

하지만 지금은 몇몇 도시에 사는 사람들 간의 동류교배* 덕분에 지적 능력이나 매력, 교육, 부 등이 같은 집안이나 이웃에 집중되고 있다. 내 친구의 아이들을 보면 모두 하나같이 영리하고 예쁘고 사회성이 뛰어나다. 이들은 태어날 때부터 최고의 자질을 타고난 아이들이다. 나는 이 아이들이 10~15년 후 다른 지방으로 여행 가는 상상을 해볼 때가 있다. 아마도 이들은 이상한 나라에 온 이방인 같은 느낌을 받을 것이고, 그 지역 주민들도 이들을 그렇게 생각할 것이다. 이들은 풍성한 온라인상의 삶을 즐길 것이고, 자율적으로 주행하지 않는 차는 기억도 하지 못할 것이다. 이들은 앞서 살았던 사람들과 동질감을 전혀 느끼지 못할지도 모른다. 한 국가를 구성하는 일원이라는 유대의식은 별로 없을 것이다. 일반 국민과의 공감 능력이나 그들의 문제를 해결하고 그들을 돕기 위해 기부하려는 의사 같은 것은 갈수록 줄어들 것이다.

이스라엘 학자 유발 하라리는 "미래에 우리는, 지금 동물을 다루듯이 어리석은 사람들을 대할 것이다"라고 말한다.[8] 그의 말대로 되지 않기 위해 세상을 바로잡아야 한다면 지금이 바로 그때다.

---

* 표현형이 같은 상대나 매우 유사한 상대 간에 배우 관계가 성립하는 것.

풍요와
결핍의 마음가짐

나는 얼마 전에 클리블랜드에 있는 고등학교에서 창업에 관해 강연한 적이 있다. 학생 외에 학부모도 많이 참석했는데 그중 한 사람이 나에게 이런 질문을 했다. "어떻게 창업할 수 있다는 생각을 하게 되었습니까?"

나는 잠시 생각을 정리한 다음 이렇게 대답했다. "제가 어릴 때 저희 부모님은 저한테 다른 사람이 할 수 있는 일이라면 뭐든지 다 할 수 있다는 생각을 주입하다시피 하셨습니다. 그 이후 창업한 사람들을 만나고 보니 저도 할 수 있겠다는 생각이 들었습니다."

나는 스물다섯 살이 되던 2000년에 처음으로 회사를 창업했다. 저명인사와 연계해 자선기금을 모금하는 사이트인 '스타기빙닷컴 Stargiving.com'이었다. 창업은 내가 생각했던 것보다 훨씬 힘들었다. 우리는 한 달에 2만5000달러씩 10개월에 걸쳐 25만 달러를 투자받아 웹사이트를 출범시켰다. 우리는 초기에 반짝 인기를 누렸지만 곧 추락하기 시작했다. 그러다 인터넷 거품이 꺼지면서 돈이 바닥났고 투자자들의 관심도 사라졌다. 시장에 대한 우리 예측이 형편없었다는 사실이 분명해졌다. 결국, 1년 반 만에 회사를 접어야 했다.

이 첫 번째 도전의 실패로 자신감이 크게 떨어졌다. 나를 아는 사람들은 모두 내가 회사를 창업했다가 말아먹었다는 사실을 알았다. 그때까지도 로스쿨 가느라 대출받은 학자금 중 갚지 못한 돈이 10만 달러나 남아 있었다. 나는 학자금 대출을 '숨겨둔 정부情婦'라 불렀는데, 마치 다른 곳에 있는 가족을 부양하기 위해 매월 돈을 부치는 것 같은 느낌이 들었기 때문이었다. 내 자존감은 무너졌고, 사람을 만나거나 부모님 얼굴 보는 것도 힘들었다.

이제 와서 당시를 되돌아보면 나는 회사를 창업하거나 실패 후 재기하기에 더할 수 없이 좋은 환경에 있었다는 사실을 깨닫게 된다. 물론 그 당시에는 고통스러웠다. 스물다섯 살밖에 되지 않았고, 학자금 대출도 많았으며, 내가 무슨 짓을 하는지도 정확히 몰랐다. 하지만 교육은 많이 받은 사람이었다. 또, 공동창업자도 있었다. 데이비스 폴크 로펌에서 함께 근무하던 동료였다. 저축해 놓은 돈도 있었고(물론 금방 다 써 버렸지만) 융자도 받을 수 있었다. 돈 많은 사람들을 찾아가 20만 달러의 에인절 투자도 받을 수 있었다. 사업이 어려워지자 임대료를 줄이기 위해 함께 방을 쓸 친구도 있었다. 아이도 없었고 배우자도 없었고 부모님을 부양할 필요도 없었기 때문에 가족에 대한 책임에서도 자유로웠다. 부모님에 대한 의무는 가끔 나의 진로에 대한 질문에 대답하는 것이 다였다. 더구나 모든 일이 실패로 돌아가도 취업하면 된다는 자신감이 있었다. 그때까지 인생의 모든 일이 잘 풀렸기 때문에 창업도 잘 풀릴 것으로 생각했다. 솔직히 말하자면 만약 잘 풀리지 않아도 괜찮다는 생각도 있었다.

내 이야기는 비교적 풍요로운 사람의 이야기다. 이런 이야기를 낯설지 않게 느끼는 사람이 많을 것이다. 한때 미국은 창업이 일상적인 나라였고, 사람들도 자신의 미래를 낙관했었다. 안타깝게도 이제는 대다수 미국인에게 이것은 사실이 아니다.

나는 창업가의 꿈을 품은 전국 각지의 젊은이 수백 명을 만나 함께 일해왔다. 이들 중 많은 젊은이가 배경이 좋지 않다. 이들은 창업을 하려면 자기 자신이나 가족의 배경이 뒷받침되어야 한다고 생각한다. 따라서 자신의 사회적 계급이나 성, 인종, 교육 수준, 지리적 위치 등을 생각해볼 때 창업은 '자신과 같은 사람'에게는 맞지 않는 것으로 생각한다.

그런데 안타깝게도 그들의 생각이 대부분 맞다.

한 사람의 사회·경제적 배경과 창업의 성공 사이에는 상당한 연관성이 있다. 영국에서 수행한 어떤 연구에 따르면, 창업가들 사이에서 가장 많이 발견되는 공통 특성은 가족이나 친척 또는 유산 등을 통한 자금의 확보라고 한다.[1] 2014년 미국에서 실시한 설문조사에서는 80퍼센트가 넘는 스타트업이 초기에 자기 자본으로 사업을 시작했다고 답했다. 즉, 창업가가 돈이 있어서 직접 투자했다는 것이다.[2] 최근 미국에서 발표한 인구통계학적 연구 논문에 따르면, 잘나가는 창업가 대부분이 교육 수준이 높고 자존감이 강한 백인(84퍼센트) 남성(72퍼센트)이라고 한다.[3] 논문 공저자 중 한 사람은 이런 주를 달았다. '만약 부유한 가정에서 태어나지 않아 돈이 없는 사람이라면 창업가가 될 가능성이 상당히 낮다.'

나도 수백 명의 성공한 창업가와 같이 일해본 경험이 있는데 그들 대부분이 경제적으로 여유 있는 집안 출신이었다. 솔직히 말해 몇 가지만 해결되면 창업하기가 훨씬 수월해진다. 게다가 자원뿐만 아니라 풍요한 마음가짐이라는 장점도 있다. 한 가지가 잘 풀리면 다른 어떤 것도 다 잘할 수 있을 것이라는 생각이 들게 마련이다.

창업가로 성공하기 위해 들인 공을 깎아내리려는 것은 아니다. 그 누가 되었든 새로 사업을 일으키는 것은 엄청나게 힘든 일이다. 창업은 장애와 시련과 장시간 근무가 끊이지 않는다. 엄청난 양의 일, 인내, 열과 성이 없으면 사업을 일으키는 것은 사실상 불가능하다. 그래서 나는 모든 창업가를 존경한다. 창업가 모두가 편한 삶을 산 것은 아니다. 가난했거나 괴롭힘을 당했거나 어릴 때 또래 집단과 잘 어울리지 못한 사람도 많았다. 일론 머스크도 이민자로서의 경험을 이야기하며 그런 말을 했었다. 가정 문제로 정신적 외상을 입어 사회에 적대적이었던 사람도 있다. 이런 사람은 그런 콤플렉스를 승화시켜 성취를 이룬 사람이다. 바버라 코코란Barbara Corcoran*과 데이먼드 존Daymond John**은 난독증이어서 공부로 성공할 수 없다는 말을 들었다고 했다.[4] 이민자들도 창업하는 비율이 높은데, 선택의 여지가 별로 없다

---

* 코코란 그룹(부동산업) 창업자, 투자가, 컨설턴트, 방송인.
** 후부FUBU 창업자 겸 회장, 투자가, 방송인.

고 느끼기 때문이라고 한다.

하지만 창업의 역학을 보면 현실적으로 의미 있는 자원을 확보할 수 있고, 지급을 유예할 수 있으며, 위험을 감수할 수 있는 사람에게 훨씬 유리하다. 전국에 있는 스타트업을 살펴보면 미국의 인구 비율을 제대로 반영하지 못하고 있다. 조만간 여성이 대학 졸업자의 60퍼센트를 차지할 것이고 27년 정도 지나면 유색 인종이 다수를 점할 텐데도, 기술 기업은 백인 남성의 수가 압도적으로 많다.(내 의견일 뿐이고, 나쁜 뜻은 없다.) 이들은 대부분 고학력자다. 여성이나 유색 인종이 빠르게 성장하는 기업을 시작하려면 매 단계가 백인 남성보다 더 어렵다. 개인적으로 저축해 놓은 돈은 적고, 투자 자금 모집은 어렵고, 투자자들은 멸시나 혐오의 눈으로 바라보고, 롤 모델이나 멘토도 적고, 개인적으로 지고 있는 의무도 더 클 가능성이 높다. 벤처 포 아메리카는 이런 문제를 해결하려고 노력하고 있다. 지난번 과정을 거쳐 간 학생들은 43퍼센트가 여성이었고 25퍼센트가 흑인이나 히스패닉이었다.

창업가는 누구보다도 풍요로운 마음가짐을 하고 있다. 실리콘밸리나 TED***, 애스펀 연구소****는 사람의 사기를 고양하는 곳이다. 참석자들이 무엇이든 가능하다고 믿기 때문이다. 그렇게 믿는 이유는 그들 스스로 불가능해 보이는 일을 해본 사람들이기 때문이다. 만약 당

*** Technology, Entertainment, Design, 미국의 비영리 재단에서 운영하는 기술·오락·디자인 관련 강연회.
**** Aspen Institute, 미국의 국제적 비영리 싱크탱크로 매년 가치 기반의 리더십과 아이디어 교환을 위한 포럼을 개최한다.

신이 거기 가서 새 회사나 단체를 만들겠다는 이야기를 하면 사람들은 고개를 끄덕이며 '당연히 잘 되겠지.'라고 생각할 것이다. 돈도 많지만 아이디어가 숨 쉴 수 있는 산소도 훨씬 많다는 느낌을 주는 곳이다.

나는 작년에 세계에서 가장 독보적인 콘퍼런스라 할 수 있는 TED에 갔었다. 친구를 통해 초청장을 받고 참석했는데, 여행 경비를 포함하지 않은 입장료로만 8500달러를 지급했다. 거기 가 보니 명상 텐트라는 것이 있었다. 친구가 한번 해보고 싶다고 해서 우리 두 사람은 텐트 안에 앉아 명상 음악에 귀를 기울였다. 조금 있으니 행사 관계자가 우리 두 사람에게 조그만 검은색 봉투를 내밀었다. 봉투 안에는 명상 텐트의 협찬사인 룰루레몬Lululemon에서 쓸 수 있는 150달러짜리 기프트카드가 들어 있었다. 명상을 해서 그런지 아니면 150달러짜리 기프트카드를 받아서 그런지는 모르겠지만 조금 있으니 기분이 훨씬 좋아졌다.

이것이 풍요의 환경이다. 특별한 이유도 없는 것 같은데 돈이 들어오고 좋은 일이 생긴다. 사실 진짜 이유는 우연히 그 자리에 앉았기 때문이었지만 말이다.

결핍되면 생각이 달라진다

위의 이야기를 끊임없는 결핍 상태에서 살아가는 보통 미국인이 겪는 경험과 비교해보자. 미국의 보통 사람은 긴급 상황에 대비한 돈 한 푼 없이 월급날만 바라보고 산다. 이들의 삶은 각종 청구서를 연체하지 않으려고 아등바등하며 피터에게 빌려 폴에게 갚는 생활의 연속이다.

이들은 급여가 얼마 되지 않을 뿐 아니라, 예측할 수 없는 교대 근무에다 육체노동이나 육아 도우미 같은 시간제 근무가 많아 소득의 변동성이 심하다. JP모건체이스가 수만 명의 자사 고객을 상대로 조사한 바에 따르면, 연간 소득이 3만5000달러 정도인 고객의 월간 소득 평균 변동성은 30~40퍼센트에 이르고, 연간 소득이 그보다 적은 고객의 월간 소득 변동성은 훨씬 더 크다고 한다.[5] 예를 들어 한 달은 2000달러를 벌었다가 다음 달은 3000달러, 그다음 달은 1000달러를 버는 식이다. 중류층 및 하류층에 속하는 235가구의 소득을 심층 분석한 '미국 금융 일기U.S. Financial Diaries' 프로젝트의 책임자 조너선 모덕Jonathan Morduch은 이렇게 말한다. "1970년대부터 예측 가능하며 생활임금* 정도 되는 수준의 돈을 주는 안정된 일자리를 찾는 일이 점점 어려워지고 있다. 이런 변화로 많은 가구의 소득 변동성이 커졌다." JP모건체이스의 조사에 따르면 대략 80퍼센트의 고객이 매월 발생하는 수입과 지출의 차이를 관리할 만큼의 충분한 여유 자금이 없다고 한다. 따라서 병원비나 자동차 수리비처럼 예상치 못한 지출이 생기면 그 해의 가계 경제가 결딴난다는 것이다. JP모건체이스는 소득 변동성이 아무런 문제가 되지 않는 소득 수준을 연간 10만5000달러 정도라고 말한다. 대부분의 가구 수입을 훨씬 뛰어넘는 수준이다.

사람들이 일상생활 계획이나 예산 계획을 효과적으로 세우지 못

---

* 노동자의 실제 생활이 가능하도록 물가상승률, 최저 생계비 등을 고려하여 산출한 최소 수준의 임금. 최저임금보다 높다.

하는 이유는 자기가 일하는 점포나 식당, 건설 현장 등에서 몇 시간이나 일하게 될지 모르기 때문인 경우가 많다. 시간제 노동자의 41퍼센트가 일주일도 남겨놓지 않고 근무일정 통보를 받는다고 한다. 또, 근무 시간이 맞지 않아 한 번 거절하면 다음 달에는 일하는 시간이 줄어든다고 말하는 노동자가 많다. 그래서 이들은 근무 시간과 소득이 불확실한 상황에서 살 수밖에 없다. 어떤 연구에 따르면 일반적인 노동자는 근무 시간이 불확실한 것이 너무 싫어 예측 가능한 근무 시간을 위해서라면 소득의 20퍼센트를 희생할 용의가 있다고 한다.[6]

결핍은 세상을 바라보는 관점에도 깊은 영향을 끼친다. 엘다 샤피어Eldar Shafir 프린스턴대학 심리학 교수와 센드힐 멀레이너선Sendhil Mullainathan 하버드대학 경제학 교수는 여러 형태의 결핍이 가난한 사람들에게 미치는 영향에 관해 일련의 연구를 수행했다.[7] 이 연구에 따르면 가난한 사람이나 부유한 사람이나 일반적인 IQ 측정 방법인 유동성 지능* 검사에서 아주 유사한 점수가 나왔다. 하지만 검사 직전에 예상치 않게 발생한 자동차 수리비 3000달러를 어떻게 마련할 것인지 고민하게 하였더니 가난한 사람들은 IQ가 13점이나 떨어졌다. 단지 가상으로 발생한 비용을 어떻게 지급할 것인지에 대해 생각하게 한 것만으로도 IQ 점수를 떨어트려, '우수'를 받은 사람은 '평균'으로 '평균'을 받은 사람은 '다소 떨어짐'으로 만든 것이다. 가상으로 발생한 비용을 이용해 결핍감을 촉발했더니 자제력 검사에서도 가난

---

* IQ 검사에서 측정하는 두 가지 지능 중 하나로 경험이나 교육과는 무관하게 개인의 잠재력을 나타내는 지능. 다른 하나는 결정성 지능이라고 한다.

한 사람은 올바른 반응을 보인 비율이 83퍼센트에서 63퍼센트로 떨어졌다. 반면, 잘사는 사람은 아무런 차이도 보이지 않았다.

결핍의 마음가짐은 단순히 '스트레스'를 받는 정도를 넘어선다. 실제로 결핍은 정신적 여유를 없애 사람을 비이성적이고 충동적으로 만든다. 샤피어 교수와 멀레이너선 교수는 다른 연구에서 사람을 두 집단으로 나눠 한 집단은 두 자리 숫자, 다른 집단은 여덟 자리 숫자를 외우게 했다. 그런 다음 두 집단에 케이크와 과일을 가져다주었다. 그랬더니 여덟 자리 숫자를 외우느라 정신이 팔린 집단에서 케이크를 먹는 사람 비율이 훨씬 높았다. 또, 소수 민족 출신자를 시켜 비위에 맞지 않는 전통 음식을 내오게 했더니, 그들을 무례하게 대하거나 인종 차별적인 발언을 내뱉는 경향이 여덟 자리 숫자 집단에서 훨씬 강했다. 심적으로 쉬운 과제를 받은 집단은 좋지 않은 반응을 자제하고 예의를 지키려는 정신적 여유가 있었다.

우리는 모두 무언가 결핍한 상황이 되면 반응이 서툴러진다. 당신이 사무실 의자에 편안히 앉아 있는 상황을 상상해보자. 그때 갑자기 누가 달려와 5분 후에 회의가 시작되는데 뭐 하고 있느냐고 묻는다. 회의 장소는 멀리 떨어져 있는 다른 건물이다. 당신은 부리나케 움직이기 시작한다. 그러면서 준비할 것이 뭐가 있는지 급히 머리를 굴려본다. 그러다 자동차 키나 다른 소지품을 잊고 나갈 수도 있다. 어떤 쪽으로 어떻게 가야 할지 자세히 생각하려니 시간이 걸릴 것 같아 무작정 회의장 건물이 있는 방향을 향해 출발한다. 그러면서 미친 듯이 회의 담당자에게 문자 메시지를 보낸다. '가는 중. 조금 늦을 것 같음.' 마음 한구석으로는 어떻게 이 회의를 잊고 있었는지 한탄하며 혹시 다른 사람의 잘못이 아닌가 하는 생각을 해본다. 당신은 흥분한 상태일 수도 있어 회의장에 들어가기 전에 깊은숨을 몇 번 쉬며 마음을 가라앉혀야 할 것이다.

아니면, 점심을 건너뛰어야 할 정도로 아주 바쁜 날을 상상해보자. 오후가 되면 먹을 것이 눈앞에 아른거리지만 회의가 연달아 잡혀 있다. 얼마 지나지 않아 당신은 주의가 산만해지며 다른 사람이 하는 말은 귀에 들어오지 않고 혹시 누가 그래놀라바를 가지고 있지나 않은가, 아니면 주변에 자판기가 있던가 하는 생각만 하게 된다. 연구에 따르면 다이어트를 하는 사람은 주의가 산만해지고 정신적 업무에 집중하지 못한다고 한다. 이런 현상은 잠이 부족한 사람이나 외로운 사람, 책상 바로 앞에 전화기가 놓여 있는 사람, 돈 걱정을 하는 가난한 사람에게도 나타난다고 한다.

여러 유형의 결핍이 계속 이어질 때도 많다. 예를 들면 자동차 수리비용을 지급할 능력이 없는 사람이 있다고 하자. 이 사람은 대중교통을 이용해 일하러 가는 방법을 강구해야 할 것이다. 그런 다음 아이를 데려올 시간에 맞춰 학교에 갈 수 있는지도 생각해야 할 것이다. 그렇지 않다면 아이를 돌봐줄 사람을 알아보는 방안을 강구해야 할 것이다. 당신이 가난한 사람이라면 이런 여러 선택이 당신의 깨어 있는 시간을 지배할 것이고, 거의 생존 문제가 되어 당신의 진을 뺄 것이다. 당신이 어느 한 곳에 돈을 쓰기로 한다면 다른 곳에 쓸 돈이 그만큼 줄어든다는 뜻이 되므로 모든 결정과 계산이 중요하고 힘들다.

샤피어 교수는 이렇게 말한다. "경제적 불안감과 생활고에 시달려 정신적 여유를 잃은 미국인이 많다. 우리는 새로운 문제가 고개를 들면 다른 문제에 대한 인지능력을 상실한다. 이런 연구 결과를 토대로 볼 때 미국인들은 2008년 금융위기 이후 유동성 지능이 많이 떨어졌을 것으로 추정된다. (…) 사람들은 주변에 있는 문제를 생각할 여유가 없다."

내가 인터넷 시대의 역설이라고 느끼는 것 중 하나는, 사람들이 전 세계의 정보를 마음대로 주물럭거릴 수 있게 되었는데도 그전보다 더 똑똑해지지 않은 것 같다는 점이다. 오히려 그 반대인 것 같은 느낌마저 든다. 우리는 대부분 시간이나 돈, 공감, 주의력, 정신적 여유 등의 결핍에 시달린다. 기술이 발달하면 모든 사람이 그전보다 더 풍요로운 느낌이 들어야 하는데 반대로 대부분의 사람이 경제적 불안감을 느낀다는 것이 자동화의 가장 큰 역설이다. 갈수록 안정되고 예측 가능한 일자리와 수입을 얻기가 힘들어지면서, 빈곤의 물결에 휩쓸리지 않으려고 한발 앞서 이 섬에서 저 섬으로 건너뛰다 보니 마음의 여유가 사라져, 어리석고 충동적이고 인종을 차별하며 여성을 혐오하는 문화가 점점 확산하고 있다는 느낌이 든다. 민주 정부라면 국민이 올바른 판단을 할 수 있도록 결핍의 마음가짐에서 벗어나게 하기 위해 가능한 모든 일을 다 해야 한다고 주장하는 사람도 있을 것이다.

결핍의 문화는 부정의 문화다. 사람들은 최악의 경우만 생각한다. 서로를 공격한다. 패거리 문화와 분열의 문화가 기승을 부린다. 이성은 설 자리를 잃는다. 체계적 의사결정은 갈수록 힘들어진다. 결혼이나 창업, 새 일자리를 찾아 이사하기 등 낙관적인 시각에 바탕을 둔 행위는 모두 줄어든다. 이런 말이 익숙하게 들리는가? 오늘날 미국에서 우리가 목격하고 있는 현실이기 때문이다. 미국은 풍요로운 땅에서 '네 몫은 네가 챙기고 내 몫은 내가 챙기는' 땅으로 급격하게 변하고 있다.

풍요의 마음가짐을 갖느냐 결핍의 마음가짐을 갖느냐는 자기가 사는 지역과 깊은 연관성이 있다. 지역에 따라 경제적 역동성에 큰 차이를 보이기 때문에 거기 사는 사람들의 미래관도 확연히 다른 경우가 많다. 사람의 삶의 방식은 크게 보아 자기가 사는 곳의 산물이라고 할 수 있다.

사는 곳에 따라
아이들의 운명이 결정된다

제11장

일자리가 사라지는 곳

한 도시나 지역에서 일자리가 사라지면 상황은 급격히 나빠진다.

오하이오주의 영스타운Youngstown은 일자리를 빼앗겨 신음하는 후기 산업 도시의 전형을 보여준다.[1] 영스타운은 20세기 초반부터 중반까지 철강업의 중심지로 이름을 떨쳤다. 영스타운 강판 및 강관 Youngstown Sheet and Tube, US 스틸US Steel, 리퍼블릭스틸Republic Steel이 각각 이 도시에 제철소를 설립해 수천 명의 노동자를 고용했다. 철강업의 발달에 따라 1890년 3만3000명이던 도시 인구는 1930년 17만 명까지 늘었다. 양질의 일자리가 넘쳐나 영스타운은 전국에서 중간 소득이 가장 높은 도시가 되었고, 자가 소유 비율은 전국에서 다섯 번째로 높았다. 그래서 '집 가진 자의 도시'라 불리기도 했다. 이 도시의 철강 산업은 국가 안보에 중심 역할을 한다고 여겨졌다. 그래서 한국전쟁이 진행 중이던 1952년 노조가 파업하겠다고 협박하자, 트루먼 대통령은 철강 생산 물량을 유지하기 위해 정부에 시카고에 있는 영스타운 강판 및 강관 공장과 영스타운시를 접수하라고 명령하기도 했다.[2]

20세기 대부분에 걸쳐 영스타운의 문화는 자부심과 활기가 넘쳤다. 시내 중심가에는 유명 백화점이 두 개 있었고 최신 영화를 상영하는 고급 영화관도 네 개나 되었다. 그 밖에 공공 도서관과 미술관도 하나씩 있었고 화려한 대형 공연장도 두 개나 있었다. 시 정부는 해마다 어려운 사람을 돕는 공동 모금 행사를 개최했다. 철강업은 도시 정체성의 중심 역할을 했다. 그래서 지역에 있는 교회 한 곳에서는 철강 노동자의 형상을 설치하고 그 밑에 '여호와의 소리가 힘 있음이여'라는 성경 구절을 적어놓기도 했다.

철강 산업은 1960년대와 1970년대를 거치며 세계적인 경쟁에 직면하기 시작했다. 영스타운 강판 및 강관은 1969년 뉴올리언스에 있는 증기 여객선 회사 라이크스Lykes Corporation에 합병되었다. 회사 소유권이 다른 도시로 넘어가자 지역에 있는 공장에 재투자가 이루어지지 않았다. 직원들도 공장 설비가 신식이 아니라는 사실을 알았기 때문에 지속해서 추가 투자를 강하게 요구했다. 그러다 1977년 9월 19일 '블랙 먼데이'가 찾아왔다. 회사가 영스타운에 있는 대형 제철소를 폐쇄한다고 발표한 것이다. 리퍼블릭스틸과 US 스틸도 그 뒤를 따랐다. 그 뒤 5년 만에 영스타운은 일자리 5만 개와 13억 달러의 임금을 잃었다. 경제학자들은 영스타운 일대에 일어난 일을 묘사하기 위해 '지역적 경기침체'라는 용어까지 만들었다.

지역 교회와 노동조합은 연합체를 구성해 제철소 폐쇄에 대항하는 활동을 펼쳤다. 이들은 전국적인 지원을 유도하기도 했고 법률 제정을 호소하기도 했으며 본사를 점거해 농성도 벌였다. 이들의 활동은 의회가 공장 폐쇄 사전 통보 기간을 늘리는 법을 통과시키는 성과로 이어지기도 했다. 이들은 또 제철소 한 곳을 직원들이 인수하는 방안을 추진하기도 했다. 일자리를 잃은 철강 노동자 일부는 정부 대출 프로그램의 지원을 받아 영스타운 주립대학에서 재교육을 받기도 했다.

이런 여러 가지 노력도 주민들이 기존 삶의 방식을 유지하게 하는 데 큰 도움이 되지 못했다. 제철소는 재가동되지 않았고, 1983년이 되자 영스타운의 실업률은 대공황 시기의 수준인 24.9퍼센트까지 치솟았다. 부동산 가격이 곤두박질치며 기록적인 숫자의 파산과 재산 압류가 뒤따랐다. 방화는 일상이 되어 1980년대 초반에는 하루 평균 두 채의 주택이 불에 탔다. 그중 일부는 보험금을 노리고 집주인이 저지른 것이었다. 심리적 와해와 문화적 와해로 도시가 완전히 바뀌어버렸다.[3] 우울증, 아동 학대, 배우자 학대, 약물 남용, 알코올 중독, 이혼, 자살 등이 부쩍 늘었다. 영스타운 정신보건센터의 업무량은 10년 만에 세 배로 증가했다. 1990년대 영스타운의 살인사건 발생률은 전국 평균보다 8배, 뉴욕보다 6배, 로스앤젤레스보다 4.5배, 시카고보다 두 배 높았다.

1990년대가 되자 정치 지도자와 재계 지도자들은 경제를 발전시키기 위한 새로운 기회를 찾으려 노력했다. 그렇게 해서 처음 나온 것이 물류 창고 유치였다. 다음은 텔레마케팅이었고, 그다음은 마이너 리그 스포츠 경기 유치였다. 그러다 교도소까지 유치하게 되었다. 영스타운 인근에 교도소 네 개가 지어져 1,600개의 일자리가 생겼지만, 그로 인해 다른 문제도 발생했다. 많은 주민이 영스타운이 유형지로 인식될 것이라고 걱정하기 시작했다. 민간 기업이 운영하던 교도소 한 곳은 감시가 너무 허술해 1998년 7월 대낮에 살인죄로 형을 살고 있던 기결수 다섯 명을 포함해 여섯 명의 죄수가 탈출하는 일이 벌어졌다. 교도소 근무자는 다른 재소자가 알려 줄 때까지 이런 사실도 모르고 있었다. 전국 언론이 영스타운에 몰려들었다. 교도소를 운영하던 기업은 사죄하고, 탈옥자를 잡느라 시간 외 근무를 한 경찰의 인건비 보전을 위해 시에 100만 달러를 지급했다. 카운티에서 운영하던 또 다른 교도소는 근무자가 충분하지 않고 예산이 부족하여 1999년 초에 수백 명의 재소자를 방면해야 했다. 1999년에는 20년에 걸친 수사 끝에 70명이 넘는 영스타운의 공직자가 독직으로 유죄 판결을 받기도 했다. 유죄 판결을 받은 사람 중에는 경찰 책임자, 보안관, 카운티 기술 책임자, 하원 의원 등도 포함되어 있었다.

2011년 브루킹스연구소 조사에 따르면, 영스타운은 미국 100대 도시 중 빈곤 집중 지역에 사는 주민 비율이 가장 높은 곳으로 밝혀졌다. 2002년에 시 당국은 '영스타운 2010'이라는 계획을 발표했다. 이 계획은 투자를 선택적으로 하고 인구밀도가 낮은 지역 주민을 성장 가능성이 높은 지역으로 이주하게 함으로써 '도시 규모의 스마트한 축소'를 목표로 하고 있다. 전국의 언론은 2010 계획이 후기 산업 도시의 청사진이라며 대서특필했고, 영스타운 시장은 전국을 돌며 이 계획을 홍보했다. 나도 2010 계획이 추구하는 현실적 감각이 마음에 든다. 하지만 실행이 쉽지 않다는 점이 문제였다. 시는 인구밀도가 낮은 지역 주민을 이주시키는 데 성공하지 못해 결국 철거 계획은 실패로 돌아갔다.

영스타운은 1980년 이후 미국에서 인구가 가장 빠른 속도로 줄어드는 도시가 되었다. 영스타운 인구는 2000년에 8만2000명까지 줄어들었다. 지금은 6만4000명가량 된다. 현재 직원을 가장 많이 고용하고 있는 곳은 지역 대학이다. 존 루소^{John Russo} 영스타운 주립대학 노동학 교수는 "일자리가 사라지면 문화적 응집력이 와해된다는 점에서 영스타운의 이야기는 미국의 이야기와 같다. 경제가 무너지는 것보다 문화가 무너지는 것이 더 심각한 문제다"라고 말한다. 2010년에 저널리스트 크리스 헤지스^{Chris Hedges}도 비슷한 말을 한 적이 있다. "영스타운은 후기 산업 사회에 맞닥뜨린 다른 여러 지역과 마찬가지로, 공동체가 와해되며 일어나는 정신적 문제와 범죄로 신음하는, 버려진 난파선 같은 도시다."

많은 젊은이가 더 나은 기회를 찾아 영스타운을 떠났다. 아직도 떠나지 않고 남아 있는, 세 아이를 둔 싱글맘 돈 그리핀^{Dawn Griffin}은 일자리를 찾으려고 고군분투한다. 그녀는 고향에 애착을 느끼지만 2~3년 안에 이 도시를 뜰 계획이다. 더는 영스타운에서 자신이나 아이들을 위한 기회를 찾을 수 없기 때문이다. 그리핀은 향수에 젖어 아버지가 제철소에서 일하던, 지금보다 형편이 나았던 어린 시절을 추억한다. "나는 우리가 부자라고 생각했어요." 그러면서 앞으로 영스타운이 어떻게 될지 생각할 때가 있다고 한다. "여긴 지금 콘크리트밖에 남은 게 없거든요."[4]

　일자리가 사라지며 나타난 이런 현상(급격한 사회 분열, 범죄율 증가, 부패 확산, 경제 발전을 위한 필사적 노력, 인적 자본 이탈)은 영스타운만의 문제가 아니다. 산업이 쇠퇴한 다른 도시에서도 비슷한 현상을 볼 수 있다.

　인디애나주의 게리시도 제철소가 문을 닫으며 일자리가 사라진 또 다른 철강 도시다. 이곳은 1960년대에 마이클 잭슨Michael Jackson과 재닛 잭슨Janet Jackson이 자란 고향이다. 지역 주민들은 대스타가 이곳에서 성장한 것을 자랑스러워했다. 하지만 쇠퇴의 길에 접어들자 게리는 살인 범죄의 도시로 알려지게 되었다. 1993년 게리는 인구 대비 살인사건 발생률이 미국에서 가장 높았다. 1992년에는 연방정부가 지역 경찰관 20명을 공갈 및 마약 유통 혐의로 기소했다. 1996년 시 정부는 일자리 창출을 위해 도박선 두 척을 끌어들인 후 미시간호 연안에서의 도박을 합법화했다. 2003년에는 4500만 달러를 투자해 마이너리그 야구장을 건설하며 경기 활성화를 꾀했지만 실망스러운 결과만 초래하고 말았다. 2014년에는 연쇄 살인범이 게리에서 적어도 일곱 명을 살해하고 사체는 빈집에 유기했다고 자백하기도 했다. 오늘날 주민의 거의 40퍼센트가 빈곤층이고, 주택 4만 채 중 25퍼센트 이상이 버려진 채로 남아 있다. 시는 예산 부족으로 빈집을 철거하지 못하고 있으며 지역에 따라 공공 서비스마저 감축할 계획을 세우고 있다. 게리 인구는 1960년에 17만3320명으로 정점을 찍은 후 계속 줄어들어 2016년 현재는 약 7만7000명이다.

　예전에 철강 노동자로 일했던 85세의 루벤 로이Ruben Roy는 게리가 참으로 아름다운 도시였고 일자리 구하기도 식은 죽 먹기였다고 말한다. "내가 일할 때만 해도 삽과 곡괭이를 들고 일했지. 다 옛날얘기야. 지금은 기계가 다 하거든. 세상이 변했어. 우리 시절엔 머리가 나빠도 힘만 좋으면 일자리를 구할 수 있었어. 지금은 힘이 없어도 머리가 좋아야 일자리를 구할 수 있는 세상이야. 젊은 사람을 보면 여기를 떠나라고 할 거야. 가서 공부를 더 하고 일자리와 기회가 있는 곳을 찾으라고……. 이제 여기는 없어."[5]

버팔로와일드윙스*에서 서빙 일을 하는 23세의 이마니 파월Imani Powell은 애리조나에서 1년간 대학에 다니다 엄마와 동생 곁에 살고 싶어 게리로 돌아왔다고 했다. 그녀는 이렇게 말했다. "버려진 건물을 걱정할 필요가 없는 아름다운 곳으로 이사하고 싶은 마음이 간절해요. 여기는 빈 건물이 너무 많아요. 그 옆으로 걸어가려면 얼마나 무서운지 몰라요. 그런 곳에서 시체로 발견되기는 싫거든요. 게리에 사는 사람들 마음은 복잡해요. 여기서 자랐기 때문에 다른 곳에 가서 사는 걸 싫어해요. 아저씨 같으면 다른 데 이사 가서 자기 일 하시겠어요, 아니면 가족과 함께 사시겠어요? 장소는 자기가 가꾸는 거라고 말하지만 주변이 전부 엉망인데 어떻게 아름답게 가꿀 수 있겠어요?"

뉴저지주의 캠던도 산업이 쇠퇴하면 어떤 일이 일어나는지 보여주는 또 하나의 예다. 캠던에 있던 조선소와 공장은 1950년대에 제조

---

* Buffalo Wild Wings, 프랜차이즈 음식점.

업 노동자 수천 명을 고용했다. 캠던은 1869년 설립된 캠벨 수프*의 고향이기도 하다. 캠던의 제조업 일자리는 1950년 4만3267개로 정점을 찍은 뒤 1982년에는 1만200개까지 줄었다. 이에 대응해 시 당국은 1985년 교도소를 유치했고, 1989년에는 거대한 쓰레기 소각 발전소를 건설했다. 그 와중에 1981년에서 2000년 사이에 세 명의 캠던 시장이 수뢰죄로 교도소에 갔다. 2006년 현재 주민의 52퍼센트가 빈곤층에 속하고, 가계 소득의 중앙값은 1만8007달러로 미국에서 가장 가난한 도시다. 2011년도 캠던의 실업률은 19.6퍼센트였다. 캠던은 2012년에 미국에서 가장 높은 범죄율을 기록했다. 인구 10만 명당 범죄 발생 건수가 2,566건으로 미국 전체 평균의 6.6배나 되었다. 1970년에 102,551명이던 인구는 2016년에 74,420명으로 줄었다. 하워드 질레트 주니어Howard Gillette Jr. 럿거스대학 역사학 교수는 이렇게 말한다. "1950년에서 1980년 사이에 (캠던에서는) 여러 유형의 사회병리가 일상생활의 현실적 요소로 떠올랐다. 캠던시와 대다수 시민은 시가 쇠퇴한 이후 금전적 효과를 위해 투자하는 만큼 사람들의 삶을 위해서도 투자하는 도시 재생의 환상에 빠져 있다."[6]

맷 타이비Matt Taibbi는 2013년 「롤링스톤Rolling Stone」에 기고한 글에서 캠던을 '일자리나 건강에 좋은 음식을 접할 수 없는, 무장한 10대들이 지배하는 도시'라고 묘사했다.[7] 그러면서 인구의 30퍼센트가 열여덟 살 이하라고 했다. 2010~2013년 사이에 뉴저지주 정부가 캠던의 여러 공공 서비스를 지원하는 보조금을 삭감하자 강력 범죄가 급

---

* Campbell's Soup, 통조림 수프 제조 회사.

증했다. 경찰 책임자 J. 스콧 톰프슨^{J. Scott Thompson}은, 범죄율로 보면 캠던은 "온두라스와 소말리아의 중간쯤에 있는 도시"라고 말했다.

2013년에 카운티가 경찰 업무를 넘겨받아 450만 달러를 들여 보안센터를 만들었다. 또, 121곳에 CCTV를 설치하고 총성 등 범죄 관련 소리를 감지하기 위해 35곳에 마이크를 설치했다. 그 결과 강력 범죄가 줄어들어 시는 어느 정도 안정을 되찾았다.

이런 간단한 서술로 이들 도시의 전체 역사를 설명하기에는 턱없이 부족하다. 예를 들면 위의 설명에는 각 도시가 겪은 인종 간의 역학관계가 제대로 언급되지 않았다. 실제로 경기침체를 겪는 동안 각 도시에서 백인 중산층의 탈출이 줄을 이었다. 또, 위의 서술에서는 매일 현장에서 상황을 개선하기 위해 애쓴 많은 사람의 영웅적 노력에 대해서도 다루지 않았다. 나는 기본적으로 그곳을 떠나지 않은 사람들을 응원한다.

하지만 내가 말하려는 것은 일자리가 사라지면 사회가 붕괴한다는 것이다. 공공부문과 시민단체도 크게 해볼 만한 수단이 없다. 공동체가 실제로 붕괴하면 그것을 다시 원래대로 되돌리는 것은 엄청나게 힘든, 아니 거의 불가능한 일이다. 문명의 요소라 할 수 있는 도덕성과 신뢰와 결속력을 다시 회복시키기 어렵기 때문이다. 반면, 불황이 찾아오면 공직의 부패도 늘어나는 경우가 많다.

성장하는 기업에서 일하는 것과 점점 쪼그라드는 기업에서 일하는 것의 차이를 겪어본 창업가가 많을 것이다. 성장하는 조직에 있는 구성원들은 낙관적이고 창의적이고 용기가 있으며 관대한 경향이 강하다. 쇠퇴하는 조직의 구성원들은 부정적이고 정치적이며 자기 잇속만 차리고 부패하기 쉬운 경향이 있다. 대부분의 실패하는 스타트업에 가 보면 인간성의 부정적인 측면을 볼 수 있을 것이다. 이런 현상은 규모의 차이가 있다뿐이지 공동체에서도 똑같이 나타난다.

미국인들이 가진 근거 없는 믿음 중 하나는 모든 문제는 저절로 고쳐진다는 것이다. 즉, 무언가가 아래로 떨어지면 다시 위로 올라올 것이고, 너무 높이 올라가면 다시 아래로 떨어질 것으로 생각한다. 하지만 올라가거나 내려간 다음 그 상태를 유지할 때도 있는 법이다. 특히 많은 사람이 다른 곳으로 떠나 버리면 그렇게 된다. 가능성이 있는 이야기다. 딴 데로 이사할 수 있는데도 살인 범죄의 수도에 계속 머물고 싶어하는 부모는 없을 것이기 때문이다.

영스타운이나 게리, 캠던은 모두 극단적인 경우에 속한다. 다른 도시에서도 같은 일이 일어날 가능성은 높지 않다. 하지만 어떤 극적인 대책 없이 일자리가 사라지면 우리 공동체에 어떤 일이 일어날지를 가늠해볼 수 있는 좋은 예가 될 수 있을 것이다.

변화는 나쁜 뜻일 수도 있다

내가 오하이오를 처음 찾았을 때 어떤 친절한 여성 한 사람이 이런 말을 했다. "여기서는 변화라는 말이 욕과 같은 뜻이에요. 지난 20년 동안 우리가 목격한 변화는 모두 안 좋은 것이었거든요." 나는 그사람 말뜻을 알아들을 수가 없었다. 그렇게 부정적인 생각을 할 수 있다는 것이 이해가 되지 않았다.

몇 달 후 샌프란시스코에 있는 벤처 투자가 제러드 하이엇Jared Hyatt과 중서부 지방을 돕는 문제로 채팅을 하게 되었다. 재러드는 이런 말을 했다. "저는 오하이오에서 자랐어요. 우리 가족 중에 아직 거기 남아 있는 사람은 하나도 없어요. 전부 다 떠났죠." 우리는 나와 함께 엑서터에 다녔던 클리블랜드 출신의 다른 친구 이야기도 했다. 이 친구는 예일대를 졸업하고 지금은 실리콘밸리에 있는 페이스북에서 일하고 있다.

스타트업 세계에서 통하는 진리가 하나 있다. 회사 형편이 매우 어려워지기 시작하면 가장 유능한 사람이 제일 먼저 회사를 떠난다는 것이다. 이들은 자기가 잡을 기회에 대한 기준이 높고 새로운 환경에서도 잘할 수 있다는 자신감이 강하다. 자신의 기량을 필요로 하는 곳이 많기 때문에 한곳에 계속 머무를 이유가 없다.

뒤에 남는 사람은 주로 자신감과 적응력이 떨어지는 사람들이다. 유능한 사람은 불길한 징조가 보이거나 회사의 상황이 악화하면 회사를 떠난다. 그래서 많은 기업이 죽음의 소용돌이에 빠지게 되는 것이다.

공동체도 이와 유사한 경향을 보일 때가 많다.

일자리가 사라지고 도시가 쇠퇴하기 시작하면 다른 곳에서 기회를 잡을 수 있는 사람이 가장 먼저 그 지역을 떠난다. 다른 지역에 자리를 잡는 것은 아주 커다란 인생의 변화다. 친구와 가족 곁을 떠나려면 상당한 용기와 적응력과 낙관적인 생각이 있어야 한다.

당신이 좋아하던 사람들이 매일 떠나고, 남들보다 뛰어나려는 이유가 더 나은 환경을 찾아 떠나기 위해서인 곳에 산다고 생각해보라. 시간이 지날수록 자연히 부정적인 생각이 자라게 될 것이다. 자존심과 편협한 마음만 더 커질 수도 있다. 경제학자 타일러 코윈Tyler Cowen

은 1970년 이후 평균 교육 수준이 가장 높은 도시와 가장 낮은 도시의 교육 수준 격차는 두 배로 늘었다고 말했다.[8] 이 말은 갈수록 고학력자가 자기가 살던 도시를 떠나 같은 도시로 몰리고 있다는 것을 의미한다.

기업의 활력도 지역적 불균형이 심각하다. 2010~2014년 사이에 창업한 기업보다 폐업한 기업 숫자가 더 많은 카운티가 전체 카운티의 59퍼센트에 이른다.[9] 같은 기간 뉴욕, 로스앤젤레스, 마이애미, 휴스턴, 댈러스 등 다섯 개 대도시의 창업 기업 숫자는 다른 곳에서 창업한 모든 기업을 합한 숫자와 같았다. 2016년에는 캘리포니아, 뉴욕, 매사추세츠에 벤처 자금의 75퍼센트가 몰려 나머지 47개 주는 남은 25퍼센트를 서로 차지하려고 경쟁을 벌여야 했다.[10] 역사적으로 거의 모든 미국 도시는 연간 기준으로 봤을 때 창업하는 기업이 폐업하는 기업보다 많았다. 불황기에도 마찬가지였다. 하지만 2008년 이후 그런 기본적 활력이 사라져버렸다. 대다수 도시에서 폐업 기업이 창업 기업 숫자를 앞질렀고, 이런 추세는 금융위기 이후 7년간 계속되었다. 창업의 조류가 더는 밀려들어 오지 않고 오히려 빠져나가고 있는 것이다.

지역적 불균형의 심화가 일정 부분 원인이 되어 지난 40년 사이 미국 경제의 역동성은 엄청나게 떨어졌다. 이 기간에 신규 회사 설립 비율도 급격히 떨어졌다.

더 심각한 문제는 새 일자리를 찾으려고 주 경계를 넘어 이주하는 미국인의 비율이 지난 수십 년을 통틀어 가장 낮다는 점이다. 1970년에 인구 대비 연간 약 3.5퍼센트에 이르던 다른 주로의 이주

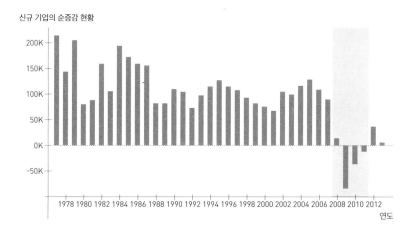

신규 기업의 순증감 현황

200K

150K

100K

50K

0K

-50K

1978 1980 1982 1984 1986 1988 1990 1992 1994 1996 1998 2000 2002 2004 2006 2008 2010 2012

연도

[출처] 『더 애틀러스The Atlas』, '미국 내 신규 기업의 연간 순증감 현황'

비율이 2015년에는 약 1.6퍼센트로 떨어졌다. 지역적 불평등의 급등은 사람들이 이사하지 않고 한곳에 머무는 현상의 급증과 궤를 같이하고 있다.

경제학자 라지 체티Raj Chetty와 네이선 헨드런Nathan Hendren이 수행한 일련의 연구 결과를 보면 어디서 성장하는가가 한 사람의 장래에 얼마나 중요한 역할을 하는지 알 수 있다.[11] 노스캐롤라이나주 메클렌버그, 플로리다주 힐즈버러, 메릴랜드주 볼티모어, 일리노이주 쿡 등의 카운티에서 자란 저소득층 어린이는 그보다 나은 지역에서 자란 저소득층 어린이보다 성인이 된 후 소득이 25~35퍼센트 적었다. 샌프란시스코, 샌디에이고, 솔트레이크시티, 라스베이거스, 프로비던스, 로드아일랜드 등 소득 이동성*이 높은 지역을 보면 초등학생의 시험 성적이 상대적으로 높았고, 양부모 가정 비율도 높았고, 시민단체나 종교단체 가입 비율도 높았으며, 부유층·중산층·빈곤층 가정이 섞여서 거주하는 비율도 높았다. 소득 이동성이 낮은 곳의 어린이가 소득 이동성이 높은 지역으로 이주하면, 시간이 지날수록 그 어린이의 미래 소득에 더 긍정적인 영향을 끼쳤다. 이들 어린이는 대학에 진학할 확률이 높았고, 편부모가 될 가능성은 낮았으며, 그 지역에 거주한 기간이 길수록 그만큼 소득이 높아지는 경향이 있었다.

오늘날 미국인이 근대 역사를 통틀어 그 어느 때보다도 새로운 사업을 시작하는 비율이 낮고, 다른 지역으로 이주하는 비율도 낮으며, 심지어 일자리 이동률까지 낮다는 사실을 충격적으로 받아들이는 사람도 있을 것이다. 지금의 우리 경제를 표현할 가장 적합한 말은 정반대의 역동성이다. 우리 경제는 정체되었고 내리막길을 걷고 있다.

서로 다른 경제

나는 전국을 돌아다니다 지역 간 경제적 격차를 보고 놀란 적이 많았다. 경제 수준이 가장 높은 곳은 주요 중심 도시와 태평양 및 대서양 연안에 있는 도시로, 활기차고 경쟁력이 있으며 물가가 높고 유명한 회사로 넘쳐 났다. 이곳에는 건설 공사가 끊이지 않고 대학 졸업생이 계속 유입되고 있으며 문화에 활력이 넘친다. 유색 인종과 이민

---

* 소득이 낮은 계층에서 높은 계층으로, 또는 높은 계층에서 낮은 계층으로 이동하는 비율. 주로 전자의 뜻으로 쓰인다.

자의 수도 엄청나다. 성장률은 높고 창업이 일상화되어 있다.

물가도 엄청나게 비싸다. 맨해튼에 있는 아파트 가격은 제곱피트당 1500달러가 넘어서 2000제곱피트**의 아파트를 사려면 300만 달러는 있어야 한다. 미국 주택 가격의 중앙값은 20만 달러고 현재 매물로 나와 있는 주택의 평균 가격은 약 25만 달러다. 그러니 맨해튼의 2000제곱피트 크기 아파트는 다른 곳에 있는 주택 가격에 비해 12~15배 비싼 셈이다. 식료품점에서 파는 물건까지도 웃돈이 붙어 조그만 요구르트 하나에 2달러를 받는다. 차를 몰고 뉴욕으로 들어오려면 통행료만 15달러가 든다. 영화관 입장료는 16달러 50센트다. 주차장에 가족용 스바루 한 대 주차하려면 한 달에 500달러를 내야 한다. 다른 곳에 사는 사람들의 월세와 비슷한 수준이다. 맨해튼에서는 예일, 펜실베이니아, 미들베리 등 자기가 다니던 대학 이름이 새겨진 운동복을 입고 돌아다니는 사람도 많이 볼 수 있다.

샌프란시스코와 실리콘밸리에서는 어느 대학을 나왔는지 광고하고 다니는 사람은 없지만 물가는 맨해튼처럼 터무니없이 비싸다. 팰로앨토와 애서튼은 아주 평범해 보이는 주택도 200만 달러가 넘는다. 구글, 페이스북, 에어비앤비, 애플 등의 본사에는 건물 내부를 둘러보려는 관광객이 몰려든다. 기술 기업에 근무하는 보통 직원은 나무가 많은 교외에 있는 집에서 차를 몰고 우주선처럼 생긴 회사 건물로 출근해, 거기서 일하다가 회사가 제공하는 고급 저녁 식사까지 한다. 그렇지 않으면 자전거를 타고 시내에 있는 사무실로 가는 사람도 있고,

---

** 약 185제곱미터 또는 약 56평.

샌프란시스코에서 짙은 선팅을 한 회사 버스를 타고 헤드폰을 쓴 채 이메일을 검색하며 출근하는 사람도 있다. 돈과 주거 문제에 대해 생각을 많이 하지만 그런 얘기는 절대 입 밖에 꺼내지 않는다. 이들은 대부분 이주자다.

신시내티나 볼티모어 같은 중간 규모의 도시는 분위기가 확연히 다르다. 일반적으로 이들 도시에는 소수의 전국 규모 기관이 자리 잡고 있다. 신시내티에는 프록터 앤드 갬블Procter and Gamble, 메이시스, 크로거Kroger's의 본사가 있고, 볼티모어에는 존스홉킨스대학과 티 로우 프라이스T. Rowe Price 및 언더아머Under Armour의 본사가 있다. 이런 도시는 이들 앵커 기관이 지역의 경제 성장을 견인한다. 이들 앵커 기관을 중심으로 사업체가 새로 생기기도 하고 문을 닫기도 하며 전체적으로 큰 변화가 없는 상태를 유지한다. 물가는 평균 수준이다. 새로운 건설 공사가 시작되기라도 하면 엄청난 뉴스가 쏟아지기 때문에 주민 모두가 무슨 일이 일어나는지 안다. 어쩌다가 지역에 있는 큰 기업이 휘청거리기 시작하면 주민들은 정신을 차릴 수 없을 만큼 불안해한다. 대기업에 취직이 되어 이들 도시로 이주해온 사람도 있지만, 주민이나 노동자 대부분은 이 지역에서 태어난 사람들이다. 만약 신시내티나 볼티모어에서 자라 대학을 나온 사람이라면 다른 곳으로 이주하는 문제에 대해 오랫동안 심각하게 고민할 가능성이 높다. 도시의 전체적인 분위기는 평범한 도시, 기능적인 도시, 경제력이 있는 도시 등의 특성이 뒤섞여 즐거우면서도 현실적인 느낌을 준다.

한때 산업의 중심지였지만 어려운 시기를 겪고 있는 도시가 있다. 이 부류에 속하는 도시로는 디트로이트, 세인트루이스, 버펄로, 클리블랜드, 하트퍼드, 시러큐스 등을 들 수 있다. 이들 도시는 20세기 중반에 전성기를 구가하다가 다양한 문제를 해결해야 하는 신세로 전락하다 보니 꽁꽁 얼어붙어 있다는 느낌을 줄 때가 있다. 인구가 계속해서 줄어들어 큰 건물이나 도시 일부가 버려진 곳이 많다. 대표적인 예로 디트로이트는 한때 인구가 170만 명까지 되었지만 지금은 68만 명에 지나지 않는다.

후기 산업 도시는 잠재적 가능성이 있는 곳이지만 도시 분위기는 대부분 상당히 삭막하다. 부정적인 생각과 자신감의 결핍이 주류를 이룬다. 그러다 보니 자기가 사는 도시를 부끄럽게 여기고 조롱하는 시민이 많다. 다른 도시나 그 도시의 예전 모습과 비교하기 때문이다. 캘리포니아에서 미주리로 이사한 친구 하나는 주민들이 자기한테 "왜 이리 이사 올 생각을 하셨어요?"라는 질문을 자주 한다고 했다. 워싱턴에서 클리블랜드로 이사한 사람 하나도 같은 말을 들었다고 하며 이렇게 말했다. "주민들부터 자기가 사는 곳을 부끄럽게 생각하거나 조롱하는 말을 하지 말아야 합니다."

긍정적인 조짐은 '디트로이트 허슬스 하더Detroit Hustles Harder*'에서 보는 것처럼, 이들 도시가 저항 정신을 키워가고 있다는 점이다. 나는 근성 있는 도시를 좋아한다.

내가 놀란 것은 디트로이트, 신시내티, 클리블랜드, 세인트루이스, 뉴올리언스, 볼티모어 등의 도시 한복판에 카지노가 자리 잡고 있다

---

* 티셔츠, 모자, 소품 등을 파는, 디트로이트에 있는 회사의 브랜드. '디트로이트는 더 열심히 일한다'라는 뜻.

는 사실이다. 평일 밤에 그중 몇 군데에 가봤더니 장려할 만한 곳은 못 되었다. 도박을 해도 괜찮을 만한 사람은 몇 명 보이지 않았다.

언젠가 차를 몰고 중서부 지방을 지나다가 중국 음식점에서 점심을 먹게 되었다. 한때는 꽤 잘나가던 집 같아 보였다. 볼일을 보려고 화장실에 들렀더니 소변기 하나가 깨져 테이프로 친친 감겨 있었다. 그 모습을 보니 '저런 건 좀 고쳐놓으면 좋을 텐데' 하는 생각이 들었다. 그러다 주인의 생각에 마음이 미쳤다. 아마도 이윤이 매우 박할 것이다. 200~300달러를 들여 소변기를 고친다고 손님이 더 찾아오지는 않을 것이다. 나는 잠시 주인이 낙관적인 생각을 하고 2000~3000달러를 들여 식당을 깔끔하게 단장하는 모습을 상상해보았다. 그런데 그곳은 인구가 감소하는 지역이라 식당을 새로 단장한다고 해서 손님이 는다는 보장이 없었다. 그러자 만약 쇠퇴하는 지역에서 장사를 하고 있다면 소변기를 테이프로 감아놓은 채 두는 것도 괜찮은 방법이라는 생각이 들기 시작했다. 낙관적인 생각은 때로 멍청한 생각일 수도 있다. 사람과 자원이 자꾸 줄어드는 곳이라면 선택을 달리해야 한다.

마지막으로 주변부에 있는 조그만 마을이 있다. 정말로 뒤떨어졌다는 느낌이 드는 곳이다. 전체적인 경제 활동은 아주 저조하다. 이런 마을은 개발이 거의 이루어지지 않아 사람들도 자연 상태에 가깝게 지낸다는 느낌이 든다. 주민들은 고개를 숙이고 그저 묵묵히 살면서 생계를 유지하기 위해 닥치는 대로 아무 일이나 한다.

데이비드 브룩스David Brooks는 이런 마을에 대해 「뉴욕타임스」 논평란에서 다음과 같이 생생하게 묘사했다.

오늘날 이들 마을은 더는 변방 마을이 아니지만, 아직도 이런 특징은 전통적 질서와 극단적 방종이라는 양날을 가진 칼이 되어 남아 있다. (…) 이곳 사람들은 자기가 살고 있는 공동체를 (…) 자원을 쟁취하기 위한 투쟁의 장소로 보는 경향이 있다. 즉, 세상은 거칠고 환상이 용납되지 않으며 투쟁이 그 기본 구조를 이루고 있다고 생각한다. (…) 대부분의 문제를 일으키는 죄는 불의, 무례한 짓 등 사회적 관습을 위반하는 죄가 아니라 게으름, 방탕, 음주, 성적 방종 등 개인적인 죄다. 그러다 이제는 대혼란의 물결이 바로 문 앞까지 밀어닥쳤다. (…) 장애 급여에 빌붙어 지내는 게으름뱅이, 대책 없이 줄줄이 아이를 낳는 사람, 마약 중독자, 배우자를 학대하는 사람 등 골목골목에서 사회의 혼란상을 볼 수 있다.[12]

뉴욕이나 샌프란시스코, 워싱턴에 사는 사람들은 다른 사람과 어울리거나 제도적 교육을 받을 수 있는 여분의 기회를 많이 가질 수 있었던 사람들이다. 이들은 추상적인 개념을 다루는 금융업 종사자, 기술자, 정책 전문가들이다. 아이디어를 놓고 논쟁을 벌이는 사람들이다. 이들은 고가의 집세를 낸다. 눈은 다음에 오를 목표에 고정되어 있다. 또, 불의와 무례한 짓에 신경 쓸 만큼의 호사를 누리고 산다.

조그만 마을이나 후기 산업 도시에 사는 사람들은 날것 그대로의 인간성을 경험하며 산다. 자동화와 기회의 상실로 가족의 삶은 완전히 바뀌어버렸다. 그들의 미래가 곧 우리의 미래가 될 것이다.

남자와
여자와 아이들

자동화와 경제의 변화는 이미 수백만의 가정과 남녀 관계에 변화를 불러왔다. 좋은 쪽으로의 변화는 아니다.

2000~2014년 사이 미국에서 사라진 제조업 일자리는 500만 개에 달했다. 제조업 노동자 4분의 3가량이 남성이므로 이 변화로 대학 졸업장이 없는 남자들이 큰 타격을 받았다. 노동자 계층 남성의 취업 가능성이 줄어들자 이들의 결혼 가능성도 떨어졌다. MIT에서 빈곤 문제를 연구하는 데이비드 오터David Autor의 연구 결과에 따르면, 제조업 일자리가 줄어들면 그 지역 남자의 결혼 비율도 떨어진다고 한다.[1] 남성의 평균 실질 임금은 1990년 이후 계속 감소하고 있다.[2] 퓨리서치센터Pew Research Center의 조사에 따르면 많은 남성이 경제적 불안감 때문에 결혼을 포기하거나 미루고 있다고 한다. 같은 조사에서 여성

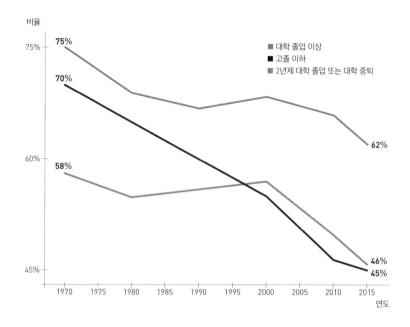

<그림12> 교육 수준별 18세 이상 성인의 결혼율(1970~2015)

[출처] 1970~2000년은 10년마다 조사한 퓨리서치센터의 조사 결과,
2006~2015년은 아메리칸 커뮤니티 서베이American Community Survey 발표 자료

의 경우에는 배우자를 찾는 가장 중요한 조건이 안정된 일자리라고
하였다.[3]

결혼은 낙관적인 생각, 안정감, 금전적 능력 등이 갖춰졌을 때 이
루어지는 일이다. 결혼생활을 하면 돈이 들게 마련이다. 만약 안정된
직업이 없다면 위에서 말한 조건을 갖추기 어려워진다. 지난 40년 동
안 모든 계층의 결혼율이 떨어졌다.[4] 그런데 그중에서도 특히 고졸
이하 학력자에게서 하락률이 두드러졌다. 1970년에는 70퍼센트에 이

르던 노동자 계층의 결혼율이 이제는 45퍼센트에 지나지 않는다. 결혼율 하락은 2000년에 가속화되었다. 제조업 일자리가 사라지기 시작한 때와 거의 비슷한 시기다.

결혼율이 떨어지는 데는 여러 이유가 있다. 어떤 사람은 여성의 노동 참여율이 높아졌고 선택 가능성이 늘어 남자에게 의지하려고 하는 여자가 줄어들었기 때문이라고 한다. 문화 규범이 바뀌었기 때문이라고 말하는 사람도 있다. 그렇다 하더라도 노동자 계층 남성의 취업 기회 축소가 결혼율 하락의 원인 중 하나라는 데는 의심할 여지가 없다. 남성의 문제를 제기한 글은 쉽게 찾아볼 수 있다. 2016년 「애틀랜틱」에 게재된 '사라진 남성들The Missing Men'이라는 기사를 보면, 주요 연령대(25~54세)에 속하는 미국의 남자 여섯 명 중 한 명은 실업자이거나 일자리 찾기를 포기한 사람이라고 한다. 모두 합해 1000만 명이나 된다.[5]

노동인구에서 사라진 이 남성들은 종일 무엇을 할까? 비디오 게임에 빠진 사람이 많다. 인구조사국에서 발표한 시간 사용에 관한 조사 결과를 토대로 최근에 수행한 어떤 연구 결과를 보면, 대학 졸업장이 없는 젊은 남성은 그전 같으면 일에 투입할 시간의 75퍼센트를 컴퓨터에, 그것도 대부분 비디오 게임에 소비한다고 한다.[6]

이제는 대학 졸업자 중에서 여성이 차지하는 비율이 더 높다.[7] 2017년 대졸자의 57퍼센트가 여성인데 이런 추세는 앞으로도 지속할 것으로 보인다. 당신이 이 글을 읽을 때쯤에는 남성 대졸자 두 명당 여성 대졸자는 세 명 가까이 될 것이다. 나아가 석·박사 학위를 따는 사람도 여성 비율이 높아지기 시작했다. 이런 현상은 국제적인 추세로, 대부분의 선진국에서 여성이 대학 졸업자의 다수를 차지하고 있다.

노동 인구에서 남성이 줄어든다는 말은 '결혼할 만한' 남성이 줄어든다는 뜻이다. 저널리스트 얼래나 세뮤얼스Alana Semuels가 노동자 계층의 어떤 여성에게 결혼 의사를 묻자 그녀는 "아직 결혼할 만한 상대를 만나지 못했어요"라고 대답했다. 대학을 졸업하지 못한 여성의 입장에서 볼 때 자신의 상대가 될 만한 남성은 일자리를 찾지 못해 안정된 짝으로 보이지 않는 것이다.

결혼율이 떨어지며 편부모가 아이를 양육하는 비율이 급격히 높아졌다. 비록 출생률*은 떨어지고 있지만, 결혼하지 않는다고 아이를 낳지 않는 것은 아니기 때문이다. 미혼모에게서 태어나는 아이의 비율은 1980년 18퍼센트에서 2015년에는 40퍼센트로 두 배 이상 뛰었다.

편모와 편부의 비율은 4대1로 편모가 훨씬 많다. 열여덟 살 이하의 아이가 있으면서 배우자가 없는 가정 1100만 가구 중 850만 가구가 편모 가정이다.[8] 우리가 보통 편부모라고 하면 편모를 말한다. 저학력 남성이 양육비를 보태주지 않을 가능성이 높다는 점을 고려하면, 얼마나 많은 가정이 아이를 키우느라 시달리며 어려운 상황에 놓여 있는지 짐작할 수 있을 것이다. 빈곤 문제를 연구하는 데이비드 오터 교수는 제조업의 쇠퇴가 사람들에게 미친 영향에 관해 쓴 글에서 이렇게 말했다. "출생률과 결혼율은 감소하고 있지만 불리한 조건을 안고 태어나는 아이의 비율은 늘고 있다. 그 결과 이 아이들은 아주

---

* 1년간 인구 1000명에 대한 출생아 수의 비율.

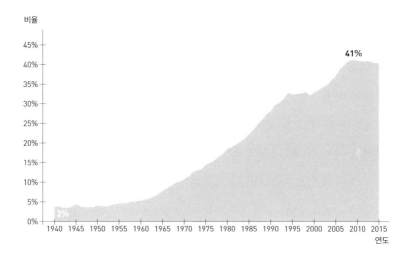

[출처] 질병통제센터 발표 자료 중 표 1-17.
히스패닉 계통을 포함해 인종별로 본 미혼모에게서 태어나는 아이의 비율.

힘든 환경에서 살아간다."

　편부모 가정에서 자란 남자아이가 여자아이보다 상처를 더 많이 받는다. 연구 결과에 따르면 안정된 결혼 생활을 하는 부모 밑에서 자란 아이는 학교 성적이 좋을 가능성이 높고, 아버지의 부재로 인해 더 크게 영향을 받는 쪽은 남자아이라고 한다.[9] 아버지가 없는 남자아이는 초등학교 때부터 문제가 생길 가능성이 높고, 여자아이보다 부모의 영향(혹은 부모 부재의 영향)에 더 민감하게 반응한다. 어떤 연구 보고서에는 다음과 같은 내용이 들어 있다. '아버지 없이 자라는 남자아이가 많아지고 여성의 학업 성취도가 더 높다 보니(특히 노동자 계층이

사는 지역에서) 남자아이나 여자아이 모두, 남성은 성취동기가 떨어질 뿐만 아니라 고등교육을 받을 능력도 떨어진다고 보게 되었다. (…) 대학은 여학생은 많이, 남학생은 일부만 가는 곳이 되어버렸다. 이전의 문화 규범과는 완전히 반대다.'

J.D. 밴스도 남자는 학교를 무시해야 한다는 생각에 대한 이야기를 썼다. '어릴 때 나는 학교에서 공부 잘하는 것을 여성적 성향으로 생각했다. 남성성을 나타내는 것은 힘과 용기와 싸움을 겁내지 않는 정신이었고, 조금 더 커서는 여자를 잘 꾀는 능력이었다. 성적이 좋은 남자아이를 보면 '계집애 같은 녀석'이라 생각했다. (…) 요즘 나온 연구 결과를 보면 나처럼 노동자 계층의 남자아이는 학업을 여자의 일로 보기 때문에 학교 성적이 좋지 않다고 한다.'[10]

나도 사내아이만 둘을 키우기에 남자아이가 어릴 때 관심을 많이 받지 못하면 힘들어한다는 사실이 놀랍지 않다. 남자아이는 여자아이보다 ADHD(주의력결핍과잉행동장애) 증상을 보이는 비율이 두세 배 높다. 2015년 미국 질병통제센터가 조사한 바에 따르면 남자아이 14퍼센트가 ADHD 진단을 받았다고 한다.[11] 내 친구 딸들을 보면 꼬마 성인 같아 보이는데 우리 아이는 그렇지 않다. 남자아이와 여자아이는 성장 속도가 달라 여자아이가 훨씬 조숙하다. 이런 성장 속도의 차이로 인해 여자아이의 학업 성적이 낫다는 유의미한 증거가 있다. 2012년 미국에 있는 고등학교 수석 졸업자의 70퍼센트는 여자였고,[12] 대부분의 선진국에서는 여자의 대학 진학률이 남자보다 높다.

당연한 일이겠지만 대학을 졸업한 여자는 대학을 나오지 않은 남자와 결혼하기 싫어한다. 대졸자의 성 비율이 남자 두 명당 여자 세

명이라는 점을 고려하면, 대졸 여성 세 사람 중 한 사람이 결혼하고 싶어도 남자 짝을 찾지 못한다는 결론이 나온다. 그러니 점점 많은 고학력 여성이 혼자 아이를 키우든지 아니면 아이를 갖지 않게 될 것이다. 내 주변에서도 이런 현상을 볼 수 있다. 내가 아는, 뉴욕시에 거주하는 많은 수의 성공한 전문직 종사 여성이 결혼을 하지 않았거나 싱글맘으로 아이를 키우고 있다. 이들 중에는 똑똑하고 아름다우며 감탄할 만한 사람이 많다. 한편으로는 그럴 수도 있다는 생각이 들지만, 다른 한편으로는 이상적인 모습과는 거리가 멀다는 생각이 든다. 하버드 경영대학원을 나온 싱글맘 한 사람은 자기 딸이 외톨이로 크는 것에 대해 죄책감을 느끼기는 하지만, 혼자서 아이를 둘 이상 키우는 것은 상상할 수 없는 일이라고 나한테 털어놓았다.

그 심정을 이해한다. 나나 내 아내에게도 아이를 낳고 기르는 일이 인생에서 가장 힘든 경험이었다. 처음에는 '인류가 등장한 이래 모두 아이를 낳고 키워왔는데 힘들면 얼마나 힘들겠어?'라는 건방진 생각을 했었다. 하지만 이제는 새로 부모가 되려는 사람들에게, 무슨 일을 겪더라도 모두 지극히 정상적인 일이며 그들의 삶이 바뀔 것이고 정신적 긴장의 끈을 늦출 수 없을 것이라는 말을 해 준다. 우리 부부는 아이를 키우는 일로 결혼 생활뿐만 아니라 인간적인 시험까지 겪어야 했다. 그래서 우리는 주위에서 가족이 엄청나게 많이 도와주지 않는다면 편모나 편부 혼자 어떻게 아이를 키울 수 있는지 이해하기 힘들다는 말을 자주 한다.

데이터를 보면 이 사실을 알 수 있다. 편부모 가정에서 자란 아이는 양쪽 부모가 함께 양육하는 가정에서 자란 아이보다 교육, 소득,

결혼율, 이혼율, 건강 등 모든 면에서 나쁜 결과를 보였다. 부모의 소득과는 상관없었다. 또, 미국인 50퍼센트는 어머니 집에서 30킬로미터 이내에 산다고 한다.[13] 아이가 생기면 어머니에게 달려가기 위해서다.

프레더릭 더글러스Frederick Douglass는 "잘못된 아이를 바로잡는 것보다 강한 아이로 키우는 것이 더 쉬운 일이다"라고 했다. 그가 간과한 것이 있는데 강한 아이로 키우는 것도 몹시 어려운 일이라는 사실이다. 나는 창업이 아주 어려운 일이라고 생각한다. 하지만 부모가 되는 것도 그 정도로 어렵거나 그보다 더 어려운 일이다. 부모와 창업가는 공통점이 아주 많다. 몇 가지 예를 들어 보겠다.

- 누구나 자기 의견이 있다. 하지만 자기가 무슨 일을 하고 있는지 아는 사람은 아무도 없다.
- 초기 2년이 가장 힘들다.
- 아무도 자기만큼 신경 쓰지 않는다.
- 일이 잘 풀리는 날은 의미와 목적의식으로 충만하다.
- 사람들은 언제나 그 일에 대해 거짓말을 한다.
- 파트너를 잘 골라야 한다.
- 마음이 돈보다 더 중요하다. 하지만 돈이 있어야 한다.
- 아웃소싱하기가 너무 힘들다.
- 누가 당신 친구인지 알게 된다. 새로운 친구도 사귄다.
- 가끔 책임감으로 괴로워한다.
- 결과를 알았더라면 시작하지도 않았을 것이다. 그래도 시작해서 좋

다고 생각한다.

- 상상하지도 못했던 잔일이 엄청 많을 것이다.
- 시간을 어떻게 보내느냐가 무슨 말을 하느냐보다 더 중요하다.
- 무엇이든 처음에 생각했던 것보다 돈이 더 든다.
- 대부분의 일이 지저분하고 생색나지 않으며 원초적이다.
- 가끔 왜 이 일을 하는지 모를 때가 있다.
- 자신에 대해 많이 알게 된다. 상상하지 못한 방법으로 시험당하기 때문이다.
- 정말로 도움이 되는 사람을 만나면 말할 수 없이 고마워한다.
- 자신만의 시간을 가지려 노력해야 한다. 그렇지 않으면 그런 시간은 절대 오지 않을 것이다.
- 당신 약점이 무엇이든 드러나게 되어 있다.
- 아주 허약하다고 생각하겠지만 나중에는 놀랄 것이다.
- 가능하리라고 생각하지 않았던 일도 하게 될 때가 있다.
- 뭔가 큰일을 하는 모습을 보면 그보다 기쁠 수가 없다.
- 초기에는 적극적으로 달려든다. 하지만 목표는 당신이 없어도 되게 만드는 일이다.
- 사람들이 당신을 지나치게 믿을 때가 있다.
- 이래라저래라 말이 많지만 결국에는 당신 결정이 가장 중요하다.
- 인생의 차원이 달라질 것이다. 당신의 분신이 생기기 때문이다.
- 생각했던 것보다 훨씬 힘들다. 하지만 인생에서 최고로 잘한 일이다.

창업은 현재 당신 수중에 있는 자원을 고려하지 않고 기회를 좇는 일이라 할 수 있다. 모든 부모는 매일 장애와 한계를 넘어서며 자기 자식을 위해 가능한 한 최고의 기회를 추구한다. 그러니 이런 면에서 보면 모든 부모는 창업가라 해도 과언이 아니다.

　나는 벤처 포 아메리카를 설립하면서 동시에 아이를 키우느라(결혼 생활을 유지하는 것을 포함해) 정신이 반쯤 나갔었다. 힘든 일은 대부분 아내가 다 했는데도 그랬다. 부모가 되면 쉴 시간이 없다. 기본적으로 부모가 된다는 것은 산더미 같은 일을 의미한다. 그런데 그 일을 혼자 한다면 상상할 수도 없을 만큼 힘들 것이다. 점점 더 많은 사람이 이런 일을 혼자 겪고 있다. 대부분 여자다. 아이를 키우고 교육해 인적 자본을 구축하는 것이 최고로 중요한 시점에 우리는 그 반대 방향으로 가고 있는 중이다.

대실업의 모습,
실체가 없는 영구적 계급 ─────────── 제13장

2015년에 부부 경제학자인 앤 케이스^{Anne Case}와 앵거스 디턴^{Angus}
^{Deaton}은 미국의 중년 백인 사망률이 1999년 이후 매년 0.5퍼센트씩
꾸준히 높아지고 있다는 사실을 발견했다. 처음에 두 사람은 자신들
이 뭔가 착각을 했다고 생각했다. 어떤 집단이 되었든 선진국에서 일
시적이 아니라 장기적으로 기대여명이 떨어진다는 말을 들어본 적이
없었기 때문이다. 나중에 디턴은 이렇게 말했다. "우리는 뭔가 착오가
있었다고 생각했어요. (…) 이런 일이 일어난다는 사실을 믿을 수 없
었어요. 만약 그랬다면 벌써 다른 사람이 알아냈을 것이라고 생각했
지요."[1]

그런데 그것은 사실이었고, 그때까지 아무도 눈치채지 못하고 있
었다.

케이스와 디턴이 알아냈듯이 자살은 꾸준히 늘고 있다. 처방 약을 과다 복용하는 사람도 훨씬 많아졌다. 알코올성 간 질환은 일상화되었다. 지금까지 흑인이 백인보다 사망률이 높았고 기대여명이 짧았다. 그런데 이제는 고졸 이하 백인과 고졸 이하 흑인의 사망률이 같아졌다. 왜 이런 일이 일어났을까?

케이스와 디턴은 일자리에 화살을 돌린다. "일자리가 서서히 사라지면서 저임금에 일자리의 질이나 고용의 안정성이 떨어지는 혹독한 노동시장으로 내몰리는 남자들이 늘어났어요. 그래서 결혼이 어려워졌지요. 자기 자식이 누군지도 모르는 사람이 많아요. 시간이 지나며 이들의 사회적 기능 장애가 점점 심해졌어요. 자기 역할에 대한 의미나 소속감을 상실하는 거지요. (…) 자살의 전형적인 전제 조건입니다." 두 사람의 연구 결과를 보면 사망률과 절망감으로 인해 죽는 사람의 숫자가 중년 남성이나 여성 모두에게서 다 높아진 것으로 나타났다. 물론 남성의 경우에는 그 비율이 훨씬 높았다.

사망 원인 중 많은 수가 오피오이드* 과다 복용 때문이었다. 미국에서 2016년에 약물 과다 복용으로 숨진 사람은 약 5만9000명이었다. 이는 당시까지 가장 많았던 2015년의 5만2404명보다 19퍼센트 늘어난 숫자다. 처음으로 약물 과다 복용이 자동차 사고를 앞질러 사고사의 첫 번째 원인이 된 것이다. 오하이오주 검시사무소는 일부 지역에서 2년 만에 약물 과다 복용으로 인한 사망자가 세 배로 늘었다며 놀라움을 금치 못하겠다고 했다.[2] 이제 사무소는 시신 보관을 위

---

* opioid, 아편과 유사한 작용을 하는 합성 진통제나 마취제.

<그림14> 50~54세의 인구 중 절망감(자살, 약물, 알코올)으로 인한 인종별 사망자 수

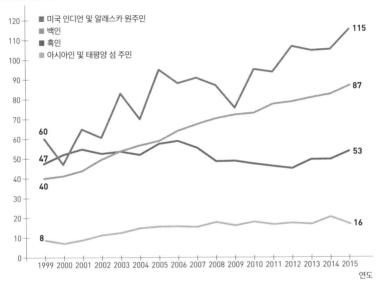

10만 명당 사망자 수

■ 미국 인디언 및 알래스카 원주민
■ 백인
■ 흑인
■ 아시아인 및 태평양 섬 주민

연도

[출처] 질병통제예방센터, 국립보건통계센터. 질병통제예방센터 WONDER 온라인 데이터베이스에 있는 '1999~2015년 근본적인 사망 원인'(2016년 12월 발표). 인구동태 통계를 관장하는 57개 관할 구역에서 제공한 자료를 '인구동태 통계 협력 프로그램'으로 수합한 '1999~2015년 사망 원인 파일'에서 자료 추출.

해 인근 장례식장에 도움을 청하고 있다.

2016년에 약물 과다 복용으로 인한 사망률이 가장 높은 5개 주는 웨스트버지니아, 뉴햄프셔, 켄터키, 오하이오, 로드아일랜드였다.[3] 오피오이드에 의존하는 미국인은 200만 명이 넘는 것으로 추정된다. 최근 정부 발표 자료에 따르면 작년 한 해 동안 처방받은 진통제를 사용한 사람은 9500만 명에 이른다. 흡연자보다 많은 숫자다. 12개 주에서는 인구보다 오피오이드 처방전 숫자가 더 많았다. 약물 중독이 워낙 만연하다 보니 현재 신시내티주에 있는 병원은 산모의 약물 검사를 의무화했다.[4] 지난 몇 년 사이에 5.4퍼센트의 산모에게서 약물 양성 반응이 나왔기 때문이다. 신시내티 신생아보건기관의 스콧 웩셀블랫Scott Wexelblatt 박사는 "우리가 가장 우려하는 것은 오피오이드입니다"라고 말한다.

많은 사람이 오피오이드 중독은 처방받은 진통제를 사용하는 것으로부터 시작한다고 생각한다. 1996년 옥시콘틴OxyContin이 기적의 약으로 알려지며 시장을 휩쓸었다. 제약사 퍼듀파머Purdue Pharma는 2000년에 11억 달러어치의 진통제를 팔았고, 이 금액은 2010년에 30억 달러라는 믿기 힘든 액수로 뛰었다. 퍼듀파머는 중독 가능성을 제대로 설명하지 않는 등 허위 표시의 이유로 2007년에 6억3500만 달러의 벌금을 내기도 했다.[5] 퍼듀파머는 2001년에만 2억 달러의 마케팅 비용을 지출했다. 여기에는 판매 사원 671명을 고용한 비용과 이들이 매출 목표를 달성해서 받은 25만 달러 가까운 성공 보수도 포함되어 있다. 양복을 입은 마약상 군단이 수십억 달러의 보수를 받으며 의사를 상대로 중독성이 강한 오피오이드 마케팅을 벌인 것이다. 미국 질병통제센터 책임자 톰 프리든Tom Frieden 박사는 옥시콘틴에 대해 "치명적이지 않은 질병에 자주 쓰이는 약물 중에 환자 사망률이 이렇게 높은 약물은 없는 것으로 압니다"라고 말했다.[6] 어떤 연구 결과에 따르면 오피오이드를 사용하기 시작한 환자 550명 가운데 한 명은, 처방을 처음 받은 지 평균 2.6년 후에 오피오이드 관련 이유로 사망했다고 한다.

오피오이드 사용자 중 많은 사람이 헤로인으로 넘어간다. 마약 중독이 진행되는 전형적인 양상은 다음과 같다. 처음에 사람들은 통증 완화용으로 진통제를 처방받아 사용하다가 이를 파티용 마약으로 쓰기 시작한다. 알약을 갈아 코로 흡입하면 황홀경이 몇 시간이나 지속된다. 그러다 헤로인으로 넘어간다. 오피오이드 사용자들은 그전보다 헤로인을 구하기가 훨씬 쉬워졌다고 말한다. 「뉴잉글랜드 저널 오브 메디신New England Journal of Medicine」의 조사에 따르면 조사 대상자의 66퍼센트가 옥시콘틴을 쓰다가 다른 오피오이드로 넘어갔다고 한다.

과거에는 헤로인을 쓰는 사람 대다수가 남성이었다. 하지만 오피오이드를 처방받는 여성이 많아지다 보니 이제는 헤로인을 사용하는 남녀 비율이 반반 정도 된다. 헤로인 사용자의 90퍼센트는 백인이다.

헤로인 시장을 연구하는 샌프란시스코 캘리포니아대학UCSF 대니얼 치카로네Daniel Ciccarone 교수는 이렇게 말한다. "우리는 헤로인이 믿을 수 없을 만큼 광범위하게 확산되고 있는 슬픈 현실을 목도하고 있습니다. 그 끝이 보이지 않습니다. 2017년이 결코 헤로인의 절정기가 아닙니다. 헤로인은 자체 생명력을 가지고 있습니다."[7] 마약 범죄 조직은 헤로인에 펜타닐Fentanyl과 카펜타닐Carfentanil을 조금씩 섞어 팔기 시작했다. 펜타닐은 황홀감을 더 높일 뿐 아니라 중독성도 더 강한 합성 오피오이드로 헤로인보다 값이 싸다. 카펜타닐은 코끼리 마취제로 쓰일 정도로 강력해 만지기만 해도 피부를 통해 흡수되어 마약 흡입 증세를 보이는 약물이다.

미국의 제약회사와 의료제도는 수십만 명의 오피오이드 중독자를 만들었다. 이제 이들은 마약상으로부터 헤로인을 구매하는 사람이 되어버렸다. 헤로인 밀매자는 사방에 깔렸다. 오하이오 경찰은 헤로인 밀매자가 자기 고객에게 일요일 특가로 하나 가격에 두 개를 주겠다는 광고 문자를 보내거나, 인근 공원에서 자동차 후드 위에 무료 견본품을 올려놓고 호객하는 모습을 보았다고 한다. 어떤 마약상은 영업 시간까지 정해놓고 헤로인을 판다. 새 고객을 모집하기 위해 자기 전화번호를 인쇄한 종이에 헤로인 견본품을 싸서 지나가는 차 안에 던지는 마약상도 있다. 오하이오의 형사 브랜던 코널리Brandon Connley는 하급 마약상 한 명을 체포한 뒤 "요즘에는 아무나 마약을 팔아요. 엄마까지도 가세하죠. 그러니 이 친구를 잡아도 누군가가 그 자리를 메꾸겠지요"라고 말했다. 밀매자 자신도 마약 공급을 꾸준히 받으려는 중독자인 경우가 많다.

오피오이드 문제는 앞으로도 오랫동안 우리를 괴롭힐 것이다. 그 이유 중 하나는 치료가 너무 어렵기 때문이다. 헤로인이나 오피오이드는 일단 중독되면 끊기 힘든 것으로 악명 높다. 금단 증상으로는 마약에 대한 갈망, 메스꺼움, 구토, 우울증, 불안감, 불면증, 흥분 등을 들 수 있다. 마약을 끊으려는 중독자 대부분이 성공하지 못하고 다시 시작하는 일을 되풀이한다. 중독을 치료하기 위해 메타돈methadone 같은 오피오이드 대체품을 사용해야 하는 사람도 많다. 2014년에 발표된 연구 결과에 따르면 마약 남용 장애 환자 중 제대로 된 치료를 받는 사람은 10퍼센트에 지나지 않는다고 한다. 대부분의 중독자는 자기 힘으로 마약을 끊지 못하기 때문에 마약중독 치료센터에서 장기 치료를 받아야 한다. 오랫동안 헤로인 중독자를 치료해온 의사 겸 교수인 샐리 새텔Sally Satel은 이렇게 말한다. "오랜 경험으로 봤을 때 심각한 중독자 중 단순히 약물치료만으로 회복 단계에 들어가는 사람은 거의 없어요. 때로는 적절한 온정주의적 개입*도 필요하고, 경우에 따라서는 치료감호소에 수용하는 비자발적 치료도 필요하지요." 마약중독 치료센터에서 치료받는 데 드는 돈은 입원 환자의 경우 30~90일 기간의 치료에 1만2000~6만 달러 정도 들고, 외래 환자의 경우에는 30일 프로그램이 5000달러부터 시작한다. 물론 둘 다 성공한다는 보장은 없다.

자살과 마약 중독의 급증은 사회보장제도에 따른 장애 급여 신청자 수의 급증과 동시에 일어나고 있다. 생산가능 연령의 미국인 중 거의 900만 명이 장애 급여를 받는다. 뉴저지주나 버지니아주의 전체 인구보다 많은 숫자다. 2017년에 생산가능인구의 5.2퍼센트가 장애 급여를 받았다. 1980년에는 이 비율이 2.5퍼센트밖에 되지 않았다.[8] 장애 급여 신청은 2000년부터 급증하기 시작했다. 제조업 고용이 곤두박질치기 시작한 해다. 2017년 6월 현재 1인당 평균 장애 급여 수급액은 1172달러다. 1년에 국가가 부담하는 장애 급여액은 1430억 달러에 이른다. 장애 급여를 받는 사람의 나이는 점점 낮아지고 있다. 2014년에 장애 급여를 받는 남자의 15퍼센트와 여자의 16.2퍼센트가 30대나 40대 초반이었는데, 1960년대에는 30대나 40대 초반의 비율이 남자는 6.6퍼센트, 여자는 6.4퍼센트에 지나지 않았었다.

장애 급여를 많이 받는 지역은 일자리가 사라진 지역으로, 애팔래치아 지방과 남부 내륙 깊숙한 지방이 연결되어 '장애 벨트'를 형성

---

* 정부나 조직이 국민이나 구성원을 가부장적 가족관계의 모델에 따라 보호·규제하는 체계.

한다. 버지니아주의 몇 개 카운티에서는 18~64세에 이르는 생산가능인구 20퍼센트가 장애 급여를 받고 있다. 웨스트버지니아, 앨라배마, 아칸소, 켄터키, 미시시피는 장애 급여 수급자가 많은 상위 다섯 개 주에 속한다. 이들 주에서는 생산가능인구의 7.9~8.9퍼센트가 장애 급여를 받는다. 이 다섯 개 주의 수급자가 받는 장애 급여는 월 10억 달러가 넘는다. 이 지역에서는 장애 급여를 받는 사람이 워낙 많아 급여가 나오는 날은 축제일 같은 분위기다. 장애 급여를 신청한 웨스트버지니아 주민 한 사람은 이렇게 말했다. "장애 급여는 지역 경제에서 중요한 부분을 차지하지요. 장애 급여에 의존해 살아가는 사람이 많거든요. (장애 급여가 나오는 날은) 약국에도 안 가요. 월마트도 안 가고 식당에도 안 가죠. (…) 모두 장애 급여를 받았거든요. 그러니 쇼핑하러 가야죠."

장애 급여를 받는 사람의 증가는 고령화 및 인구 구조의 변화에 기인한 측면도 있다. 하지만 어떤 전문가가 말한 용어처럼 '경제적 장애'에 기인한 측면이 더 강하다. 장애 유형 중 가장 많이 증가한 유형이 '정신 장애'와 '근골격계 및 결합조직 장애'다. 이 두 개의 유형이 전체 장애의 50퍼센트를 차지하고 있다. 20년 전에 비해 거의 두 배에 가까운 수치다. 이 두 유형은 의사가 독립적으로 확인하기 가장 어려운 진단이기도 하다.

2014년에 신규 장애 급여를 신청한 사람은 248만5077명이었다. 근무일 기준으로 하루에 9500명이 신청한 것이다. 전국에 있는 장애 판정관은 모두 1500명이다. 이들은 신청자를 만나보지도 않고 판정을 내릴 때가 많다. 대부분의 주에서 판정을 받는 데 18개월 이상 걸린다. 장애 급여 신청을 하려면 전문 의료진으로부터 받은 증거 자료를 제출해야 한다. 신청자는 의사 진단서를 발부받아 판정관에게 보낸 다음 판정관의 연락을 기다려야 한다. 정부를 대표해 신청자를 반대 심문하는 변호사는 없다. 신청자를 검사하는 정부 측 의사도 없다. 1차 신청이나 재신청을 통해 신청이 받아들여지는 비율은 대략 40퍼센트다.[9] 일단 신청이 받아들여지면 평생 가치는 수급자 1인당 평균 30만 달러 정도 된다.[10]

이렇게 걸린 돈이 많다 보니 신청자를 대신해 업무를 처리해주는 일이 큰 사업이 되어버렸다. 로펌은 수수료를 받고 업무 처리를 도와주겠다는 심야 TV 광고를 주기적으로 내보낸다. 수수료는 일반적으로 장애 급여의 일정 비율로 정한다. 장애 급여 재신청을 하는 사람의 80퍼센트가 변호사의 도움을 받는다. 1970년대에는 변호사의 도움을 받는 비율이 20퍼센트도 채 되지 않았었다. 장애 급여 신청 업무를 대신 처리해주고 1년에 7000만 달러의 수입을 올린 로펌도 있다.[11]

일단 장애인 인정을 받으면 일을 하지 않으려는 유인이 엄청 커진다. 만약 일을 해서 장애가 없다는 사실이 밝혀지면 수급권을 박탈당하기 때문이다. 그 때문에 장애에서 회복하려는 사람은 사실상 아무도 없다. 실제로 장애 급여 대상자 이탈 비율은 전국적으로 1퍼센트 미만이다. 데이비드 오터 교수는 오늘날 사회보장 장애 보험은 기본적으로 실업 보험과 같은 기능을 한다고 주장한다.[12] 본래 목적은 그것이 아니었지만 수십만 명의 미국인이 그런 목적으로 사용하고 있다는 것이다.

"만약 일반 대중이 우리 제도 내에서 어떤 일이 벌어지고 있는지 안다면, 반은 격분할 것이고 나머지 반은 자기도 장애 급여를 신청할 것이다"[13]라고 말하는 장애 판정관도 있다.

나는 장애 급여를 신청한 친구 토니와 이야기를 나눈 적이 있다. 우리는 어릴 때 한 동네에서 '던전 앤드 드래곤' 게임을 하며 놀던 사이다. 토니는 예전에 음악가 겸 음향 기술자로 일하다가 현재는 페인트공을 하고 있다. 결혼을 했었지만 금방 이혼하고 지금은 혼자 산다. 토니는 몇 년 전에 공립대학을 졸업했다. 토니는 어릴 때 건강보험 혜택을 받지 못했다. 아버지가 하도급을 맡아서 하는 자영업자라 보험에 가입하지 않았기 때문이었다. 토니는 2011년에 서부 매사추세츠로 이사했는데 거기서 난생처음으로 건강보험 가입자가 되었다. '롬니케어'*에 따라 소득이 적다고 주 정부에서 무료로 가입시켜준 것이었다.

토니는 2년 전에 건강 문제로 몇 개월 일을 할 수 없었다. 그때 그를 치료하던 치료사가 장애 급여를 신청해보라고 권유했다. 처음에 토니는 자기 문제가 대부분 뇌와 관련된 것이라 자격이 되지 않을 것으로 생각했다. 어릴 때 사고가 나서(아홉 살 때 콘크리트 바닥에 떨어진 적이 있고, 열한 살 때 스쿠터를 타다 충돌 사고를 냈다.) 외상성 뇌 손상이 몇 번 있었고, 고등학교 때 미식축구를 하다 뇌진탕을 일으켜 인지 장애와 기분 장애를 앓았다. 토니는 또 만성 피로, 근육통, 우울증, 만성 라임병**도 있다고 했다.

---

* Romneycare, 밋 롬니Mitt Romney가 매사추세츠 주지사 시절 도입한 건강보험 제도.
** 진드기에 물려 생기는 세균성 감염증.

토니는 치료사의 권유를 따르기로 하고 장애 급여를 신청하는 웹사이트에 들어가 준비한 서류를 제출했다. 치료사, 처방 간호사, 정신과 의사, 1차 진료기관 의사, 전체론적 의료 전문가, 감염병 전문가 등으로부터 받은 소견서였다. "그동안 살아오면서 내 몸에 여러 가지 문제가 쌓인 것 같아. 어릴 때 적절한 치료를 받았더라면 이렇게 장애 급여를 신청하는 지경에까지 이르지는 않았을 것이라는 생각이 들 때가 있어." 토니는 2016년 3월에 서류를 제출했다. 5개월 후 신청이 거부되었다는 통보를 받았다. 1차 신청에서 거부되는 비율은 전국적으로 75퍼센트가량 된다. 그러자 토니는 인터넷을 뒤져 장애 급여 재신청을 전문으로 하는 지역 변호사를 찾아냈다. 이 변호사가 토니를 대신해 장애 급여 재신청 업무를 처리해주었다. 2개월 후 승인 통보를 받은 토니는 그때부터 매월 1200달러가량의 장애 급여를 받기 시작했다. "변호사한테 맡겼더니 바로 끝나버렸어. 내 통장에 돈이 들어오기 시작했지." 변호사는 수수료로 2700달러를 받아갔다. 토니가 소급 적용해 받은 장애 급여 총액의 25퍼센트에 해당하는 금액이었다.

토니는 현재 장애인으로 인정받고 있으며 2년 후 1차 재검토가 있을 예정이다. "장애 급여를 받게 되어 정말 다행이야. 그렇지 않았다면 죽기 살기로 일하다 진짜 죽었을지도 몰라." 토니는 마흔두 살이다. 현재 지역에 있는 교회에서 자원봉사자로 일하고 있다. "내가 사는 곳이 서부 매사추세츠잖아. 경제적으로 아주 힘들다고 알려진 곳은 아니지. 그런데도 교회에 찾아오는 사람들을 보면 천막에 살거나 노숙하는 사람이 많아. 어떻게라도 살아야 하니 그렇게 사는 거지."

개인적으로 나는 토니가 장애 급여 수급자가 되어 매우 기쁘게 생각한다. 장애 급여는 토니에게 문자 그대로 구세주인 셈이다.

J.D. 밴스는 오하이오 주민들이 자기네는 열심히 일해도 근근이 살아가는데 어떤 사람들은 아무 일도 하지 않고 정부에서 주는 돈으로 살고 있다며 분개한다고 했다. 밴스는 오하이오 같은 지역에 공화당 지지자들이 늘어나는 이유를 정부의 이런 무상 지원에 대한 분노 때문으로 볼 수 있다고 말한다.

미국에서 장애 급여를 받는 사람 수는 건설 현장에서 일하는 사람 수를 넘어섰다. 2013년 현재 경제활동인구에서 이탈한 25~54세 사이 주요 연령대 남성의 56.5퍼센트가 장애 급여를 받는다고 한다.[14] 이 연령대에 있는 사람이 사회보장제도에 따른 은퇴 연금을 받는 나이로 넘어가면서 그 수가 더는 늘어나지 않고 있지만, 이 숫자만 해도 이미 애초 의도를 훨씬 넘어선 것이다. 최근에 장애 보험 기금은 고갈되어 포괄적인 사회보장 기금과 합해졌다. 사회보장 기금도 2034년이면 고갈될 전망이다.

비교적 소규모 인원을 지원하려고 계획했던 프로그램이 여러 사람과 지역 사회의 주요 생명줄이 된 현상이 바로 대실업의 일부다. 우리는 경제가 아무 이상 없이 잘 돌아가고 있는 것처럼 말하지만 실상은 수백만 명이 일자리 찾기를 포기하고 정부에서 주는 복권 당첨금 같은 돈에 의지해 살아가고 있다. 장애 급여는 계속 늘어나고 있는 실업자나 취업이 불가능한 사람을 위한, 1년에 1430억 달러가 들어가는 완충 장치다. 일단 장애 판정을 받은 사람은 수급자라는, 실체가 없는 영구적인 계급에 진입한다. 이들은 설령 몸이 좀 나아지더라도 평생 받을 수 있는 급여를 잃을 위험을 무릅쓰고 언제 없어질지도 모르는 별 볼 일 없는 일 따위는 하려고 들지 않는다. 자신을 매월 주는 복권 당첨금을 받으려고 사회를 속이는 사람이 아니라 정말로 장애가 있는 사람이라고 생각하는 편이 훨씬 마음 편할 것이다.

장애 판정을 받았건 아니건 많은 사람이 어느 정도는 건강 문제를 안고 살아간다. 좋은 일자리를 갖고 있다면 요통 정도는 무시할 수도 있을 것이다. 아니면, 회사가 건강보험료를 내준다면 치료를 받고 일을 계속할 것이다. 하지만 일자리를 잃어 스트레스가 쌓이기 시작하면 같은 병이라도 훨씬 더 아프다는 느낌이 들 것이다. 이런 현상은 대부분의 일이 체력을 고갈시키는 육체노동으로 이루어진 곳에서 훨씬 심하다. 많은 사람이 제조업 노동자에서 장애 급여 수급자로 넘어가는 과정을 밟는다. 제조업 노동자의 또 다른 주요 도피처는 소매 매장이다. 이 일자리마저 사라지면 장애 급여 수급자는 더욱 늘어날 것이다.

장애 급여 제도는 정부가 관리하는 대규모 프로그램의 문제점을 잘 보여주고 있다. 기본적으로 세계 최악의 제도다. 정작 장애를 입어 도움이 필요한 사람은 불필요한 요식 절차 때문에 도움을 받기 힘든 반면, 변호사를 선임해 업무를 처리하는 사람이나 변호사들이 혜택을 누리고 있기 때문이다. 결국, 정부가 '시스템의 허점을 노려 돈을 빼내라'는 메시지와 '자신이 무능력해서 일할 수 없다고 생각하라'는 메시지를 널리 퍼트리는 셈이다. 이 제도는 사기에 취약하다. 게다가 한번 수급자가 되고 나면 다시는 그 상태에서 벗어나지 않으려 한다.

비디오 게임과
남성의 삶의 의미

"가상 세계는 현대 생활에서 사라진 것들을 되돌려주고 있다. (…) 공동체 의식, 자기 능력에 대한 자신감, 남들이 믿고 의지할 만큼 중요한 사람이라는 느낌 같은 것들이다."
-조너선 갓셜Jonathan Gottschall

내가 일곱 살 때 부모님은 우리 형제에게 최초의 다중 게임기 아타리2600 Atari2600을 사주셨다. 이 게임기에 딸려온 게임은 애스터로이즈Asteroids였다. 우리는 그 게임을 정말 많이 했다. 어떤 날은 한밤중에 게임을 하려고 몰래 아래층으로 내려갔다가 아버지가 게임을 하고 있는 모습을 보기도 했다.

형과 나는 게임방에도 자주 갔다. 우리는 동전 몇 개를 들고 가능한 한 오랫동안 게임을 하려고 애썼다. 이기면 계속 게임을 할 수 있으니 완벽한 보상책이었다. 지면 뒤로 물러나, 혹시 누가 급한 일이 생겨 게임 중에 자리를 뜨면 그 자리를 차지하겠다는 야무진 희망을 품고 다른 사람이 게임하는 모습을 구경하는 수밖에 없다. 우리는 비디오 게임을 아주 잘했다. 내가 가장 좋아하던 게임은 '스트리트파이터2'였다. 지금도 싸움에 진 상대방의 끔찍한 모습을 생생하게 묘사한 '모탈컴뱃Mortal Kombat'의 잔인한 표현이 눈에 선하다. PC게임으로는 아홉 살 때 처음 해본 '에인션트 아트 오브 워Ancient Art of War'에 빠졌었다. 조금 더 나이가 들자 '워크래프트'나 '스타크래프트' 같은 실시간 전략 게임이 나왔다. 군대를 키우고 정착지를 넓히는 일과 적을 무찌르는 일을 효율적으로 결합해 수행해야 이길 수 있는 게임이다. 나는 여러 대의 컴퓨터를 연결한 방에 친구들과 같이 앉아 욕을 해대며 다른 플레이어를 상대로 게임을 하곤 했다.

대학을 졸업하자 비디오 게임에 쏟는 시간이 대폭 줄어들었다. 데이트를 하던 중이라 비디오 게임을 할 시간이 없었다. 가상 세계의 건설과 실제 세계의 건설은 상충한다는 생각이 들었다. 나는 투자와 재무제표 분석에 관한 책을 읽기 시작했다. 실제 세계에서 비디오 게임을 잘 하려고 하는 것과 같은 행위라는 생각이 들었다. 언젠가 게임을 한번 해볼까 하고 휴가 기간에 처남에게 '디펜스 오브 더 에인션츠 Defense of the Ancients'를 가르쳐달라고 했다가 내가 나이가 들고 느려졌다는 느낌만 받았다. 일단 키보드 명령어 외우는 일부터 힘들었다.

그렇긴 하지만 아직도 비디오 게임을 보면 어떤 게임인지 직관적으로 이해할 수 있다. 다시 한번 게임에 빠져볼까 하는 생각까지 할 때도 있다. 비디오 게임은 세계 창조, 기술 습득, 성취, 폭력, 리더십, 팀워크, 속도, 효율성, 지위, 의사결정, 임무 완수 등 인간의 원시적인 기본 욕구를 다 건드린다. 모두 젊은이들의 흥미를 끌 만한 것들이다. 나한테는 게임, 주식시장, 판타지 스포츠, 도박, 농구, 공상 과학 영화/마니아 영화, 암호화폐 등이 이런 범주에 속한다. 이들 대부분이 숫자와 최대한의 기회 활용이라는 요소가 결합되어 있다. 이들의 속성으로는 숙달, 향상, 경쟁, 위험 등을 들 수 있다.

조사에 따르면 2016년 현재 21~30세 사이의 대졸 미만 학력을 가진 남성 22퍼센트가 직전 연도에 아무 일도 하지 않았다고 한다. 2000년에는 이 비율이 9.5퍼센트에 지나지 않았다.[1] 비디오 게임이 가장 큰 이유라는 증거가 있다. 인구조사국에서 발표한 시간 사용에 관한 조사 결과를 토대로 최근에 수행한 어떤 연구 결과를 보면, 대학 졸업장이 없는 젊은 남성은 그전 같으면 일에 투입할 시간의 75퍼센트를 컴퓨터에, 그것도 대부분 비디오 게임에 소비한다고 한다.[2] 2004~2007년 사이에 대졸 미만 학력의 미취업 젊은 남성이 비디오 게임을 하면서 보낸 시간은 일주일에 3.4시간이었다. 그런데 2011~2014년 사이에는 두 배 이상 늘어 평균 8.6시간이 되었다.

시카고대학의 에릭 허스트 Erik Hurst 교수를 주축으로 연구를 수행한 경제학자들은, 이미 일에 관심이 없는 젊은이가 시간을 보내기 위해 비디오 게임을 하는 것인지 아니면 비디오 게임 때문에 일을 하지 않는 것인지 알아보기로 했다. 증거는 후자를 가리켰다. 이들이 밝혀낸 바에 따르면 기술 발달로 늘어난 오락거리, 그중에서도 특히 비디오 게임이 일을 하지 않는 원인의 20~33퍼센트를 차지했다. 여자들은 그렇지 않았다. 일하지 않고 게임을 하는 비율이 남자만큼 높지 않았고, 일자리를 잃으면 학교로 돌아가 공부하는 경향이 더 강했다. 하지만 남자들 눈에는 게임이 너무나 멋지게 보여, 일을 포기하고 게임을 하는 것이 더 낫다고 생각하는 사람이 많다.

메릴랜드주 실버스프링에서 부모와 함께 사는 스물두 살의 한 젊은이는 이렇게 말한다. "게임을 할 때는 내가 몇 시간 하면 어떤 보상을 받을지 알 수 있어요. 하지만 일을 할 때는 내가 하게 될 일의 양과 보상이 불확실한 것 같아요." 미시간에 사는 스물한 살의 제이컵 배리는 동네에 있는 지미존스*에서 아르바이트로 샌드위치 만드는 일 하는 것보다 게임하는 것이 훨씬 더 재미있다고 말한다. 특히 온라인을 통해 공동체 의식을 느낄 수 있어서 좋다고 한다. 배리는 일주일에 40시간 정도 게임을 하는데 정규 근무 시간과 맞먹는 시간이다.

게임만 하는 이런 남자들은 어떻게 생계를 유지할까? 이들은 부모와 함께 산다. 2000년에는 특별한 기술이 없는 젊은 남자가 부모와 함께 사는 비율이 35퍼센트에 지나지 않았다. 그런데 지금은 이 비율이 50퍼센트를 넘어섰다. 또, 일자리가 없는 남자가 부모와 함께 사는 비율은 67퍼센트에 이른다. 퓨리서치센터 조사에 따르면 18~34세의 남성 가운데 부모와 함께 사는 사람은 연인과 함께 사는 사람보다 많다고 한다.[3]

비디오 게임은 시간 사용 기준으로 보면 극도로 저렴한 오락거리다. 일단 컴퓨터나 콘솔을 사고 나면 그다음부터 한계 비용은 제로에 가깝다. 게임을 하나 구입하거나 회원으로 가입해 사용료를 내면 수백, 수천 시간을 접속해 즐길 수 있다. 게임은 경제학에서 말하는 '열등재'라고 할 수 있다. 소득이 적을수록 더 많이 소비하는 재화다. 최근 연구 결과를 보면 연간 소득 2만5000~3만5000달러의 가구가 연간 소득 10만 달러 이상의 가구보다 일주일에 92분 이상 더 많이 인

---

* Jimmy John's, 샌드위치를 파는 패스트푸드 체인.

터넷을 사용한다.

　부모 집 지하실에 앉아 몇 시간이고 계속해서 비디오 게임을 하는 수많은 젊은 남자의 모습을 떠올리면 한심한 생각이나 슬픈 생각이 들 것이다. 하지만 그들의 만족도는 높다. 에릭 허스트 교수는, 비록 실업률은 높지만 "이들은 매우 행복해한다"고 말한다. 허스트 교수는 자기가 알아낸 사실이 '매우 충격적'이라고 하며 열두 살 먹은 자기 아들 이야기를 한다. "만약 가만히 내버려 두면 틀림없이 하루에 스물세 시간 반은 비디오 게임을 할 겁니다. 저한테 그렇게 말했거든요. 게임 시간을 통제하지 않는다면 밥이나 먹을지 모르겠어요. 분명히 씻지는 않을 거예요."

　비디오 게임은 재미있다. 여러 사람과 어울릴 수도 있다. 요즘 나오는 비디오 게임은 거의 일처럼 느껴질 정도로 잘 만들어져 있다. 실제 일은 주나 월 단위로 성과가 측정되지만 게임에서는 분이나 시간 단위로 성과가 측정된다는 점이 다를 뿐이다. 포인트를 쌓거나 돈을 불리거나 아이템을 늘리려면 여러 가지 재미없는 과업을 반복해서 수행해야 하는 게임이 많다. 아이템이 쌓이면 자신의 능력이 강화된다. 그런 식으로 친구와 함께 모험을 떠나거나 컴퓨터를 상대로 승부를 겨룬다. 게임을 하는 도중 자신이 발전했다는 느낌이나 성취감을 계속해서 느낄 수 있다.

　누구나 예상하듯이 문제는 나중에 나타난다. 10대나 20대 시절에는 실제로 급여를 주지는 않지만 일과 유사한 비디오 게임을 하는 것이 재미있고 멋져 보일 수 있다. 사람들과 어울린다는 느낌도 든다. 그런데 30대쯤 되면 그사이 친구들은 비디오 게임에서 손을 떼고, 당신만 종일 집 안에 틀어박혀 있다가 근처에 있는 게임스톱*이나 어슬렁거리고 돌아다니는 실패자가 되어 있을 수 있다. 허스트 교수는 "특별한 기술이 없는 이런 젊은 남성들이 20대 시절에는 행복해하다가도 30대나 40대가 되면 행복도가 뚝 떨어진다는 증거가 있다"고 말한다. 업무에 대한 이들의 기량이나 장래성은 한정적인 반면 경쟁은 갈수록 더 치열해질 것이다. 독립해서 가정을 이루고 싶은 꿈이 있다 해도 그 꿈을 이루는 일은 갈수록 어려워질 것이다. 이들은 사회와 동떨어진 삶을 살며 비디오 게임을 거쳐 도박, 약물, 알코올 등을 전전할 가능성이 높다.

실제로 가장 최근에 발표한 종합사회조사General Social Survey 결과를 보면, 노동인구에서 빠져나온 생산가능 연령 남성의 31퍼센트가 지난 12개월 사이에 불법 약물을 사용한 적이 있다고 대답했다. 2014년에 발표한 시간사용조사Time Use Survey 결과를 보면 이들은 '친교, 휴식 및 여가 활동'에 하루 8시간 이상 쓰고, 그 밖에 '도박장 출입', '흡연 및 약물 사용', '라디오 청취', '미술과 공예 등 취미 생활' 등에 많은 시간을 소비했다.[4] 같은 조사에서 이들은 노동인구에 편입되어 있는 남성에 비해 여유 시간이 훨씬 많음에도 불구하고 그들보다 자원봉사 활동이나 종교 모임 참석 비율이 낮은 경향을 보였다.

경제학자이자 『4차 산업혁명Average is Over』의 저자 타일러 코윈은 "어떤 사회나 '나쁜 사람' 문제는 있다"고 말한다. 코윈은 소수의 생산성이 높은 사람이 대부분의 가치를 창출하고, 특별한 기술이 없는

---

* GameStop, 비디오 게임, 가전제품 등을 판매하는 소매 회사.

사람들은 값싼 디지털 오락에 빠져 행복해하며 삶을 영위하는 미래를 상정한다.

내가 어렸을 때에 비해 크나큰 발전을 한 게임은 또 한 번의 도약을 앞두고 있다. 가상현실 헤드셋은 시뮬레이션을 완전히 새로운 차원으로 끌어올리는 경험을 만들어낸다. 디지털 오락 기술은 갈수록 발전할 것이다. 그에 따라 아날로그와 실제 세계는 점점 매력을 잃게 될 것이다. 머지않아 비디오 게임과 가상현실과 포르노그래피가 결합해 새로운 형태의 강력한 몰입형 경험을 선사할 것이다. 순수하게 오락적 차원에서 보면 그 유혹을 물리치기는 점점 어려워질 것으로 보인다.

지미존스에서 샌드위치 만드는 일보다 비디오 게임을 하는 것이 훨씬 좋다고 말하는, 대학을 다니다 만 스물한 살의 젊은이를 떠올려보라.

그에게 이렇게 말할 수도 있다. "이보게, 지미존스에서 일하다 보면 잘될 수도 있잖은가? 물론 지금은 시간당 8달러를 받겠지. 하지만 그 일을 몇 년 계속하다 보면 매니저가 될 수도 있네. 그러다 자네가 정말 뛰어나고 장시간 힘든 일을 할 의향이 있다면 3만5000달러 정도는 벌 수 있을 걸세. 물론 매일 아침 다섯 시에 일어나 토마토와 오이를 얇게 자르는 일을 계속해야 되겠지."

위의 말대로 될 수도 있다. 아니면, 지미존스 근처의 상권이 죽어서 매니저 자리가 없어질 수도 있다. 아니면, 2년 후에 지미존스에 자동화 시스템이 도입되어 계산원과 매장 점원을 내보낼 수도 있다. 아니면, 다른 점원을 매니저로 뽑을 수도 있다.

음식을 서빙 하는 일이 비디오 게임을 하는 것보다 지적 자극이 강하거나 인간관계에 도움이 된다고 생각하지는 않는다. 그것이 더 낫다고 생각하는 이유는 아마도 돈을 벌 수 있고, 절제력을 배울 수 있고, 진짜 사람과 직접 접촉할 수 있고, 다른 기회로 이어질 수도 있어서일 것이다. 예전 호황기에는 정말로 다른 기회로 이어지기도 했었다.

나는 둘 사이에서 균형을 잡는 일이 대부분의 사람이 생각하는 것보다 훨씬 어렵다는 사실을 알기에 이 젊은이의 마음을 이해할 수 있다. 나라도 장래성이 없는 밑바닥 일을 몇 달 동안 계속하는 것하고 친구들과 어울려 비디오 게임을 하는 것 중 하나를 선택하라고 하면 쉽게 후자를 택할 것이다. 나중에 어떻게 될지는 아직 잘 모르고, 또 한참 남은 일이다. 남자들은 스스로를 왕, 전사, CEO, 운동선수, 여자에게 인기 있는 남자, 천재, 군인, 일꾼, 성공한 사람, 형제단의 일원 등으로 생각한다. 온라인에서는 이 모든 것이 가능하다.

물론 나도 사람은 진짜 세계로 나가서 좋은 일자리도 잡고, 사랑에도 빠져 보고, 결혼도 하고, 집도 사고, 아이도 낳고, 좋은 부모도 되고, 이 세상을 더 나은 곳으로 만들기 위해 노력해야 한다고 생각한다. 나 자신도 그렇게 살려고 노력했다. 그것이 삶과 인간다움의 본질이다. 그러려면 어느 정도의 발전과 긍정적인 사회적 강화*가 필요하다. 특히 좋은 부모가 되기 위해서는 꼭 필요한 조건이다.

---

* social reinforcement, 돈·칭찬·명예 등 사회적으로 인정된 자극을 제공하여 어떤 행동의 빈도나 강도를 높이려는 것.

하지만 갈수록 이런 일이 가능한 환경이 사라지고 있다. 일자리를 잡아도 앞으로 어떻게 될지 모르는 데다 결국은 그 일자리마저 없어지고 말 것이다. 사회적 강화도 아주 제한적이다. 바깥 세계가 점점 힘들고 적대적으로 될수록 가상세계로 빠져들려는 유인은 더 강해질 것이다. 게다가 가상세계로의 몰입을 촉진하기 위해 수십억 달러가 쓰이고 있다.

내 동성 친구 중에는 30대나 40대에 이혼한 친구가 많다. 은둔해서 생활하는 친구도 있다. 남성으로서 자기 기능을 발휘하지 못하면 허무주의에 빠져 사회 낙오자가 되는 경우가 많다. 세상을 살아가거나 관계 맺기를 하려면 일이 필요하다. 우리는 갑옷을 입고 일터로 나간다. 그러다 만약 갑옷을 벗고 일을 그만두면 바로 거대한 물결에 휩쓸리고 만다.

많은 남자의 마음속에는 아직도 지하실을 벗어나지 못하고 있는 사내아이가 있다. 운이 좋은 사람은 그 아이를 남겨두고 떠나지만 그래도 그 아이의 호소를 절대 잊지 못한다. 그 아이는 우리의 삶이 무너지면 다시 우리를 차지하기 위해 아직도 그 자리에서 기다리고 있다.

제15장

사회의 붕괴, 우리의 현 상황

"몇십 년에 걸쳐 운 좋게 이룩한 발전이 겨우 몇 년의 문제로 금방 물거품이 될 수 있다."

-라이언 애번트 Ryan Avent

일자리 감소와 기술적 실업*은 우리 사회가 당면한 역사상 가장 심각한 문제다. 어떤 외부의 적보다도 더 무섭다. 적과 희생자를 구분하기 힘들기 때문이다. 몇백 명의 노동자가 일자리를 잃거나 공장이 문을 닫으면, 주변 사람들이 그 사실을 알 것이고 인근 지역은 피해를 당할 것이다. 하지만 관계없는 사람들 눈에는 경제가 발전하면서 나타나는 자연스러운 현상으로 보일 뿐이다.

우리가 맞닥뜨린 문제가 실제보다 두드러져 보이는 이유는 현재 미국 사회가 아주 건강한 상태가 아니기 때문이다. 미국 사회는 다음과 같은 여러 문제점을 안고 있다. 이로 인해 새로운 경제로의 이행은

---

* technological unemployment, 기술 혁신으로 인해 발생하는 실업.

그만큼 더 힘들어질 것이다.

- 인구가 고령화되어 가고 있다.
- 노후 자금이 충분하지 않다.
- 경제적으로 불안정하다.
- 약물을 남용한다.
- 창업을 잘 하지 않는다.
- 우울증을 앓는 사람이 많다.
- 국가나 개인 모두 채무가 많다.
- 교육제도의 수준이 떨어진다.
- 미국 경제는 소수의 극히 중요한 산업 내에 있는 초강력 기업 몇 개를 중심으로 돌아간다.
- 언론이 산산이 조각났다.
- 사회적 자본**이 줄어들었다.
- 더는 기관을 신뢰하지 않는다.

마지막에 말한 문제점이 다른 모든 문제를 더 악화시킨다. 이 점과 관련하여 뉴욕 닉스 농구팀과 관련된 나의 일화를 소개하겠다.

나는 열다섯 살 때 뉴욕 닉스의 열성 팬이 되었다. 나는 패트릭 유잉Patrick Ewing이 이끌던 닉스가 마이클 조던Michael Jordan이 이끌던 시

** social capital, 사회 구성원 사이의 협력을 가능케 하는 규범, 신뢰, 제도, 네트워크 등을 총칭해서 이르는 말. 물리적 자본, 인적 자본과 함께 경제 성장에 중요한 역할을 한다.

카고 불스를 상대로 2승을 먼저 거두다가 나중에 2승 4패로 무릎을 꿇던 동부 콘퍼런스 결승전 시리즈도 봤다. 당시 친구들과 함께 괴로워하며 복수를 갈망했었다. 닉스는 내 삶의 일부가 되었다. 닉스는 1994년과 1999년 플레이오프에 진출하는 최고 성적을 거두기도 했다. 나는 가능한 한 모든 게임을 보려고 애썼고 그것이 여의치 않을 때는 기숙사 방에서 라디오 중계방송을 들었다. 뉴욕으로 이사 온 다음에는 해마다 줄을 서서 코피 터질 정도로 비싼 10달러, 20달러짜리 입장권을 샀다. 닉스가 경쟁력이 떨어진 뒤에는 이를 갈며 아이제이아 토머스Isiah Thomas 감독 시절을 보냈다. 그러면서 프랭크 윌리엄스Frank Williams나 마이크 스위트니Mike Sweetney 같이 새로 드래프트된 선수들이 잠재력을 보여주기를 기대했다.

하지만 몇 년간 이어진 소란 끝에 닉스에 대한 나의 사랑은 식어버렸다. 패배 때문이 아니었다. 성장하는 젊은 선수들이 있고, 최선을 다해 싸우다 지는 팀이라면 당연히 응원해야 한다. 그렇지만 나쁜 행동과 잘못된 결정이 끝없이 이어지다 보니 팀이 싫어지기 시작했다. 처음 시작은 스포츠팀에 대한 건전한 열정이었는데 갈수록 팀으로부터 모욕을 당한다는 느낌이 들었다. 더는 닉스를 좋아할 수 없게 되었다. 지도부는 타락했다. 선수들은 실력도 없었고 호감도 가지 않았다. 나는 2014년에 닉스 팬을 그만두기로 결심했고 그 이후로 다시는 뒤를 돌아보지 않았다.

오늘날 많은 미국인이 대부분의 기관에 대해 기본적으로 느끼는 감정이 바로 그것이다. 기관에 대한 그들의 사랑과 신뢰는 당연한 것으로 여겨졌다. 그러다 모욕당했다. 의료 제도, 언론, 공립학교, 정부

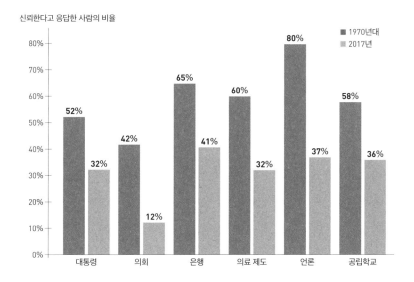

<그림15> 미국의 기관에 대한 신뢰도(1970년대 및 2017년)

신뢰한다고 응답한 사람의 비율

■ 1970년대
▨ 2017년

80%

70%

60%

50%

40%

30%

20%

10%

0%

| 대통령 | 의회 | 은행 | 의료 제도 | 언론 | 공립학교 |

52% / 32% / 42% / 12% / 65% / 41% / 60% / 32% / 80% / 37% / 58% / 36%

[출처] 갤럽. 역사적 추세로 본 기관에 대한 신뢰도(2017).

에 대한 시민의 신뢰는 모두 역대 최저 수준이다.

우리는 우리 기관과 지도자들의 결점을 다 볼 수 있는 투명한 시대에 진입했다. 신뢰는 잘 속아 넘어가는 사람 몫이다. 이제는 모든 것이 투쟁이 될 것이다. 그래서 공통의 이익에 호소하는 일이 훨씬 더 힘들어질 것이다.

뮤지컬 〈해밀턴Hamilton〉에서 주인공은 새로 탄생한 미국을 '젊고 지리멸렬한 배고픈 나라'라고 표현한다. 우리는 꽤 오랫동안 그런 모습이 아니었다. 학부모회, 적십자, 노동조합, 아마추어 운동 클럽 등과 같은 조직에 가입한 사람 수는 1960년대에 비해 25~50퍼센트 정도 줄었다.[1] 비공식적 친교 활동이나 다른 사람을 방문하는 데 쓰는 시간마저도 비슷한 수준으로 줄어들었다. 사회적 자본은 오랜 시간 계속해서 줄어들고 있으며 반등의 기미가 보이지 않는다.

이 모든 것들이 기술적 실업에 대한 대처를 더욱 힘들게 하고 있다. 사람들은 무언가 극적인 변화가 있지 않고서는 사태를 반전시킬 수 없다고 생각한다. 의문을 제기하는 것 중 하나가 우리의 자본주의 경제 체제다. 조사 결과를 보면 젊은 층에서 다른 경제 체제를 지지하는 비율이 아주 높게 나온다. 지난 몇 년 사이 자본주의의 실패와 방종을 목격한 것이 그 이유 중 하나다.

나는 자본주의를 좋아한다. 주머니 속에 스마트폰을 가지고 있는 사람이라면 누구나 가치와 혁신을 견인하는 시장의 힘을 인정해야 할 것이다. 우리는 자본주의 덕분에 오늘날 우리가 누리는 대부분을 가질 수 있었다. 자본주의는 수십억 인구의 생활수준을 향상시켰고 우리 사회를 더 나은 방향으로 이끌어 왔다.

그런 자본주의가 기술의 도움을 받아 이제는 보통 사람을 공격하려고 한다. 자본과 효율성은 갈수록 사람보다 로봇이나 소프트웨어, AI, 기계를 선호할 것이다. 자본주의는 우리 멘토이자 오랫동안 우리를 인도하던 불빛이었다. 자본주의 덕분에 우리는 오랜 기간 훌륭한 결정을 내릴 수 있었다. 그런데 어느 순간 자본주의가 노화하더니 기술과 짝을 이뤄 훨씬 극단적으로 바뀌어버렸다. 기술과 손을 잡은 자본주의는 "자, 이제 모든 것을 자동화하자"라거나 "만약 시장이 좋아하지 않는다면 시장을 없애버려"와 같은, 이성적인 사람들을 점점 불안하게 만드는 말을 하기 시작했다.

아무리 냉철한 사업가라 해도 미증유의 기술 발전으로 인한 득과 실로 말미암아 인간은 승자와 패자로 극명하게 갈라질 것이고, 자본주의가 계속 유지되려면 그에 대한 제도적 책임을 져야 한다는 사실은 인정할 것이다. 사람들이 물건을 살 돈이 없거나 공동체가 퇴락하여 결핍과 분노와 절망만 남는다면 자본주의는 지속하기 힘들 것이다.

문제는, 그렇다면 어떻게 해야 하느냐는 것이다.

만약 그대로 둔다면 사회는 우리가 상상할 수 없을 만큼 극단적으로 양분될 것이다. 몇 되지 않는 대도시에는 소수의 부유한 사람과 그들의 머리를 깎아주거나 그들의 아이를 돌보는 사람들이 살 것이다. 화물차도 서지 않고 지나가는 전국 각지의 퇴락한 마을에는 엄청난 수의 일자리를 잃은 궁핍한 사람들이 우글거릴 것이다. 이런 일이 발생하면 폭력 혁명이 일어날 것으로 전망하는 친구들도 있다. 역사를 보면 분명히 그럴 것으로 보인다.

측정 가능한 대부분의 지표를 보면 미국의 폭력성은 계속 떨어지고 있다. 그렇게 느끼지 못하는 사람도 있을지 모르지만, 강력 범죄나 시위 등의 발생률은 모두 과거보다 낮아졌다. 예를 들면 1971~1972년 사이에만 미국에서 약 2,500건에 이르는 좌파 집단의 폭탄 테러가 일어났다. 지금 같으면 상상도 할 수 없는 일이다.[2] 어쩌면 우리는 이미 시장에 패배하고 오피오이드에 찌들어 혁명을 일으키지 못하는지도 모른다. 그래서 온라인에 접속해 악의적인 댓글이나 달고 끊임없이 쏟아져 나오는 유튜브 동영상이나 보는 것으로 만족하는지도 모른다. 그러다 가끔 폭력성을 드러내기도 하지만 많은 사람이 조용히 자살로 생을 마감한다.

하지만 절망감을 느끼는 사람이 자꾸 늘어난다면 틀림없이 사회 불안으로 이어질 것이다. 만약 특권층 자녀가 유괴를 당하거나 우연히 흉악 범죄의 희생양이 되는 사건이 한 건이라도 발생해 이 사실이 널리 알려진다면, 경호원을 고용하고 방탄차를 구입하고 자녀 몸에 보안 마이크로 칩을 심는 등의 조처를 취할 특권층이 늘어나리라는 사실은 누구나 상상할 수 있을 것이다. 내가 아는 부유층 사람들은 편집증이라고 할 만큼 자신의 안전과 가족의 안전에 집착하는 경향을 보인다. 내가 보기에 극적인 변화가 일어나지 않는다면, 최선의 시나리오는 〈헝거 게임the Hunger Games〉*에 나오는 것처럼 고도로 계층화된 사회가 되든지 아니면 이따금 대규모 총격전이 벌어지는 과테말라 같은 나라가 되는 것이다. 최악의 시나리오는 절망과 폭력이 만연하여 우리 사회와 경제가 완전히 붕괴하는 것이다.

너무 극단적인 생각이라고 말하는 사람이 있을지도 모르겠다. 하지만 소련이 붕괴하기 직전에 화물차 기사의 시위가 일상화되었었고, 일자리가 없는 생산가능 연령의 남성이 엄청나게 많다는 점이 정치적 격변을 겪은 중동 국가의 공통된 특성이며, 미국에 풀린 총기 수가 대략 2억7000만~3억1000만 정으로 거의 국민 1인당 한 자루꼴이라는 사실을 생각해보라.³ 미국은 인류 역사상 가장 중무장한 사회다. 저항 없이 총기를 회수할 방법은 없어 보인다. 대공황 절정기의 실업

---

* 수잔 콜린스Suzanne Collins가 쓴 3부작 공상과학 소설 중 첫 번째 책. 소설에 등장하는 판엠 Panem이라는 국가는 모든 힘과 부가 집중된 수도와 수도에 복종하는 주변 12개 구역으로 나뉘어 있다.

률은 약 25퍼센트였다. 사회는 일자리가 모두 사라지기 훨씬 이전에 균열 양상을 드러낸다.

피터 터친Peter Turchin 교수는 저서 『불화의 시대Ages of Discord』에서 역사상 등장한 여러 사회를 분석한 후 정치적 불안정에 관한 구조적-인구통계학적 이론을 제안했다.[4] 터친 교수는 혁명의 전제 조건으로 다음 세 가지를 제시했다. 첫째, 엘리트의 공급 과잉과 분열이다. 둘째, 생활수준 하락으로 나타나는 대중의 빈곤이다. 셋째, 재정 위기 상태다. 터친 교수는 이런 조건을 측정하기 위해 실질 임금, 결혼 추세, 양부모 가정에서 자라는 어린이 비율, 최저 임금, 부의 분배, 대학 등록금, 평균 신장, 변호사의 공급 과잉, 정치의 양극화, 부유층에 부과하는 소득세, 국가 기념물 방문자 수, 정부에 대한 신뢰 등 여러 변수를 사용했다. 터친 교수에 따르면 어떤 사회든 장기간에 걸친 통합과 번영의 시기가 지나면 불공정의 시기가 찾아와 빈곤과 정치적 불안정이 증대되고, 이것이 사회의 붕괴로 이어지는 것이 일반적이라고 한다. 그러면서 미국은 지금 불공정의 시기를 겪는 중이라고 했다. 자신이 측정한 변수 대부분이 1965~1980년 사이에 감소세로 돌아서기 시작했고, 현재는 거의 위기 수준에 이르렀다는 것이다. 터친 교수는 '미국의 현재 상황은 남북전쟁이 일어나기 직전인 1850년대와 유사하며, 더 놀라운 점은 (…) 프랑스 혁명이 일어나기 전의 프랑스와 유사하다'고 분석했다. 터친 교수는 2020년까지 혼란이 계속 증가할 것으로 전망하며 '우리는 미국 사회가 격변을 겪을 가능성이 있는 역사의 전환기에 급격히 다가서고 있다'고 경고한다.

만약 혁명이 일어난다면 근본 원인은 자동화가 야기한 경제 문제

때문이겠지만, 표면적으로는 인종과 정체성 때문일 가능성이 높다. 상류층에는 고등교육을 받은 백인, 유대인, 아시아인이 압도적으로 많을 것이다. 미국은 2045년경이면 소수 인종이 다수가 될 전망이다. 자동화가 어느 정도 끝나고 나면 흑인과 히스패닉이 하류층의 절대 다수를 차지할 것이 거의 확실하다. 현재도 이들의 부나 교육 수준이 낮기 때문이다. 새로운 다수가 찬밥 신세라 인종 간의 불평등 문제는 더 시끄러워질 것이다. 성 불평등 문제도 첨예하게 불거질 것이다. 대졸자의 압도적 다수를 차지하고 있는 여성이 아직도 많은 분야에서 존재감을 드러내지 못하고 있기 때문이다. 하류층에 속한 백인은 자기네 사회적 위상이 저하되고 공동체가 붕괴한 원인을 자동화와 자본주의 체제보다는 유색 인종이나 이민자, 문화 규범의 변화에서 찾을 것이다. 문화 전쟁이 경제 문제를 둘러싼 전쟁의 대리전이 될 전망이다.

이런 일은 이미 일어나고 있다. 볼티모어에 거주하는 작가 앨릭 로스Alec Ross는 2015년에 일어난 프레디 그레이 폭동the Freddie Gray riots의 원인 중 하나로 경제적 절망감을 꼽는다.[5] 이 폭동으로 인해 경찰관 20명이 다치고, 폭도 250명이 구속되었으며, 상점 300곳이 피해를 당하고, 차량 150대 및 건물 60채가 불에 타고, 약국 27군데가 약탈당했다. "폭동의 도화선은 경찰에 구금 중이던 스물다섯 살 청년의 죽음이었지만, 폭도들은 경찰의 만행을 넘어서 (…) 끊임없이 새로운 명분과 구호를 찾아냈어요. 볼티모어의 산업 기반과 제조업 기반이 사라지면서 황폐화한 상태로 방치된 지역 공동체에서 가난한 흑인으로 성장한 사람들의 절망감이 드러난 것이지요. 실제로 흑인 노동자 계층 가정은 세계화와 자동화에 밀려 일자리를 다 잃었어요." 2017년 남부연합 상징 제거를 둘러싼 샬러츠빌 사태도 경제적 혼란을 그 일부 원인으로 볼 수 있다. 차를 몰고 군중 속으로 돌진해 젊은 여성을 죽인 운전자는 오하이오주의 경기가 침체된 지역 출신으로 군에 입대했다가 쫓겨난 사람이었다. 2017년에 야구장에서 네 사람에게 총격을 가해 하원의원을 중상에 빠트린 진보주의 운동가 제임스 호지킨슨James Hodgkinson은 주택 검사원을 하다 실직한 일리노이주 출신의 66세 남성으로 결혼 생활과 가정 경제가 모두 파탄에 이른 상태였다.

　내가 가장 우려하는 집단은 가난한 백인이다. 조사에 따르면 지금 현재도 유색 인종은 경제 사정이 더 나빠도 가난한 백인보다 훨씬 낙관적이다. 사회를 떠받치는 기둥에서 잉여 인간이나 실패자로 전락하는 기분은 견디기 힘들 것이다. 백인 공동체는 군 복무의 전통이 강한데 이것이 반정부 민병대나 백인 국수주의 집단, 숲속에 구축해 놓은 벙커라는 형태로 전락할 수도 있다. 인생의 의미를 상실하고 자포자기한 중년 백인 남성이 늘면서 앞으로 불특정 다수를 겨냥한 대규모 총기 난사 사건은 더 자주 일어날 것이다. 결핍의 마음가짐이 확산하고 깊어질수록 사람들의 집행 기능*은 점점 약화할 것이다. 비열한 충동에 넘어가지 않으려면 자제력이 필요하다. 일부 분야에서는 단속이 강화되겠지만 인종 차별과 여성 혐오는 갈수록 확산할 것으로 보인다.

---

* executive functioning, 자신의 행동을 조절하고, 목표 달성에 필요한 자신의 능력을 관리하는 고차적 인지 기능.

불화를 부추기는 요인 중 하나는 자기와 다른 생각이나 발언을 폭력이나 증오와 동일시하는 풍조다. 많은 사람이 자신이 옳다는 생각 때문에 혐오스러운 행위를 개의치 않는다. 그래서 소름 끼치는 독설을 퍼붓거나 자신과 다른 관점, 또는 그런 관점을 가진 사람을 경멸한다. 증오는 쉽다. 비난도 마찬가지다. 하지만 증오를 유발하는 환경에 대처하는 일은 매우 어렵다. 갈수록 다양한 계기로 인해 많은 공동체에서 이런 현상이 일어날 것이고 그에 대한 반응은 더 격렬해질 것이다. 사람을 공격하는 것이 제도를 공격하는 것보다 훨씬 쉬운 일이다.

일부 지역에서 일어나는 극단적 행동이 미국의 정치적 분열로까지 이어질 수 있을까? 가장 진보적이고 부유하며 다양한 인종이 모여 사는 캘리포니아주가, 다른 주에서 일어나는 원시적이고 퇴행적으로 보이는 사건에 대응해 분리 독립 찬반 주민투표를 하는 상황을 생각해볼 수 있다. 캘리포니아주에서는 이미 경제적 이유로 기술자나 자유의지론자 등을 중심으로 한 분리 독립 운동이 싹트고 있다. 캘렉시트Calexit*를 추구하는 최근의 '예스 캘리포니아' 운동이나 캘리포니아 국민당California National Party 등이 대표적이다. 최근 조사에 따르면 캘리포니아 주민 약 3분의 1이 분리 독립을 지지한다고 한다.[6] 이전의 조사에 비해 지지율이 상당히 높아졌다. 캘리포니아가 분리 독립하면 세계에서 여섯 번째 경제 대국이 될 것이다. 만약 주민투표를 통과한다 해도 헌법에 따라 연방 의원 3분의 2의 승인과 전체 주 가운데 4분의 3의 승인을 받아야 분리 독립할 수 있다. 현재로서는 불가능해

---

* California와 exit의 합성어로 캘리포니아주가 미연방에서 분리 독립한다는 뜻.

보이는 일이다. 하지만 캘리포니아주가 떨어져 나가면 미국의 정치적 균형이 영원히 한쪽으로 기울 것이므로 집권당 입장에서는 매력적으로 보일 수도 있다. 분리 독립 투표는 보복이나 처벌을 불러올 수도 있다. 텍사스주도 마찬가지로 오랜 분리 독립 운동 역사가 있다.

앞에서 나는 얼마 안 있어 자율주행 트럭이 시장에 진입하면 일자리를 잃기 시작하거나 급여가 줄어들 화물차 기사 이야기를 했다. 그중에 화물차 열 대를 가지고 기사 30명을 고용하고 있는 소규모 화물차 회사 사장 마이크라는 사람이 있다고 가정해보자. 마이크는 자율주행 트럭 때문에 평생 모은 돈을 다 날리게 생겼다. 화물차를 구입하기 위해 은행으로부터 대출받은 수십만 달러를 갚아야 하기 때문이다. 마이크는 기사들에게 이렇게 말한다. "이런 제기랄. 로봇 트럭한테 쫓겨날 수는 없지. 자, 스프링필드로 가서 우리 일자리를 돌려달라고 하세." 마이크가 일리노이주의 시위를 주도하자 수백 명의 화물차 기사가 합류한다. 그중 일부는 화물차를 끌고 와 길을 막는다. 경찰이 동원되지만 무력 사용을 주저한다. 화물차 기사와 다른 시위 참가자들이 속속 도착해 시위대 규모가 점점 커진다.

소셜 미디어를 통해 이 모습을 보고 고무된 다른 화물차 기사들도 다른 여러 주의 수도에 수만 명씩 모여 시위를 시작한다. 주 방위군이 동원되고 대통령이 진정을 호소하지만 혼란은 점점 커져 간다. 반정부 민병대와 백인 국수주의 집단이 기회가 왔다고 생각하고 화물차 기사를 지원하기 위해 각 주의 수도로 몰려든다. 이들 중 일부는 여러 종류의 무기를 들고 와 폭력 사태가 벌어진다. 시위와 폭력은 앨라배마주, 아칸소주, 아이다호주, 인디애나주, 켄터키주, 미시시피주, 미시간주, 오하이오주, 네브래스카주의 수도 전역으로 확산한다. 주민들은 경찰이 이 지역에 신경 쓰고 있는 틈을 타 집 근처에 있는 상점을 약탈하기 시작한다.

대통령은 질서 회복을 호소하며 화물차 기사들과 면담하겠다고 말한다. 하지만 시위는 요구 사항이 불분명한 각기 다른 여러 투쟁으로 변질되고 지도부도 갈라진다. 마이크는 노동자의 상징으로 추앙받지만 통제력은 없다. 폭동은 몇 주 동안 지속된다. 그 여파로 수십 명의 사망자와 수백 명의 부상자가 발생하고, 수백 명이 구속되며, 수십억 달러에 이르는 재산 손실과 경제 피해가 발생한다. 폭동 장면은 인터넷을 통해 퍼져 나가 수백만 명이 실시간으로 폭동을 지켜본다.

폭동이 진압된 후에도 상황은 계속해서 악화한다. 수십만 명의 시민이 '노동자를 죽인' 정부를 지원하지 않겠다고 하며 세금 납부를 거부한다. 벙커 안에서 수십 자루의 총에 둘러싸인 남자가 "국세청 놈들아, 이리 와서 세금을 가져가 봐!"라고 말하는 동영상이 유포되어 입소문을 탄다. '로봇을 소유한' 사람들을 목표로 한 반유대주의 폭력 사태가 발생한다. 공개적으로 '미국의 근본으로 돌아가자' 운동과 '전통적 성 역할' 운동을 옹호하는 백인 국수주의 당이 등장해 남부 지방 몇 개 주의 선거에서 승리한다. 신당을 지지하는 그라피티와 전단이 대학 캠퍼스에 퍼지며 시위와 연좌 농성으로 이어진다. '사람이 먼저'라는 단체에 소속된 회원 한 사람이 총을 들고 샌프란시스코에 있는 기술 회사 로비에 나타나 여러 사람에게 총상을 입힌다. 이를 계기로 기술 회사들은 경비 인력을 보강하지만 직원 30퍼센트는 공포를 느끼고 원격 근무를 신청한다. 기술 회사 몇 군데는 직원 안전이 중요하다고 하며 밴쿠버로 이전한다. 캘리포니아주 정부는 주 경계를 지키기 위해 검문소를 설치하고, 주민들의 분리 독립 운동 열기가 고조된다.

위에서 말한 시나리오가 있음 직하지 않은 이야기로 들릴지도 모른다. 유감스럽지만 내가 보기에는 충분히 가능성이 있는 이야기다. 하지만 위의 시나리오는 자본 효율성을 최우선시하고 기본적으로 사람을 생산 요소의 하나로 보는 현재의 체제를 계속 유지한다는 것을 전제로 한다. 기회는 연거푸 줄어드는데도 시장은 우리를, 극단으로 이어질 특정 방향으로 계속 몰고 갈 것이다.

자동화를 금지하고 일자리를 유지하는 것이 도움이 될 수도 있을 것이다. 화물차는 사람이 운전해야 하고, 인간 의사만 방사선 촬영 필름을 판독할 수 있고, 패스트푸드 음식점과 콜센터는 일정 수준의 고용을 유지하도록 해야 한다고 주장할 수도 있다. 하지만 장기간에 걸쳐 전 산업에 자동화 도입을 막는 것은 사실상 불가능에 가까운 일이다. 어떤 노동자와 산업은 보호를 받고, 중요성이 덜한 산업(예를 들어 소매업)에 종사하는 노동자는 일자리를 잃는 일이 벌어질 수도 있다.

이야기를 하다 보니 경제학자 밀턴 프리드먼이 중국에 있는 어떤 작업장을 방문했을 때의 일화가 떠오른다. 프리드먼이 보니 대형 트랙터나 장비 같은 것은 보이지 않고 삽질하는 사람들만 눈에 띄었다. 그래서 안내인에게 이렇게 물었다고 한다. "땅을 파고 흙을 운반하는 기계는 다 어디로 갔나요?"

안내인은 이렇게 대답했다. "이해를 못 하시는군요. 이건 일자리를 만들기 위한 프로그램입니다." 프리드먼이 잠시 생각하다 다시 물었다. "그렇다면 삽은 왜 줬습니까?"

시간은 한 방향으로만 흘러간다. 혜택이 공유되기만 한다면 발전은 좋은 것이다. 아무것도 하지 않으면 파멸에 이를 것이 거의 확실하다. 발전을 막으려는 시도는 시간이 지나면 실패가 예정되어 있는 전략이 될 가능성이 크다.

그렇다면 남은 선택은 무엇인가?

만약 다른 선택이 남아 있지 않다면, 상상도 할 수 없는 일을 생각해볼 필요가 있다. 거대한 역사적 변화를 헤쳐 나가려면 경제와 사회를 바꾸고 그 틀을 다시 짜야 한다. 지금까지 나는 부정적인 이야기를 많이 서술하였다. 그런 상황에서 이렇게 변화하려면 정말로 힘들 것이다. 하지만 일단 변화에 성공하면 엄청난 기회가 기다리고 있다.

로버트 케네디Robert Kennedy는 "GDP는 우리 아이들의 건강이나 아이들이 받는 교육의 질, 아이들이 놀면서 느끼는 즐거움 따위는 측정하지 못합니다. (…) 한마디로 말해 GDP는 삶을 가치 있게 만드는 것만 빼고 모든 것을 다 측정합니다"라는 유명한 연설을 했다. 우리는 삶을 가치 있는 만드는 것이 무엇인지 좀더 깊이 생각해볼 필요가 있다.

제3부

해결책과
인간적 자본주의

자유
배당

제16장

"여유 시간을 현명하게 채울 수 있다는 것은 문명의 마지막 산물이다."
- 버트런드 러셀Bertrand Russell

지금쯤 고개를 떨구고 '와, 이 사람의 미래관은 아주 암울하군' 하고 생각하는 독자도 있을 것이다. 책 앞부분을 읽어본 친구 하나는 "이걸 읽고 있으니 얼굴을 계속 얻어맞는 느낌이 들었어"라는 말을 했다. "책 제목을 '우리는 결딴났다'로 바꿔야 할 것 같아"라고 말하는 친구도 있었다.

하지만 해결책이 없는 것은 아니다. 앞으로 일자리가 사라지면서 상황은 틀림없이 매우 어려워질 것이다. 그렇지만 상황을 극적으로 호전시킬 방법이 있다. 그러기 위해서는 상상력, 의지, 확신, 공감, 할 수 있다는 정신이 필요하다.

『시작된 미래Four Futures』를 쓴 피터 프레이스Peter Frase는 일의 기능을 세 가지로 볼 수 있다고 말한다. 첫째는, 재화와 용역을 생산하는 수단이다. 둘째는, 돈을 버는 수단이다. 셋째는, 사람의 삶에 의미나 목적을 부여하는 활동이다.[1] 우리는 가장 쉬운 것부터 시작해서 이 세 가지를 다 해결해야 한다. 일자리가 없어지는 미래에도 사람들은 먹고살 수 있어야 하고 기본적 수요를 충족할 수 있어야 한다. 결국에는 불결함과 절망과 폭력의 확산을 방지하기 위해 정부가 개입해야 할 것이다. 정부가 일찍 행동에 나설수록 사회는 더 원활하게 돌아갈 것이다.

첫 번째 주요 변화는 보편적 기본소득이 지급되어야 한다. 나는 이것을 '자유 배당Freedom Dividend'이라고 부른다. 미국 정부는 18~64세 사이의 전 국민에게 1년에 1만2000달러씩 지급하고 향후 지급 금액은 물가에 연동시켜야 한다. 헌법을 수정하려면 압도적 다수의 찬성이 필요할 것이다. 자유 배당은 기존 복지 프로그램 대부분을 대체하게 될 것이다. 보편적 기본소득은 미국에서 가장 큰 노동조합의 위원장이었던 앤디 스턴Andy Stern이 저서 『바닥 높이기Raising the Floor』에서 제안한 개념이다. 현재 미국의 빈곤선은 1만1770달러다. 기본적으로 전 국민을 빈곤선까지는 끌어올려 총 빈곤을 완화하자는 것이 내 생각이다.

보편적 기본소득Universal Basic Income(이하 UBI)은 사회보장의 한 형태로, 모든 국민이 일이나 소득과 관계없이 매월 일정 금액을 받는 것을 말한다. 뉴욕에서 헤지펀드를 운용하는 억만장자로부터 웨스트버지니아의 가난한 싱글맘에 이르기까지 모든 사람이 매월 1000달러씩 받는 것이다. 식당 종업원이나 건설 노동자로 1만8000달러를 버는 사람이 있다면, 이들은 결국 3만 달러의 소득을 얻게 되는 셈이다.

UBI는 대부분의 사람이 기존 복지 프로그램에서 불편하게 생각하는 근로의욕 저하 유인을 제거했다. 일을 하면 사실상 저축을 해서 돈을 모을 수 있기 때문이다. 자동화의 위협이 점점 커지자 이 생각은 다시 주목을 받기 시작했다. 현재 UBI는 인도 등 개발도상국뿐만 아니라 오클랜드, 캐나다, 핀란드 등에서 시험적으로 시행되고 있다.

오늘날 사람들은 보편적 기본소득을 기술 유토피아와 연계해 생각하는 경향이 있다. 하지만 일종의 UBI 제도가 미국에서 이미 1970년 및 1971년 두 차례에 걸쳐 거의 입법화될 뻔했었다. 두 번 다 하원은 통과했지만 상원의 문턱을 넘지 못했다. 미국에서는 정치 성향을 떠나 신념이 확고한 여러 사람이 오랫동안 UBI와 유사한 여러 유형의 아이디어를 주창해왔다. 그중 존경을 많이 받는 몇 사람의 주장을 살펴보면 다음과 같다.

토머스 페인Thomas Paine은 1796년에 다음과 같은 말을 했다. 지주로부터 거둬들인 기금을 활용해 "스물한 살이 되는 모든 국민에게 자연적 유산을 상실한 데 대한 보상 격으로 15파운드의 금액을 지급해야 합니다. (…) 빈부를 떠나 모든 사람에게……."[2]

마틴 루서 킹 목사는 1967년에 다음과 같은 말을 했다. "나는 이제 가장 간단한 방법이 가장 효과적이라고 확신합니다. 빈곤을 해결하는 방법은 현재 널리 논의되고 있는 수단을 이용해 빈곤을 직접 없애버리는 것입니다. 바로 보장 소득입니다."[3]

미국의 37대 대통령이었던 리처드 닉슨은 1969년 8월에 이런 말을 했다. "내 제안은 연방정부가 어느 지역에 거주하든 스스로의 힘으로 가족을 건사할 수 없는 (…) 모든 미국 가정의 소득을 지원할 기반을 구축하자는 것입니다."[4]

노벨 경제학상을 받은 밀턴 프리드먼은 1980년에 이런 말을 했다. "우리는 특정 목적의 잡다한 복지 프로그램을 없애고 현금으로 소득을 보전해주는 종합적인 단일 프로그램, 즉 '부(負)의 소득세'로 대체해야 합니다. (…) 이 프로그램은 현재의 복지제도가 안고 있는 비효율적이고 비인간적인 문제점을 개선할 것입니다."[5]

미국 상원의원 버니 샌더스는 2014년 5월에 이렇게 말했다. "나는 모든 미국인이 적어도 최소한의 생활수준은 보장받을 권리가 있다고 생각합니다. (…) 그 목표를 이루는 방법은 여러 가지가 있겠지만, 그것이 우리가 도달해야 할 목표인 점은 분명합니다."[6]

2018년 3월에 세상을 떠난, 세계적인 물리학자 스티븐 호킹은 2015년 7월에 이런 말을 한 적이 있다. "만약 기계가 생산한 부를 공유한다면 모든 사람이 편안하고 호화로운 삶을 누릴 수 있을 것이고, 기계 소유자가 부의 재분배를 반대하는 로비에 성공한다면 대부분의 사람은 비참한 가난 속에서 살아갈 것입니다. 갈수록 기술이 불평등을 심화하는 모습을 보이는 지금까지의 추세로 미루어 후자의 방향을 향하고 있는 것으로 보입니다."[7]

버락 오바마 대통령은 2016년 6월에 다음과 같은 말을 했다. "내가 보는 시각에서는 자동화와 세계화 문제로 인해, 19세기 초와 대공황 시기 및 그 이후에 그랬던 것처럼 사회적 합의를 다시 검토해야 할 것입니다. 주 40시간 근로나 최저임금에 대한 개념, 미성년노동법 등 모든 것이 새로운 현실에 맞게 보완되어야 할 것입니다."[8]

버락 오바마 대통령은 2016년 10월에는 다음과 같이 말했다. "논란의 여지가 없는 것은 (…) 인공지능이 확산하고 사회의 잠재적 부가 늘어날수록 생산과 분배의 연결고리, 즉 일하는 양과 버는 돈의 상관관계가 점점 약화한다는 것입니다. (…) 우리는 앞으로 10년 또는 20년에 걸쳐 아무 조건 없는 공돈에 대해 논쟁을 하게 될 것입니다."[9]

워런 버핏은 2017년 1월에 이렇게 말했다. "그것을 어떻게 분배해야 할지 생각해야 합니다. (…) 거위는 더 많은 황금알을 낳고 있는데, 아무 잘못도 없이 길가에 쓰러진 사람이라면 그 부를 공유할 기회를 다시 부여받아야 합니다. 이 부분이 정부의 개입이 필요한 부분입니다."

빌 게이츠는 2017년 1월에 이런 말을 했다. "(자동화의) 과잉 문제로 손해를 입은 사람을 돌아봐야 합니다. 그래서 그 여분의 자원이 재교육이나 소득 정책 등의 형태로 피해를 당한 사람들에게 돌아갈 수 있도록 해야 합니다." (그런 다음 게이츠는 세금 징수 로봇을 제안했다.)[10]

테슬라 CEO 일론 머스크는 2017년 2월에 이런 말을 했다. "결국 우리는 보편적 기본소득을 지급해야 할 것으로 생각합니다. (…) 꼭 필요한 일이 될 것입니다. (…) 갈수록 로봇이 더 잘할 수 없는 일이 줄어들 것입니다. 분명히 말씀드리지만, 제가 원하는 일은 아닙니다. 하지만 앞으로 일어나리라고 생각하는 일입니다."[11]

페이스북 창업자 마크 저커버그는 2017년 5월에 이렇게 말했다. "우리는 (…) 보편적 기본소득을 검토해봐야 합니다. 그렇게 되면 누구에게나 새로운 아이디어를 시험해볼 수 있는 충격 흡수 장치가 생기는 셈입니다."[12]

우리 어머니는 2017년 9월에 "네가 좋은 생각이라고 하니 틀림없이 좋은 생각일 거야"라고 말했다.

'그런 일은 절대 일어나지 않을 거야. 만약 일어난다면 인플레이션이 걷잡을 수 없이 치솟지 않을까? 건달만 양산하지나 않을까?'라고 생각하는 사람이 있을지도 모른다.

1년에 1만2000달러는 간신히 먹고살 정도의 돈밖에 되지 않는다. 견디기 어려운 한계 상황이나 착취당하는 상황이 아니라면, 이 정도 수준의 보장 소득 때문에 일을 그만둘 사람은 거의 없을 것이다. 이런 사실을 뒷받침해주는 데이터도 많이 있다.

이에 반해 장점은 다음과 같이 엄청나게 많다.

저비용 부문에 어마어마한 자극제가 될 것이다. 사람들이 금전적 결핍과 그달 그달 연명하는 데 지쳐 끔찍한 짓을 저지르는 것을 막아줄 것이다. 창조성의 발휘와 창업에 크나큰 도움이 될 것이다. 사람들이 점점 위축되는 산업과 환경에서 새로운 산업과 환경으로 더 쉽게 이전할 수 있도록 해줄 것이다. 스트레스를 줄이고, 건강을 증진하고, 범죄를 줄이고, 관계를 강화할 것이다. 아이를 돌보는 사람, 그중에서도 특히 어머니가 자기 일에 더 집중할 수 있게 해줄 것이다. 모든 국민에게 사회의 일원에 합당한 권리와 의무감을 일깨우고 미래에 대한 희망을 품게 할 것이다. 낙관적인 생각과 공동체에 대한 믿음을 되살릴 것이다. 소비 경제를 자극해 자동화의 거센 물결을 버틸 수 있게 해줄 것이다. 역사상 가장 큰 경제적·사회적 변화 속에서 질서를 유지하고 우리 삶의 방식을 지켜 줄 것이다. 우리 사회를 좀더 공정하고 공평하고 정의롭게 만들 것이다.

루스벨트연구소Roosevelt Institute는 성인 1인당 연간 1만2000달러를 지급하는 계획을 분석한 후 이 안이 채택된다면 경제는 해마다 12.56~13.10퍼센트 성장할 것이고(이렇게 되면 2025년에는 2조5000억 달러가량 성장한다), 노동 인구는 450~470만 명 늘 것이라고 했다.[13] 사람들 손에 돈을 쥐어주는 것만으로도 일자리와 경제가 계속 성장한다는 것이다. 여기에 드는 비용은 현재의 복지 프로그램 운영 경비에 연간 1조3000억 달러 정도가 추가될 예정이다. 기본소득 지급으로 인한 세수 증가와 비용 절감 효과를 감안한 금액이다. 이렇게 되면 126개에 이르는, 땜질식으로 만든 지원 프로그램과 복잡하고 느린 관료적 절차 대부분이 사라질 테니 보수적인 사람들도 좋아할 것이다.

1조3000억 달러는 엄청 큰돈으로 보일 것이다. 참고로 연방정부 예산은 약 4조 달러고, 미국 전체 경제 규모는 약 19조 달러. 하지만 1조3000억 달러를 조달할 방법은 여러 가지가 있다. 내 생각에는 소비세의 일종인 부가가치세가 가장 합리적인 방법으로 보인다. 사회로부터 가장 많은 혜택을 받는 사람과 사업체로부터 징수하는 것이기 때문이다.

한 가지 문제는 공공재에 들어가는 돈을 조달하고 일자리를 잃은 노동자를 지원하기 위해, 자동화로부터 더 많은 돈을 끌어낼 필요가 있다는 것이다. 하지만 '자동화'와 '로봇'은 식별하기도 어렵고 세금을 부과하기도 어렵다. 만약 어떤 편의점이 계산원을 내보내고 셀프 계산대를 도입했다면 이것을 자동화로 봐야 할까? 또, 어떤 은행이 콜센터 직원 200명을 소프트웨어 프로그램으로 대체했다면 얼마의 세금을 부과해야 할까? 적절한 인력 고용 수준을 책정하는 것은 불가능한 일이다. 게다가 사람들은 자동화에 너무 무거운 세금을 부과해 자동화에 대한 동기가 사라지게 하고 싶어하지 않는다. 자동화가 창출하는 가치가 필요하기 때문이다.

또 하나 염두에 두어야 할 것은 기술 회사가 세금을 회피하는 데 아주 뛰어나다는 점이다. 예를 들어 애플은 세금을 내지 않기 위해 해외에서 번 돈 2300억 달러를 미국으로 들여오지 않고 있다. 마이크로소프트는 이런 돈이 1240억 달러고 구글은 600억 달러다.[14] 현재의 조세 제도로는 이익이 그다지 많이 나지도 않는 작은 기술 회사뿐 아니라, 최고의 수혜자인 거대 기술 회사가 자동화로 인해 얻은 이득에 과세하기가 어려울 것이다. 갈수록 기계와 소프트웨어가 더 많은 일을 할 것이므로 인간의 소득에 과세하는 일조차도 점점 힘들어질 것이다. 그래서 게이츠는 로봇에도 과세해야 한다는 제안을 내놓기도 했다.

자동화의 물결 속에서 공공의 이익을 확보할 수 있는 가장 좋은 방법은, 사람이나 기업이 재화나 용역을 구입하면 지급하는 부가가치세일 것이다. 기업 입장에서 보면 이 돈은 단계마다 생산 원가에 반영된다. 부가가치세를 도입하면, 절세 전문가라 할 수 있는 대기업이라도 세금을 내지 않고 미국의 인프라 및 인력을 이용해 돈을 버는 일이 훨씬 힘들어질 것이다. 또, 모든 국민이 기술 발전을 응원하게 하는 역할도 할 것이다. 애팔래치아 지방에 있는 자동차 정비공이라도 누군가 돈을 벌 때마다 자기 지분이 늘어난다고 느낄 것이기 때문이다.

전 세계 193개국 중 160개국이 이미 부가가치세VAT나 상품용역세를 부과하고 있다. 선진국 중 미국만 유일하게 VAT가 없다. 유럽의 부가가치세율은 평균 20퍼센트다. VAT는 잘 다듬어져 있고 효율성도

입증되었다. 만약 유럽 평균 세율의 절반만 적용해 VAT를 도입한다면, 모든 미국 성인에게 보편적 기본소득을 지급할 수 있을 것이다.

VAT를 도입하면 물가는 조금 오를 것이다. 하지만 기술 발전으로 대부분의 제품 가격이 계속해서 떨어질 것이다. 또 1만2000달러라는 보편적 기본소득을 받는 상황에서 10퍼센트 세율의 VAT 때문에 더 가난해질 일은, 1년에 상품과 용역을 12만 달러어치 이상 구매했을 때뿐이다. 만약 그런 사람이라면 잘산다는 뜻이고, 소득 분배의 상위 계층에 속한 사람일 가능성이 높을 것이다. 고객이 매월 소비할 돈이 더 많아질 것이므로 장사하는 사람은 큰 혜택을 볼 것이다. 거의 모든 미국인은 자기가 사는 지역에서 그 돈 대부분을 소비할 것이다.

자가용 제트기나 고급 승용차를 타고 다니며 1년에 1000만 달러를 쓰는, 헤지펀드를 운용하는 억만장자라면 VAT로 100만 달러를 내고 1만2000달러를 받을 것이다. 2500달러를 쓰는 싱글맘도 1만2000달러를 받을 것이다. 그러면서 자기 자식도 고등학교를 졸업하면 매월 1000달러를 받을 것이라는 생각에 마음이 푸근해질 것이다.

이상의 이야기가 가소롭다고 생각하는 사람이 있다면 금융위기가 발생했을 때 시행되었던 구제 금융을 생각해보라. 2008년 금융위기가 발생하자 미국 정부는 양적완화 정책의 일환으로 4조 달러 이상의 신권을 찍어 냈다. 이 돈은 은행에 풀려 금리를 떨어뜨리는 역할을 했다. 그 결과 은행에 돈을 저축해 놓은 사람이나 퇴직자들이 손해를 봤다. 인플레이션은 거의 발생하지 않았다.

양적완화를 통해 풀린 돈으로 은행이 기업에 자금을 대출하면, 기업은 그 돈으로 일자리를 창출하는 식으로 경제를 부양하겠다는 것이 겉으로 드러난 목표였다. 하지만 실제는 대부분의 돈이 은행의 자산으로 편입되어 전국적으로 자산 거품만 부풀리는 결과를 낳았다. 그중에서도 특히 맨해튼과 실리콘밸리에 있는 부동산과 우버나 에어비앤비 같은 개인기업의 주가를 크게 부풀렸다. 돈을 마구 찍어내는 틈을 타 부자가 된 사람도 많았지만, 그것은 사회적으로 유리한 위치에 있던 사람들 이야기고, 사회적 약자들은 그렇지 못했다. 우리가 은행에 돈을 푼 이유는 사람보다는 기관을 훨씬 더 믿었기 때문이었다.

자유 배당 제도를 도입하면 유례없는 경제적 혼란기에 돈이 바로 시민들 손으로 들어간다. 자유 배당은 소비 경제를 확산할 것이다. 자유 배당은 사람을 직접 자극한다. 매월 풀린 돈은 대부분 바로 경제로 투입될 것이다. 요금 납부, 분유 구입, 가족 방문, 유소년 스포츠 프로그램 등록, 외식, 피아노 레슨, 과외, 자동차 수리, 집 단장, 임산부 영양제, 노인 돌봄 서비스 등 열거하자면 끝도 없다. 미국인은 대부분 돈에 여유가 없기 때문에 받은 돈 대부분을 집 근처에서 빨리 쓰고 말 것이다.

정부는 자동화가 초래할 경제적 변화의 관리를 기본 임무로 받아들여야 한다. 미국은 변화 관리에 한참 뒤처져 있으므로 빨리 따라잡을 필요가 있다.

나는 미국이 수년 내에 자유 배당 같은 보편적 기본소득 정책을 통과시킬 것으로 기대하고 있다. 이 정책은 단순하고, 공평하고, 공정하고, 이해하기 쉬우며, 적어도 80퍼센트의 국민에게 도움이 된다. 게다가 자동화의 물결 속에서 사회의 틀을 유지하기 위해서도 꼭 필요한 제도다. 보편적 기본소득은 갈수록 지지자가 늘어 마치 상식처럼 자리 잡게 될 것이다. 의회만 통과하면 돈은 바로 지급되기 시작할 것이다. 노동운동가 앤디 스턴은 "정부가 잘하지 못하는 분야가 많다. 하지만 많은 사람에게 돈을 송금하는 일에는 뛰어나다"라고 말했다. 비록 정부가 현재 약화된 상태라 해도, VAT를 징수해 우리가 알고 있는 빈곤을 종식하고 미래에 대비한 사회를 만들기 위해 자유 배당을 나눠주는 일 정도는 쉽게 할 수 있을 것이다.

윈스턴 처칠의 유명한 말을 조금 바꾸어 표현해보겠다. "미국인은 언제나 올바른 일을 할 것이다. 다만, 그 전에 다른 모든 방법을 시도해볼 것이다."* 내 마음속에 떠오르는 질문은 그때까지 무슨 일이 일어날 것이며 그 일이 얼마나 나쁜 일일 것인가이다.

믿든지 말든지 간에 자유 배당은 변화의 과정 중 쉬운 부분에 속한다. 돈은 쉽다. 사람이 어렵다. 보편적 기본소득이 가져올 여러 이점에도 불구하고 이것은 첫걸음에 지나지 않는다. 지속해서 해결해야 할 과제는, 과거를 지탱하던 여러 보루가 역사의 뒤안길로 사라지고 많은 삶의 방식이 돌이킬 수 없이 변하는 시대에 성장의 마음가짐, 책임감, 공동체, 인간성, 가정, 낙관적인 생각 등을 어떻게 유지해나가느냐가 될 것이다.

나는 '매직 더 개더링Magic: the Gathering' 게임을 해본 적이 없지만 그 게임을 만든 리처드 가필드Richard Garfield가 UBI에 관해 한 말은 정말 좋아한다. "UBI는 (…) 부끄러운 것이 아니다. 모든 사람이 받는 것

---

* 원래 표현은 '미국인은 언제나 올바른 일을 할 것으로 믿어도 된다. 다만, 그 전에 다른 모든 방법을 시도해볼 것이다'이다.

이다. UBI는 위에서 경제를 통제하려 하지 않고, 사람들이 자기 돈을 자기가 원하는 곳에 쓰게 함으로써 소비자가 원하는 방향으로 경제가 굴러갈 수 있게 한다. 지금까지 그래 왔듯이 그것이 가장 좋은 방법이다. UBI는 가치를 인식하기 어려울 만큼 여러 가지 방식으로 노동 시장의 숨통을 틔울 수 있다. (…) 나는 필요한 해결책으로서가 아니라 인간의 잠재력을 발휘할 수 있게 하는 제도로서의 UBI에 매료되었다. (…) 나는 UBI가 당연한 것이고, 이 세상을 더욱 생산적이고 행복하게 해줄 제도라고 확신한다. UBI는 사람들의 창의성과 사람들이 개발하는 기술을 최대한 활용할 수 있게 해줄 것이다."[15]

우리는 상대적 빈곤을 해결하려고 노력하지만 잘 되지 않고 있다. 어중간한 조치는 시간 낭비일 뿐이다. 결핍은 우리를 구하지 못할 것이다. 풍요가 우리를 구할 수 있다.

UBI를 옹호하는 내 주장을 더 펼치기 전에, 먼저 그 개념이 나오게 된 역사적 배경과 UBI와 비슷한 형태의 제도가 이미 현실에 적용되고 있다는 사실부터 살펴보겠다.

현실 세계에서의
보편적 기본소득 ──────── 제17장

"보편적 기본소득의 목표는 모든 이가 굳건히 자기 발로 설 수 있도록 모두에게 삶의 튼튼한 발판을 제공하는 것이다."
- **필리프 판 파레이스**Philippe Van Parijs

지금은 이해하기 힘들겠지만 연간보장소득Guaranteed Annual Income에 대한 생각은 1960년대 후반에서 1970년대 초반에 걸쳐 미국의 정치적 통념이었다. 1965년에 메디케어와 메디케이드 관련 법이 통과되자 다음 차례는 사회 문제에 대한 해결책을 강구하는 것이었다. 1968년 5월 1000명이 넘는 경제학 교수들이 연간 보장 소득을 지지하는 편지에 서명했다. 1969년에 닉슨 대통령은 가구당 약 1만 달러의 현금을 지급하는 가족부조계획Family Assistance Plan을 제안했다.[1] 일정 요건을 갖춘 가구에 연간 보장 소득을 지급하는 개념이었다. 당시 여론조사에서 이 제안은 응답자 79퍼센트의 지지를 받았다. 가족부조계획은 득표수 243 대 155라는 압도적인 찬성 속에 하원을 통과했지만 상원에서 발목이 잡혔다. 가장 큰 원인은 민주당이 훨씬 더 획기적인 계획을 원했기 때문이었다. 뉴욕 출신의 민주당 하원의원 윌리엄 라이언William Ryan은 가족부조계획 대신 현재 금액으로 3만3000달러 정도 되는 최저 소득 제도를 제안했다. 그 이후 가족부조계획에 대한 토론과 재발의가 몇 년 동안 계속되었다.

미국 정부는 보장 소득이 개별 가정에 미칠 영향을 알아보기 위해 1968~1975년 사이에 많은 연구 용역을 시행했다. 가장 중요한 목표는 사람들이 정부로부터 아무 조건 없이 돈을 받아도 일을 계속할 것인가를 확인하는 것이었다. 뉴저지주는 1968~1971년 사이에 1300가구에 현금을 지급해 빈곤선 이상으로 끌어올리는 점진적 근로장려금 실험Graduated Work Incentive Experiment을 실시했다.[2] 실험 결과 현금 지급이 일에 미치는 영향은 크지 않다는 사실이 밝혀졌다. 남성의 주당 노동 시간은 한 시간 줄었고, 여성은 다섯 시간 줄어들었다. 대신 여성이 자녀와 보내는 시간이 늘어 자녀의 학업 성적이 향상되었다. 이 기간에 고등학교 졸업률은 30퍼센트나 늘었다.

노스캐롤라이나, 아이오와, 인디애나, 콜로라도, 워싱턴주에서도 비슷한 실험이 이루어졌다. 실험 결과는 대부분 뉴저지주와 크게 다르지 않았다. 하지만 가장 돈을 많이 주고 엄격한 기준으로 실시한 덴버와 시애틀의 실험에서는, 남성의 노동 시간이 약 9퍼센트 줄었고, 기혼 여성은 20퍼센트, 싱글맘은 14퍼센트가 줄었다.[3] 덴버 실험에서는 이혼율도 증가한 것으로 나타나 많은 사람을 놀라게 했다. 이 결과는 동 제도의 법제화에 반대하는 사람들의 무기가 되어 결국 1978년 법제화는 영구히 무산되고 말았다. 1988년에 당시의 데이터를 다시 검토한 위스콘신대학 교수들은 결혼에 미친 영향이 잘못된 모델을 바탕으로 지나치게 부풀려 발표되었다는 사실을 밝혀냈다. 나중에 다른 교수들은 스스로 신고한 시간을 근거로 발표한 노동 시간 감소에 대해서도 의문을 제기했다. 하지만 논쟁은 이미 끝난 다음이었다.

미국의 연구는 개별 가정 위주로 이루어져 공동체에 미치는 영향에 대해서는 측정해본 적이 없었다. 캐나다는 소도시를 대상으로 두 가지 영향을 다 알아보기로 했다. 1974년 2월 캐나다 정부는 위니펙 북서쪽에 있는 인구 1만3000명의 도핀이라는 소도시를 골라, 모든 주민을 빈곤선 위로 끌어올리기 위해 미화 5600만 달러에 해당하는 돈을 쏟아부었다. 매월 1000가구가 아무런 조건 없이 각기 다른 금액의 수표를 지급받았다. 주민들은 이 돈을 최저 소득^{Minimum Income}의 줄임말인 '민컴^{Mincome}'으로 불렀다. 이 돈은 대략 4년간 지급되다가 보수당이 정권을 잡자 중단되고 말았다.

시간이 한참 지난 2005년 매니토바대학 경제학 교수 에벌린 포르제^{Evelyn Forget}가 그 결과를 추적해 분석해보았다. 포르제 교수는 "연간 보장 소득을 지급하면 사람들이 일을 그만둘 것이고, 가족이 늘어나리라는 정치적 우려가 있었지요"라고 말했다.[4] 하지만 포르제 교수의 분석 결과 일에 미친 영향은 거의 없었다. 노동 시간이 유의미하게 줄어든 집단은 출산한 여성과 10대 청소년뿐이었다. 청소년의 경우에는 노동 대신 학업에 쏟는 시간이 늘었다. 25세 미만 여성의 출산율은 떨어졌다. 고등학교 졸업률은 올라갔다. 가장 극적인 변화는 작업장에서의 재해가 줄고 응급실에 가는 사람이 감소하면서, 병원을 찾는 횟수가 8.5퍼센트 줄었다는 것이다. 정신과 질환 관련 진료 건수와 함께 가정 폭력도 줄었다. 총체적으로 보았을 때 빈곤이 사라지니 삶의 수준이 훨씬 나아진 것으로 나타났다.

믿기 힘들겠지만 미국에 있는 한 주도 몇십 년째 보편적 기본소득과 비슷한 제도를 시행하고 있다. 알래스카주는 1976년부터 주 소유의 땅에서 나는 석유를 팔아 1년에 몇십억 달러씩 벌어들이기 시작했다. 공화당 출신의 주지사 제이 해먼드Jay Hammond는 혁신적인 계획을 밀어붙였다. 석유 판매 수입금을 알래스카영구기금Alaska Permanent Fund에 적립하고 해마다 이 기금의 수익 일부를 알래스카 주민에게 지급하겠다는 것이었다. 해먼드 지사는 이 기금이 정부 지출에 제동을 걸고 더 많은 돈을 주민에게 직접 분배함으로써 '보수적인 정치 목적'에 기여한다고 주장했다.

주 정부는 이 기금을 운용해 얻은 이익으로 1982년부터 배당금을 지급하기 시작했다. 현재 알래스카 주민은 누구든지 1년에 1000~2000달러 사이의 석유 배당금을 받는다.[5] 2015년의 경우 4인 가구가 받은 돈은 8000달러를 넘었다. 이 배당금 덕분에 빈곤이 4분의 1 줄어들었고, 알래스카는 미국에서 두 번째로 소득 불평등도가 낮은 주가 되었다.[6] 연구에 따르면 배당금은 출생아의 평균 체중을 늘리는 역할을 했고,[7] 알래스카 원주민의 자립을 도왔다.[8] 또, 해마다 경제 활동을 증가시켜 적어도 7000개의 일자리를 창출하는 역할도 했다. 그동안 정부가 여러 번 바뀌었음에도 불구하고 시행 36년째에 접어든 이 프로그램은 주민들로부터 큰 환영을 받고 있다. 배당금 지원을 위해 필요하다면 증세도 감수하겠다고 응답한 사람이 64퍼센트나 되었다.

1995년 일단의 연구원이 노스캐롤라이나주 저소득층 어린이

1,420명을 대상으로 성격 변화를 추적하는 실험을 시작했다.[9] 실험 도중 예상치 못했던 일이 일어났다. 실험 대상 어린이 중 25퍼센트가 속한 가구가 가족 1인당 4000달러씩을 받기 시작한 것이다. 이들은 체로키 인디언이었는데, 마을 인근에 카지노가 생기면서 수익금 일부가 원주민에게 분배된 결과였다. 예상치 못했던 사태의 진전은 실험의 보고로 바뀌었다. 랜들 아키Randall Akee UCLA 경제학 교수는 "이런 종류의 종적 연구는 일부러 여건을 만들려고 해도 거의 불가능한 일입니다"라고 말했다. 아키 교수는 여분으로 받은 돈이 시간이 흐르며 어린이들의 성격 형성에 실질적인 영향을 끼쳤다는 사실을 알아냈다. 행동 장애 및 정서 장애가 감소했다. 성실성과 공감 능력이라는 두 가지 성격 특성이 두드러지게 늘었다. 둘 다 직장에 오래 붙어 있고, 지속적으로 관계를 유지하는 것과 강한 상관관계가 있는 성격이다. 이런 성격 변화는 처음에 빈곤의 정도가 심한 어린이일수록 더 크게 나타났다.

아키 교수는 스트레스가 줄어든 환경 때문에 이런 변화가 생겼을 것으로 추정했다. 부부 관계도 개선되었다. 알코올 소비는 줄어들었다. 아키 교수는 "아시다시피 가난한 부부가 싸우는 가장 큰 이유는 돈 때문이지요"라고 말했다. 분쟁의 원인을 제거하니 '좀 더 화목한 가정환경'이 조성된 것이었다.

같은 연구에 참여했던 에밀리아 시미오노바Emilia Simeonova 존스홉킨스대학 경제학 교수는 "아이를 변화시키려면 먼저 부모부터 변화시키는 것이 가장 좋다는 사실을 보여주는 연구 결과가 많아요"라고 말했다. 시미오노바 교수는 "(돈 덕분에) 부모들이 많이 바뀌었어요.

이제 우리는 큰돈을 들이지 않고도 이런 변화, 즉 사람들 삶의 변화를 끌어낼 수 있다는 사실을 알게 되었어요"라고 덧붙였다.

2008년에 하버드대학에서 국제 개발 분야를 공부하던 대학원생 마이클 페이Michael Faye와 폴 니하우스Paul Niehaus는 해외에 나가 현장 연구를 하기로 했다. 두 사람은 케냐를 방문했는데, 곳곳에서 버려진 물 펌프나 입지 않는 옷 등 원조 자금이 낭비되고 있는 모습이 눈에 띄었다. 두 사람은 이들이 원하는 것은 음식이나 모기장, 교과서, 운동 기구, 소, 물통 등이 아니라 현금이라는 확신을 갖게 되었다. 그해 여름 마이클과 폴은 가난한 마을 사람들에게 자기네 돈 몇천 달러를 나눠 준 후 그 결과를 추적하기 시작했다. 그리하여 돈을 받은 가구에서는 가정 폭력이 줄었고, 사람들의 정신 건강이 향상되었으며, 식생활이 개선되었다는 사실을 알게 되었다.

두 사람은 자기네 생각이 옳았다는 사실을 알고 프로그램을 확대하기로 했다. 2012년에 한 친구가 두 사람을 구글Google.org*에 연결해 줘 두 사람은 구글로부터 240만 달러를 지원받을 수 있었다. 프로그램을 진행하면 할수록 결과는 긍정적이었다. 사람들은 장사를 시작했다. 어린이들의 몸무게는 늘었다. 여자아이들이 학교 가는 비율도 높아졌다. 여성의 자율성도 높아졌다. 현금 지급이 아주 효과적이라는 사실이 밝혀진 것이다. 대부분의 다른 단체와 달리 두 사람은 그 결과를 모두 문서화해 전 세계에 알렸다.

---

* 구글에서 운영하는 사회공헌 조직.

그 이후 '기브디렉틀리^{GiveDirectly**}'는 1억2000만 달러 이상을 모금해 개발도상국에 새로운 방식으로 현금을 나눠줄 수 있게 되었다.[10] 2016년 기브디렉틀리는 케냐 서부 지방을 대상으로 3000만 달러를 들여 12년에 걸친 기본소득 시범 사업을 실시하겠다는 계획을 발표했다. 이에 대해 「가디언」은 다음과 같은 기사를 실었다. "기브디렉틀리는 (…) 구호단체 사회에 충격을 주었다. 이제 가난한 사람을 대신해 돈을 요구하는 단체는, 가난한 사람보다 돈을 더 유용하게 쓸 수 있다는 사실을 증명할 수 있어야 할 것이다……. (대부분의 구호단체에) 이것은 큰 도전 과제가 될 것이다."[11] 만약 대부분의 구호단체가 기존 방법에서 벗어나 직접 돈을 나누어 준다면, 지구촌의 가난한 사람들에게 훨씬 큰 도움이 될 것이다.

오늘날 경제 불평등, 고용 시장 경색, 자동화의 초기 신호 등의 영향으로 보편적 기본소득에 대한 열기는 전 세계적으로 고조되고 있다. 핀란드는 2017년에 25~28세 사이의 미취업자 2000명에게 아무런 조건 없이 매월 660달러가량을 지급하는 2년짜리 시범 사업을 시작했다. 인도는 기존의 여러 프로그램보다 훨씬 효과적일 것이라는 연구 결과를 토대로, 내년에 전국적으로 소액의 기본소득을 지급하는 방안을 적극적으로 검토하고 있다. 캐나다는 온타리오주에서 4000명을 선발해 2017년부터 2020년까지 독신자에게는 1만2570달러, 커플에게는 1만8900달러를 지급하고 그 결과를 살펴보기로 했다.[12] 네덜

** 마이클 페이, 폴 니하우스 등이 주도하여 2012년에 설립한 구호단체로, 케냐·우간다·르완다에서 활동한다.

란드와 스코틀랜드도 소규모 시범 사업을 진행 중이다.

이란은 2011년부터 완전한 보편적 기본소득과 유사한 제도를 시행하기 시작했다.[13] 기름 및 가스 보조금을 대폭 줄이고 1인당 연간 약 1만6000달러를 지급하기로 한 것이다. 경제학자들이 노동에 미치는 영향을 조사해봤더니 노동 시간은 줄어들지 않았다고 한다. 그 대신 서비스 산업이 커졌다는 사실을 알게 되었다. 이란의 경우는 표본의 크기가 크고(이란 인구는 8000만 명으로 뉴욕주, 캘리포니아주, 플로리다주의 인구를 합한 수와 맞먹는다) 장기간에 걸쳐 시행되었다는 점에서 시사하는 바가 크다.

최근에 미국에서도 소규모 시범 사업이 시작되었다. 2017년 초부터 와이콤비네이터YCombinator라는 기술 회사 대표 샘 올트먼Sam Altman이 캘리포니아주 오클랜드에서 100가구를 골라 매월 1000~2000달러씩 1년간 지급하고 그 영향을 살펴보기로 하였다. 목표는 그 이후 더 큰 규모의 시범 사업을 5년 동안 실시하는 것이다. 이 시범 사업을 위해 올트먼과 친구들은 200만 달러를 기부하였고 그 결과를 분석할 연구원도 고용했다. 나는 이 문제를 연구하기 위해 올트먼이 돈을 내놓았다는 사실이 마음에 든다. 이상적인 세상이라면 우리 정부가 보여줘야 할 리더십과 비전을 올트먼이 보여주고 있는 셈이다.

보편적 기본소득은 그 자체의 지적·도덕적 매력과 함께 지금까지 현실 세계에서 보여 준 성공에 힘입어 지지 기반을 점점 넓혀가고 있다. 보편적 기본소득에 대한 주요 반론은 일반적으로 다음과 같은 것들이다.

돈을 감당할 수 없을 것이다

돈은 어디선가 나와야 한다. 우리는 정부가 큰 효과도 없는 곳에 수십억 달러씩 낭비하는 모습을 많이 보아 왔다. 증세는 어떤 환경에서도 어려운 일일 수밖에 없다.

그래도 매력적인 것은 보편적 기본소득을 시행한다고 해서 정부 규모가 늘어나지 않는다는 점이다. UBI는 관리에 비용이 거의 들지 않으므로 공무원을 증원할 필요가 없다. UBI는 비용이라기보다는 이전의 성격이 강하다. 돈을 이전받은 국민은 자신의 삶을 향상하기 위해 돈을 쓸 것이고, 이렇게 쓰인 돈은 지역 상권을 살리고 소비 경제를 지탱할 것이다. 모든 돈이 공무원을 대규모로 신규 채용하는 데 들어가지 않고, 미국 국민의 손에 들어가 대부분 미국 경제권 내에서 소비된다는 뜻이다.

엄밀히 말하면 모든 돈이 국민의 수중에 들어가니 낭비되는 돈이 하나도 없는 셈이다. 이는 기업이 주주에게 배당금을 주는 것과 비슷하다고 할 수 있다. 주주는 이론상 그 기업의 주인이므로 배당금을 낭비로 보는 사람은 아무도 없다.

국민인 우리는 이 나라의 주인이 아니던가!

미국은 보편적 기본소득의 전면 실시를 감당할 여력이 있는 나라다. 미국 경제는 지난 10년 동안만 해도 4조 달러 이상 성장했고, 달러화는 세계의 기축통화다. 미국 사회는 인류 역사상 기술이 가장 발달한 사회다. 게다가 자동화가 진전될수록 미국의 경제는 현재 수준을 훌쩍 뛰어넘어 성장을 지속할 것이다.

그뿐 아니라 미국 시민은 스스로 투자한 돈을, 창업 및 경제 활동

증가, 교육 수준 향상, 육체적·정신적 건강 증진, 범죄 감소, 노숙자 지원을 비롯한 복지 프로그램 축소 등 여러 형태로 다시 돌려받게 될 것이다.

정말로 돈이 많이 들어가는 것은 보편적 기본소득이 아니다. 바로 사회의 기능 장애와 혁명이다. 보편적 기본소득은 개인과 가정이 제 기능을 유지하게 하는 것만으로도 본전이 되고도 남을 것이다.

일하려는 의욕을 꺾을 것이다

지금까지의 연구 결과를 살펴보면, 기본소득을 지급해도 노동 시간은 줄어들지 않았거나 줄어든다고 해도 대단하지 않은 수준이었다. 노동 시간이 줄어든 사람은 주로 어린아이가 있는 여자이거나 10대 청소년이었다. 이들이 아이를 돌보거나 학업을 위해 일을 조금 적게 했다면, 우려할 만한 일이라고 할 수 없을 것이다.

일과 관련하여 완전히 상반된 두 가지 인식이 있다. 내가 보기에는 많은 사람이 이 두 가지 인식을 동시에 가지고 있는 것 같다. 하나는, 일은 필수적인 것이고 인간 활동의 핵심이라는 생각이다. 또 다른 하나는, 만약 하지 않아도 된다면 일을 하고 싶어하는 사람은 아무도 없다는 생각이다.

이 두 가지는 서로 완전히 배치된다. 첫 번째 생각에 따르면, 일은 인간 활동의 핵심이기 때문에 인간은 할 필요가 없어도 일을 할 것이다. 두 번째 생각에 따르면, 일은 인간이 좋아하지 않는 것이기 때문에 생존을 위해 어쩔 수 없이 하는 것이다.

자유 배당으로 책정한 연간 1만2000달러는 한 사람이 간신히 먹고살 수 있는 금액에 지나지 않는다. 무언가를 성취하고 싶거나, 좋은 물건을 사고 싶거나, 자식에게 더 나은 생활환경을 제공해주고 싶은 사람은 자유 배당을 받아도 일을 할 수밖에 없을 것이다.

1년에 1만2000달러를 받는 사람은 금융 자산 30만 달러를 가지고 수익률 4퍼센트의 소극적 소득*을 올려 먹고사는 사람과 비슷한 수준이다. 30만 달러를 번 뒤 일을 그만둔 사람이 있다는 이야기를 들어본 적이 있는가? 나는 들어본 적 없다. 내가 아는 사람은 모두 돈을 어느 정도 번 뒤에도 더 벌려고 노력하고 있다.

앤디 스턴은 자기가 아는 상위 중산층 가정의 자녀들은 대부분 '부모 기본소득'을 받는다는 우스갯소리를 한다. 부모로부터 생활비 일부를 보조받는다는 뜻이다. 이들이 쓰는 휴대전화 이용 요금, 임차 보증금, 가족 여행 경비, 휴가비 등이 모두 엄마·아빠표 은행에서 나온다. 내가 아는 부유한 가정에서는 대부분 일반화된 일이다. 그래도 이들의 자녀는 대부분 건전한 노동 윤리를 가지고 있다.

일자리가 사라지는 것은 금방 해결할 수 있는 문제가 아니다. 이 시대를 사는 뛰어난 사람들의 지혜를 모두 모아도 풀기 힘든 과제다. 하지만 먹고살 돈을 받는 것은 별개의 문제다. 일과 관계없이 먹고살 수 있는 돈을 받는다면, 사람들은 자신이 정말로 하고 싶은 일이 무엇인지 생각해볼 여유가 생길 것이다. 그 일이 꼭 사무실이나 상점에서 하는 일이어야 할 필요는 없을 것이다. 이것이야말로 그달 그달 어떻게 생계를 유지하느냐 하는 것보다 훨씬 깊이 있고 기본적인 문제다.

---

* passive income, 자신의 노동력 투입 없이 보유한 자산을 통해 얻는 소득.

인플레이션이 천정부지로 치솟을 것이다

기술 발전과 세계화의 진전으로 말미암은 비용 절감에 힘입어 미국의 인플레이션은 여러 해 낮은 수준을 유지하고 있다. 심지어 금융 위기 이후 양적완화를 위해 4조 달러를 찍어냈어도 유의미한 인플레이션은 일어나지 않았다. 만약 앞에서 제안한 대로 VAT를 통해 조달한 자금으로 보편적 기본소득을 지급한다면, 통화 공급량이 늘어나지 않을 것이므로 유동 자금 증가로 인한 인플레이션은 발생하지 않을 것이다.

자유 배당 수준의 보편적 기본소득을 지급한다면 인플레이션이 어느 정도 발생할 가능성도 있다. 사람들의 구매력이 늘어난 것을 이용해 가격을 올려 이익을 얻으려는 업체가 생길 것이기 때문이다. 하지만 기술 발달로 제품 원가가 계속 떨어질 것이기 때문에 많은 제품의 가격은 지속해서 하락할 것이다. 실제로 우리가 소비하는 제품을 떠올려보면, 경쟁이나 세계화 또는 기술 발달에 노출된 제품은 대부분 가격이 내려갔거나 품질이 좋아졌거나 아니면 가격도 내려가고 품질도 좋아졌다는 사실을 알 수 있다. 내가 보기에 옷값은 믿을 수 없을 만큼 싸졌다. 에이치앤드엠H&M에서 8달러짜리 티셔츠나 15달러짜리 바지를 살 때는 죄책감을 느낄 정도다. 또, 요즘 승용차는 내가 젊을 때 몰던 낡고 지저분한 혼다와 비교하면 우주선 같은 느낌이 드는데도 명목 가격이 그때와 다르지 않다. 노래나 영화를 비롯한 대부분의 오락물도 지금까지 그 어느 때보다 싼 값에 즐길 수 있다. 특히 인플레이션을 감안하면 놀라울 정도다.

물가가 인상되었다고 느끼게 하는 주요 비용 요인 중 가장 눈에 띄게 오른 것은 의료비와 교육비다. 둘 다 최근 몇 년 사이에 급등했다. 하지만 의료와 교육은 실질적으로 시장의 힘이 미치지 못하는 분야다. 두 분야는 지금까지 자동화와 효율성 향상을 거부해왔다. 이 두 분야는 미국인들이 받는 스트레스의 주원인이기도 하다. 임금은 제자리걸음인데 자녀들에게 행복한 삶을 선사하는 데 필요한 주요 서비스의 가격이 걷잡을 수 없이 치솟았기 때문이다. 보편적 기본소득은 인플레이션을 일으키지 않을 뿐 아니라, 사람들에게 구매력을 부여함으로써 물가가 급등하는 최악의 상황에 대처하는 데도 도움이 될 것이다.

무상으로 받은 돈이니 엉뚱한 곳에 쓰일 것이다

지금까지 실시한 기본소득 연구 결과를 모두 살펴봐도 마약이나 알코올 사용이 증가했다는 기록은 없다. 그것보다는 장래를 낙관적으로 보게 되면서 더 나은 운명을 개척하기 위한 계획을 세우는 동기로 작용하는 경우가 많았다. 예를 들어 많은 알래스카 주민이 해마다 석유 배당금으로 받은 돈 중 상당한 금액을 저축하고 있었다.

세상에는 진짜 중독자도 있고 자기 파괴적인 행위를 하는 사람도 있다. 그런 사람은 돈이 없다고 당장 오피오이드나 알코올을 끊지 않는다. 이들은 불법 행위를 포함해 어떤 짓을 해서라도 돈이나 마약을 입수할 방법을 바로 강구할 것이다. 보편적 기본소득은 반사회적 행동을 억제할 것이고, 최소한 일부 중독자에게라도 치료를 받을 수 있는 기회를 제공할 것이다.

사실을 말하자면, 가난한 사람은 부유한 사람보다 훨씬 더 돈을 아끼는 경향이 있다. 나는 지금까지 진짜로 가난해본 적은 없다. 하지만 10대 시절에 무일푼이라는 느낌이 들어 시급 5달러 20센트와 팁을 받으며 중국 음식점에서 식탁 청소를 하던 기억을 잊지 못한다. 그 시절 현금 50달러가 나한테 얼마나 큰 금액으로 느껴졌던지, 내가 그 돈을 얼마나 아껴 썼던지 지금도 기억에 새롭다.

가난한 사람은 돈에 대한 책임감이 없어 돈을 낭비할 것이라는 생각은 사실에 근거한 것이 아니라 뿌리 깊은 편견으로 보인다. 부자들은 가난한 사람을 절약 정신이 없고 의지가 박약한 어린아이처럼 보며 무시하는 경향이 있다. 하지만 증거는 그 반대를 가리키고 있다. 네덜란드 철학자 뤼트허르 브레흐만Rutger Bregman은 "가난은 인성이 부족하다는 뜻이 아니라 금전이 부족하다는 뜻입니다"라고 말한다.

결핍을 연구한 학자들에 따르면 의사결정 능력을 향상하는 가장 좋은 방법은 정신적 여유를 부여하는 것이라고 한다. 사람이 완벽한 판단을 내릴 수는 없다. 하지만 자신의 기본적 수요가 충족되어 정신적 여유가 생긴다면, 하루에도 수백만 명이 지금보다 훨씬 나은 판단을 하게 될 것이다.

"시간을 채울 방법이 없는 사람은 일이 사라지면 목줄에 묶인 개처럼 비참해진다."[1]
- 조지 오웰George Orwell

자유 배당으로 생계유지 문제는 해결된다고 해도 일자리가 사라짐으로써 사람들이 걱정하는 또 다른 문제는 여전히 남아 있다. '그러면 사람들은 종일 무엇을 할 것인가?' 일은 건강한 삶과 사회를 유지하는 데 필수적인 요소다. 장기 실직은 사람에게 일어날 수 있는 가장 해로운 일에 속한다. 돈을 조금 받는다고 이런 사실이 바뀐다는 보장이 없다.

그렇다면 정부가 일을 보장하든지 일자리를 창출해야 할까? 내가 아는 이상주의자들은 '보편적 서비스 기회'를 주창한다. 문제는 사람들을 모집해서 훈련하고 일을 시키는 데 돈이 아주 많이 든다는 점이다. 티치포아메리카Teach for America*는 단원 한 명을 2년간 유지하는 데 비급여 비용으로 대략 5만1000달러를 쓴다.[2] 모집, 선발, 훈련, 프로그래밍, 지원 등에 들어가는 돈이다. 평화봉사단의 연간 예산 4억 1000만 달러는 단원 한 명당 5만6000달러에 이르는 금액이다. 내가 설립한 벤처 포 아메리카도 젊은 창업가를 선발해 2년간 가르치는 데 1인당 약 3만 달러를 쓴다. 미군은 병사 한 명을 유지하는 데 급여, 장비, 주거, 인프라 등을 포함해 1년에 대략 17만 달러를 쓴다.[3]

일을 보장하려면 기본 틀을 만드는 데 엄청난 돈이 들어갈 것이다. 급여를 지급하기 전 모집, 훈련, 인프라에 들어가는 돈만 해도 수만 달러가 될 전망이다. 게다가 아주 큰 관료 조직만 양산할 가능성이 크다. 예를 들어 평화봉사단은 봉사단원 7200명을 지원하기 위해 1000명이 넘는 정규직원을 고용하고 있다.[4]

게으름을 피우지 않게 일자리를 잡았으면 하고 사람들이 가장 많이 바라는 대상은, 능력이 떨어져 민간 분야에서 채용될 가능성이 가장 낮은 사람들이다. 공적 투자는 사람들이 그다지 가치 있다고 할 수 없는 일을 하게 하는 데 큰돈을 쓸 가능성이 높다. 교육 수준이나 기량이 떨어지는 사람 수백만 명을 대상으로, 민간 분야에서 이루어져야 할 고용의 상당 부분을 정부 일자리로 대체하려 한다면 바로 그런 일이 일어날 것이다.

나는 공공 서비스나 사람에 대한 투자의 힘을 믿는다. 올바른 사

---

* 대학 졸업생을 미국 각지의 교육 곤란 지역에 배치해 2년 동안 학생을 가르치게 하는 프로그램을 운영하는 비영리 단체.

람들이 올바른 임무를 수행한다면 산도 움직일 수 있을 것이다. 하지만 국민 대다수가 정부 일을 수행하는 경제는 지금까지 여러 환경에서 시도되었지만 모두 실패로 돌아갔다. 가장 잘 알려진 사례는 1978년 이전의 중공과 해체되기 전의 소련이다. 현재 미국은 공공부문에서 일하는 국민의 비율이 약 15퍼센트로 선진국 중에서 비교적 낮은 편에 속한다. 이에 비해 캐나다는 22.4퍼센트이고, 영국은 23.5퍼센트에 달한다. 그렇다고 해도 정부 돈이 들어가는 일자리를 늘리는 일은 조심스럽고 신중해야 하며, 가급적 파급 효과가 높은 분야에 한정해야 할 것이다. 물론 일자리가 부족한 나라의 문제를 해결해줄 대책이 될 수 없다는 사실은 분명하다.

1930년대 대공황 시기에 미국 정부는 시민의 삶을 즐겁게 하고 고용을 늘리기 위해 33억 달러의 예산을 들여 레크리에이션 전문 공무원과 예술가 4만 명을 채용했다. 현재 가치로 환산하면 약 470억 달러에 해당하는 돈이다.[5] 그 이후 인구가 증가한 것을 고려하면, 지금 기준으로 10만 명가량 채용해 전국 각지로 내려보낸 것과 같다고 볼 수 있다. 나는 이것을 정부가 고용을 늘리겠다는 특정 목적을 위해 할 수 있는 조치의 상한선이라고 생각한다. 당시 레크리에이션 전문 공무원과 예술가가 지도한 분야는 스포츠 및 게임, 공예, 음악, 연극, 독서, 토론, 하이킹, 나무 조각, 금속 세공, 가구 제작, 합창단 및 오케스트라, 위생 강의, 다이어트, 예절교육 등이었다.

위에 나열한 것을 읽으며 지금보다 단순했던 시절을 그리워하는 사람도 있을 것이다. 오늘날 그보다 더 나은 접근 방법은, 기업과 사람과 지역 단체의 기존 이익과 기회를 확장하는 것이다. 저소득층 어린이를 위해 방과 후에 레크리에이션을 지도하는 비영리 활동을 예로 들어 보자. 현재는 다섯 명이 연간 3만 달러를 받고 일한다. 보편적 기본소득이 지급된다면 2만1000달러의 임금으로 일곱 명을 고용할 수 있을 것이다. 사람들이 경제적으로 어느 정도 안정되면 조금 더 적은 돈을 받고도 일을 할 것이기 때문이다. 이렇게 되면 고용이 40퍼센트 느는 셈이다. 학교에서 교사를 보조하는 자원봉사자를 모집할 때나 교회에서 멘토를 모집할 때 등에도 같은 방법이 적용될 수 있을 것이다. 네덜란드의 로버트 J. 판 데르 핀^{Robert J. van der Veen} 교수와 벨기에 경제학자 필리프 판 파레이스^{Philippe van Parijs}는 보편적 기본소득이 매력적이고 보람 있는 일의 평균 임금을 끌어내리는 역할을 할 것이라고 말한다. 사회적으로나 개인적으로 가치가 있으면서 사람들이 하고 싶어하는 재미있는 일이라면, 돈을 적게 주더라도 많은 사람이 하려고 들 것이다. 그리하여 어린이를 가르치거나 다른 사람을 지도하거나 사랑하는 가족을 돌보는 등 보람을 느끼는 일을 하는 사람이 더 늘어날 것이다.

그림, 작곡, 동영상 촬영, 스포츠, 글쓰기 등 여러 종류의 창의적인 활동도 많이 늘어날 것이다. 모두 많은 사람이 하고 싶어하지만 지금은 시간이 없어서 하지 못하는 일이다. 사실 다음 달 생계를 걱정할 필요가 없다면 당장에라도 예술에 뛰어들 정도의 열정을 가진 사람은 많다. 보편적 기본소득은 아마도 인류 역사상 가장 효과적인, 인간의 창의성을 발휘하게 하는 촉진제 역할을 할 것이다.

결정적으로 중요한 것은 새로 사업을 시작하는 사람이 계속 늘어나리라는 점이다. 당신이 미주리주에 있는 인구 5000명의 소도시에 사는 사람이라고 하자. 주민 모두 근근이 먹고사는 형편이라면 빵집을 개업하고 싶은 생각이 있어도 엄두가 나지 않을 것이다. 그런데 보편적 기본소득이 지급된다면 당장 내년에 이 도시에 6000만 달러가 추가로 풀릴 것이다. 게다가 빵집이 잘되지 않는다 해도 보편적 기본소득이라는 기댈 언덕이 있다. 그렇게 되면 당신은 빵집을 개업하면 좋겠다는 생각이 들 것이다. 친구나 가족의 지원을 이끌어 내는 일도 훨씬 쉬울 것이다. 이런 현상은 전국적으로 일어날 것이고, 그 결과 수백만 개의 신규 일자리가 생길 것이다. 루스벨트연구소에 따르면 이렇게 해서 생기는 일자리는 470만 개에 달할 것이라고 한다. 이상에서 보는 바와 같이 보편적 기본소득을 지급하면, 개인적으로 보람을 느끼는 일이나 창의적인 일 또는 창업 등이 증가하여 일이 사라지고 생긴 공백의 상당 부분을 채울 것이다.

하지만 우리가 해결해야 할 더 큰 문제가 남아 있다.

2026년에 실직 후 집에 와 있는 보통의 화물차 기사를 생각해보자. 이름은 테드라고 하자. 테드는 건강에 약간의 문제가 있는 49세의 남성이다. 대학을 1년 다니다 중퇴한 뒤 건설 노동자로 여러 일자리를 전전하던 끝에 화물차 기사로 12년을 보내다가 자동화에 밀려 일자리를 잃었다. 테드는 오클라호마에 있는 수수한 이동식 주택에 산다. 아들이 하나 있는데 전처와 함께 다른 도시에 살기 때문에 한 달에 한두 번 아들을 보러 간다. 테드는 야외에서 활동하는 것을 좋아한다. 화물차 기사로 일할 때는 일주일에 나흘을 길 위에서 보내며 동료 기사들과 무전기로 이야기 나누는 것을 즐겼다. 테드는 술도 좋아한다. 기독교인으로 자랐지만 교회에 안 나간 지 오래되었다. 인근에는 자신이 할 만한 일이 별로 없지만 이사는 가고 싶지 않다. 그동안 모아 놓은 돈과 자유 배당 및 2022년에 제정된 '화물차 기사 전환법'에 따라 받은 집 덕분에 낭비만 하지 않는다면 금전적으로는 지낼 만하다. 테드를 이대로 가만히 내버려 두면 TV나 보고 술이나 마시며 시간을 보내 건강이 악화할 것이다. 따라서 우리 목표는 테드에게 일이 했던 역할을 대체할 수 있는 취미나 인적 교류를 갖게 하는 것이다.

이제는 테드가 오클라호마에 있는 자기 집에서 안락의자에 몸을 묻고 TV로 동영상을 보고 있는 모습을 상상해보자. 테드는 요즘 젊은 이들이 쓰는 가상현실 헤드셋을 좋아하지 않는다. 핸드폰에 알림 문자가 떴다. "이웃 주민 애니 씨가 프로판 가스통을 교체하려고 하는데 도움이 필요하답니다. 혹시 도와주실 수 있으십니까?" 애니의 프로필 사진도 같이 떴다. 근처에 사는 60세 여성이다. 테드는 "예"라는 문자를 보낸 뒤 가능한 시간을 입력했다. 오후 1시가 되자 테드는 애니네 집으로 차를 몰고 가 낡은 프로판 가스통을 떼어 내고 로네 가게에서 산 새 가스통으로 교체했다. 가스통을 옮길 때 등이 조금 아팠지만 아직도 자기가 쓸 만하다는 생각이 들었다. 애니는 고마워했고 두 사람은 잠시 이야기를 나누었다. 애니는 인근에 있는 병원에서 사무원으로 일했다고 하며 손목이 안 좋다고 했다. 이야기를 하다 보니 애니네 자녀들도 테드 아들이 다니는 고등학교를 나왔다는 사실을 알게 되었다.

테드는 집으로 돌아왔다. 조금 있으니 "애니 씨를 도와주셔서 감사합니다! 사회 신용 100포인트가 적립되었습니다. 현재 사용 가능한 사회 신용은 1600포인트입니다. 귀하께서는 지금까지 모두 1만

4800포인트의 사회 신용을 적립하셨습니다"라는 문자 메시지가 왔다. 애니에게서도 "도와주셔서 감사합니다. 덕분에 큰일 해결했습니다"라는 문자가 왔다. 테드는 "천만에요. 도움이 되었다니 저도 기쁩니다"라는 문자를 보냈다. 테드는 이런 일을 하루에 한두 건 정도 맡아서 한다. 주로 물건을 옮기거나 사람을 태워주는 일이다. 테드는 다음에는 개를 키우는 사람을 만났으면 하고 바란다. 아들을 만나러 갈 때 개를 빌리고 싶어서다. 아들은 개를 좋아한다. '털사* 디지털 사회 신용 교환소'를 통해 요청할 수도 있지만 남의 도움을 받는 것이 싫어서 그렇게는 하지 않고 있다. 자신은 남을 도와주고 사회 신용 포인트를 받는 것이 더 좋다. 테드는 적립한 사회 신용 포인트로 오클라호마시티 선더 팀이 경기하는 농구장 입장권을 구입할까 아니면 카벨라스에서 텐트를 구입할까 생각하는 중이다. 먼젓번에는 낚시 여행을 가느라 사회 신용 포인트를 많이 썼다. 동네에서 하는 포커 게임에서도 이제는 돈 대신 사회 신용 포인트를 쓰기 시작했다. 같이 포커를 치는 친구 두 사람도 지역 청소년 센터에서 자원봉사를 시작해 이제는 사회 신용 포인트로 수영을 하고 있다.

위에서 말한 '사회 신용' 이야기를 읽으며 말도 안 되는 소리라고 실소를 터트린 사람이 있을지도 모른다. 하지만 이 시나리오는 '타임 뱅킹Time Banking'이라는 이름으로, 미국 내 200개에 이르는 공동체에서 현재 시행하고 있는 제도를 바탕으로 한 것이다. 타임 뱅킹은 사람들이 자기 시간을 들여 여러 가지 봉사 활동을 하며 공동체 내에서

---

* Tulsa, 오클라호마주에 있는 도시 이름.

신용 포인트를 쌓은 뒤 그 포인트, 즉 시간을 교환하는 제도를 말한다. 봉사 활동의 종류는 물건 운반해주기, 개 산책시키기, 마당 청소해주기, 요리해주기, 환자를 병원까지 태워다주기 등 여러 가지가 있다. 타임 뱅킹은 1990년대 중반 빈곤 퇴치 운동가로 활동하던 법학 교수 에드거 캔Edgar Cahn이 건강한 공동체를 만들기 위한 방안의 하나로 내놓은 아이디어다.

버몬트주 브래틀버러에 있는 타임 뱅크는 현재 회원이 315명이다. 이 회원들은 지난 8년 동안 6만4000시간에 이르는 봉사 활동을 교환했다.[6] 2009년에 대학원생 두 명이 회원 30명으로 발족한 브래틀버러 타임 뱅크는 그 뒤 해마다 성장을 거듭했다. 40세 싱글맘 어맨다 위트먼Amanda Witman은 타임 뱅크에 대한 자신의 경험을 이렇게 말한다.

"3년 전에 저는 상황이 아주 어려웠어요. 남편과는 이혼했고, 집은 큰데 손볼 데가 너무 많았어요. 당시 저는 제 아이들을 홈스쿨링하며 웹사이트 고객 서비스를 처리하는 시간제 재택근무를 하고 있었어요. 돈에 많이 쪼들렸죠. 제가 쩔쩔매는 모습을 본 친구 몇이 저더러 브래틀버러 타임 뱅크에 가입해보라고 했어요. 처음에 저는 '교환할 시간을 가진 사람이 누가 있겠어?'라고 생각했지요. 그러다 빚을 지는 것도 하나의 방법이겠구나 하는 생각이 들었어요. 당장 급한 도움을 받은 뒤 나중에 시간이 되면 갚는 거죠. 그래서 웹사이트에 집을 고쳐달라는 요청을 올렸어요. 올릴 때는 한두 명이라도 답해주길 바랐는데 나중에 보니 많은 사람이 돕겠다고 나서더군요. 랜디 브라이트Randy Bright 씨가 벽에 난 구멍을 막아주고 가압 탱크를 교체해줬어요. 다른 사람들도 여러 가지 장비를 가져와 낡은 전선을 교체해주기도 하고 텃밭 일구는 것도 도와 줬어요. 타임 뱅크에 가입하지 않았다면 절대 마음 편히 이런 도움을 요청할 수 없었을 거예요. 모두 기꺼이 그 일을 하겠다고 나섰고, 항상 웃는 얼굴로 저희 집에 왔기에 다른 사람에게 폐를 끼친다는 생각이 전혀 들지 않았어요. 저도 빠듯한 시간을 쪼개 틈틈이 아이 봐주기나 요리해주기 같은 봉사를 하고 있어요. 사실 우리 가족 모두 이 일에 참여하고 있죠. 제 아이가 넷인데, 에버리스트는 열다섯 살이고, 올던은 열네 살, 엘러리는 열한 살, 막내 에이버리는 아홉 살이에요. 아이들한테 우리 집 조명 설비를 고쳐야 하니 이웃집 장작 쌓는 일을 하자고 했어요. 아이들도 자신이 대견스러울 거예요. 사실 우리는 악기 연주 같은 취미의 가치를 깨닫게 되었어요. 한번은 우리 가족이 마을 가든파티에서 악기를 연주해 네 시간의 포인트를 적립했거든요. 두 아이는 바이올린을 연주하고, 한 아이는 기타, 또 한 아이는 틴 휘슬을 연주했어요."[7]

어맨다를 도와주었던 49세의 랜디 브라이트는 이렇게 말했다.

"타임 뱅크에 가입해보니 이것저것 수리 잘하는 사람을 많이 찾는다는 사실을 알게 되었죠. 게다가 저는 이혼한 사람이라 '잘됐다, 독신녀를 만날 수도 있겠구나!'라는 생각도 들었죠. 그건 아직 실현되지 않았지만 인맥은 많이 넓혔어요. 제가 적립한 시간은 집에서 해주는 요리와 교환을 많이 했지요. 타임 뱅크가 경제적으로도 도움이 되었어요. 에너지 효율을 높이는 사업을 새로 시작했는데, 그동안 알게 된 사람들이 여기저기 소개해주는 덕분에 지금까지 순조롭게 끌고 올 수 있었어요. 지금은 제 사업 때문에 바쁘지만 그래도 시간 교환 봉사에 동참하고 있어요. 쌓은 포인트는 기부할 때가 많아요. 타임 뱅크 활동을 하다 보면 눈에 보이지는 않지만 뭔가 뿌듯함을 느낄 수 있죠. 특히 제 딸 노라한테 모든 일이 돈 때문에 하는 것이 아니라는 사실을 보여줄 수 있어 좋아요. 걔가 금년에 열네 살인데 가끔 저를 따라나서 도와줄 때도 있죠."

타임 뱅킹의 창시자 에드거 캔 교수는 '사회 문제 해결을 위한 돈이 다 말라버린' 시절에 빈곤 퇴치의 새로운 방법을 모색하던 로버트 F. 케네디Robert F. Kennedy의 연설 원고 작성자였다. 캔 교수는 "미국인은 적어도 세 가지 서로 맞물린 문제에 직면해 있다. 첫째는 가장 기본적인 상품과 서비스에 대한 저소득층의 접근 불평등이 심화했다는 것이고, 둘째는 가정·이웃·공동체 재건의 필요성에서 야기된 사회 문제가 증가했다는 점이며, 셋째는 이러한 문제에 대처하기 위해 마련된 공적 프로그램에 대한 환멸이 심화했다는 것이다"라고 말했다. 그러면서 타임 뱅킹이 "가정과 공동체를 강화할 수 있는 신뢰와 보살핌의 기본 토대를 재건할 수 있을 것"이라고 했다.[8]

타임 뱅크는 브래틀버러와 같은 공동체에서의 성공에도 불구하고 더 넓게 확산하지 못하고 있다. 그 이유 중 하나는 타임 뱅크를 운영하려면 일정 수준의 관리 인력과 자원이 필요하기 때문이다.

이제 사회적 가치를 제공하는 데서 끝나는 것이 아니라 실제 금전적 가치까지 얻을 수 있는, 중앙 정부가 후원하는 강화된 타임 뱅킹 제도를 생각해보자. 디지털 사회 신용Digital Social Credits·DSC(또는 사회 신용)이라 불리는 이 새로운 통화는 공동체를 위해 봉사하는 사람에게 그 보상으로 지급될 것이다. 처음에는 제도 도입을 위해 정부의 초기 투자가 필요하겠지만 운영은 지역 사회에 맡기면 된다. 이 제도는 주민의 응집력을 높일 필요가 있는 지역이나 공동체를 골라 시행하는 것이 좋을 것이다. 누가 이웃을 위해 어린아이를 봐주든지, 중고 물품 판매를 돕든지, 기구를 수리해주든지, 파티에서 음악을 연주해주면 그때마다 사회 신용 포인트를 받는 구조다. 쉼터에서 자원봉사 활동을 하거나, 바자회에 참가하거나, 어린이 야구단을 지도하거나, 강좌를 듣거나, 벽화를 그리거나, 지역 밴드에서 연주하거나, 젊은이를 멘토링해도 사회 신용 포인트가 적립된다. 기존의 사회단체는 사회 신용 포인트를 줄 수도 있고, 얼마나 많은 사람에게 봉사하느냐를 기준으로 받을 수도 있다.

정부는 상당한 양의 DSC 포인트를 걸고 대규모 캠페인을 벌일 수도 있다. 예를 들면 미시시피 주민의 비만도를 낮추기 위해 1억 DSC 포인트를 건다든가, 일리노이 주민의 고등학교 졸업률을 높이기 위해 10억 DSC 포인트를 건 뒤, 주민들이 그 포인트를 받기 위해 여러 가지 활동을 하도록 유도하는 것이다. 기업도 이 목표 달성을 돕기 위해 여러 가지 운동을 벌일 수 있을 것이다. 시민단체나 비정부기구는 공익 목적으로 일한 양에 따라 DSC 포인트를 적립한 뒤 자원봉사자나 직원들에게 나누어 줄 수 있을 것이다. 새로운 단체를 설립하거나 주민 운동 기구를 조직할 때도 돈 대신 DSC 포인트로 크라우드 펀딩을 받을 수 있을 것이다. 호응하는 사람들은 포인트를 기부하면 된다. 많은 사람이 참가하는 행사나 미디어는 참가한 사람 수에 따라 혹은 호응도에 따라 DSC 포인트를 받을 수 있을 것이다. 그러면 DSC 포인트가 저널리즘이나 창의성 또는 지역 행사를 활성화하는 새로운 방법이 될 수 있다.

'그냥 달러를 쓰면 되지 굳이 새 디지털 통화를 만들 필요가 있을까?'라고 생각하는 사람도 있을 것이다. 그 이유는 첫째, 아주 적은 금액의 돈을 받는 것보다 포인트를 받으면 사람들 반응이 달라질 것이기 때문이다. 만약 나한테 2달러를 준다며 무언가를 하라고 하면 무시할 가능성이 높다. 하지만 그것이 200포인트라면 이상하게 마음이 끌릴 수도 있다. 지금도 사람들은 옐프Yelp의 엘리트Elite*, 킹 웨이저King Wazer**, 포스퀘어Foursquare의 메이어Mayor***, 구글의 로컬가이드Local Guide**** 등 포인트나 사회적 보상을 기반으로 온라인상에서 얻을 수 있는 지위를 획득하기 위해 엄청난 시간을 쏟아붓고 있다.

둘째, 새로운 사회적 통화가 발행되면 그 통화를 보유하고 있다는 사실을 다른 사람한테 보여주고 싶을 것이고, 또 그 통화를 어느 정도 보유하고 있어야 마음도 편할 것이다. 즉, 사람들에게 자기 행동을 자랑하게 함으로써 그 행동을 더 자주 끌어내자는 것이다. 올바른 행동은 사람들에게 알려지고 인정받으면 강화되는 경향이 있다. 살을 빼려거나 멋진 몸을 가꾸려면 여럿이 모여 운동하는 것이 더 효과적인 이유다.

셋째, 정부는 실제로 그 정도 규모의 돈을 쓰지 않고도 수십억 달

---

* 옐프는 여러 도시의 음식점, 학교, 병원, 백화점 등에 대한 평판을, 크라우드 소싱을 통해 모으는 지역 기반 소셜네트워크 서비스다. 활동 실적이 좋은 회원은 엘리트 자격을 부여받는다.
** 웨이즈Waze는 사용자 참여형 내비게이션 앱이다. 웨이즈에서 포인트를 쌓으면 레벨이 점점 올라가 킹 웨이저가 될 수 있다.
*** 포스퀘어는 위치 기반의 소셜네트워크 서비스다. 사용자의 참여도에 따라 포인트가 쌓이면 메이어가 될 수 있다.
**** 구글맵 참여도에 따라 로컬가이드 자격을 부여받는다.

러어치의 긍정적 사회 활동을 유도할 수 있을 것이다.

개인이 적립한 DSC 포인트는 평생 누적되는 개념의 영구 포인트와 사용하고 남은 현재 포인트로 구분되어 표시될 것이다. 사람들은 이 포인트를 현금처럼 생각하고 입장료 대신 내거나, 이 시스템에 참여하는 업체의 물건을 구입하거나, 단체에 기부하거나, 특별한 날에 다른 사람에게 선물할 수 있을 것이다. 영구 포인트가 많이 쌓인 사람에게는 야구장에서 시구를 한다든가, 지역구 의원을 만난다든가, 그주에서 시민 정신이 가장 투철한 운동선수나 유명 인사를 만날 수 있는 등의 특전을 부여할 수 있을 것이다. 해당 공동체에서 DSC 포인트를 가장 많이 적립한 사람에게는 백악관 특별 방문 기회를 부여하는 방안도 생각해볼 수 있다. 개인이나 기업이 돈을 내고 DSC 포인트를 살 수 있게 하면 이 제도를 운용하는 데 필요한 기금 확보에 도움이 될 것이다. 다만, 구입한 포인트는 색깔을 달리해 적립한 포인트와 차별을 두어야 할 것이다.

우리는 사회적 가치를 중심으로 돌아가는 완전히 새로운 또 하나의 경제를 구축할 수 있다.

사회적으로 고립된 사람일수록 이 모든 것을 무시할 가능성이 높다. 하지만 많은 사람이 보상받기를 좋아하고 자신이 가치 있다고 느끼고 싶어한다. 나는 쿠폰에 도장을 10개 받아 공짜 샌드위치 하나 얻으려고 집 근처 델리에 자주 간다. 우리는 돈을 많이 쓰지 않고도 전례 없는 수준의 사회적 활동을 촉진할 수 있다. DSC 포인트가 돈보다 더 멋져 보일 수도 있다. DSC 포인트가 많다고 자랑할 수 있을 테고, 그런 정도는 사회적으로 용인될 것이기 때문이다. 이 제도의 확산을 촉진하려면 특정 인구 집단이나 지역을 대상으로, 여러 가지 보상 정책이나 캠페인을 벌이는 방법도 있다. DSC 수준이 낮은 사람을 위해 한 일에 대해서는 추가 포인트를 부여할 수도 있을 것이다.

디지털 사회 신용 제도는 사회적 가치를 확산하기 위해 시장의 역동성을 이용하는 하나의 예가 될 것이다. 초기에는 연방정부가 토대를 구축하고 자금을 지원해야겠지만, 여러 가지 목표를 달성하는 최고의 방법을 강구하는 것은 지방 정부나 비영리 단체, 개인 또는 기업의 몫이 되어야 할 것이다. 전체적인 목표는 일자리가 사라진 경제에서 사회적 응집력을 높이고 주민 참여도를 최고 수준으로 유지하는 것이 될 것이다.

자유 배당은 사회를 생존에 필요한 빈곤선 이상으로 끌어올리는 역할을 할 것이다. 디지털 사회 신용은 공동체를 하나로 묶는 역할을 할 것이다. 또, 시장이 사람의 시간을 어떻게 평가하든 상관없이 사람들이 가치를 창출하게 하고 스스로 가치 있다고 느끼게 하는 역할도 할 것이다.

인간적
자본주의

"인간다움과 연대성, 정의를 지키지 못한 자본주의에는 도덕이 없으며, 따라서 미래도
없다."
- **라인하르트 마르크스**Reinhard Marx **추기경**

AI 상담 코치가 오프라 윈프리Oprah Winfrey나 톰 행크스Tom Hanks의 목소리로 부부 갈등이나 자녀 양육 문제를 상담하는 모습을 상상해 보라. 아니면, 새로운 개념의 공병대가 수만 명을 고용해 전국 각지에 수백만 개의 태양광 패널을 깔고, 사회 기반 시설을 개선하고, 버려진 건물을 철거하는 모습을 상상해보라. 아니면, 계속해서 새로운 자료를 제공하고, 같은 내용을 공부하는 사람들과 만날 기회를 제공하는, 디지털화된 맞춤형 교육 시스템을 생각해보라. 바이털 사인을 측정해 데이터를 의사에게 보내고, 가끔 생활습관을 바꾸라고 충고해주는 웨어러블 기기는 어떤가? 투표일에 부정 선거 우려 없이 스마트폰으로 안전하게 투표하는 모습도 상상해볼 수 있다.

이것은 현재의 기술로도 모두 가능한 시나리오다. 하지만 그럴 만

한 자원과 시장 유인이 존재하지 않는다. 아직은 이혼을 예방하거나, 사회 기반 시설을 개선하거나, 평생 교육 서비스를 제공하거나, 예방적 보살핌을 제공하거나, 민주주의를 증진해도 시장의 보상이 없거나 있어도 제한적이다. 그래서 스마트폰은 수백억 달러의 돈을 쓰는 시장에 힘입어 해마다 훨씬 더 스마트해지는데, 투표 기계나 교량이나 학교는 1960년대 수준에 머물러 있는 것이다.

모두 우리가 바꾸어야 할 현상이다.

현재 시장은 인간이 살아가는 데 매우 중요하다고 할 수 있는 여러 가지 것들의 가치를 과소평가하는 경향이 있다. 예를 들면 다음과 같은 것들이다.

- 자녀 양육이나 가족 보살피기
- 아이 가르치기나 돌보기
- 예술 등 창의적 활동
- 가난한 사람을 위한 봉사 활동
- 상황이 어려운 지역이나 환경에서 일하기
- 환경 보전
- 독서
- 예방적 보살핌
- 인성
- 사회 기반 시설이나 대중교통
- 언론
- 여성

- 유색 인종/소수 인종

오늘날에는 다음과 같은 것들의 중요성이 점점 높아지고 있다.

- 비숙련 노동 및 보통 사람
- 공동체와의 의미 있는 연계
- 소규모 자영업자
- 효과적인 정부

이들 중 일부는 지금보다 시장의 지지를 더 많이 받던 시절이 있었다. 지금도 그렇게 될 수 있도록 시장의 방향을 틀어야 한다. 현재의 자본주의는 시민 대다수의 삶의 수준을 향상시키기 힘든 지경에 이르렀다. 이제는 더 나은 자본주의로 업그레이드할 때가 되었다.

다음 단계의 자본주의

1776년에 『국부론』을 발표한 스코틀랜드의 경제학자 애덤 스미스Adam Smith는 현대 자본주의의 아버지로 추앙받는다. 시장을 인도하는 보이지 않는 손, 분업, 개인의 이익 추구와 경쟁이 부를 창출한다는 생각 등 스미스의 생각은 사람들 마음속에 깊이 각인되어 오늘날 우리는 그의 생각 대부분을 당연한 것으로 받아들이고 있다. 사람들은 대부분 '자본주의'와 '사회주의'를 대비해서 생각한다. 1800년대에 탄생한 사회주의 사상은 사회적 소유와 산업의 민주적 통제를 부르짖었다. 카를 마르크스Karl Marx는 1867년에 발간한 『자본론』에서 자본주의는 본질적으로 안고 있는 내부적 갈등 때문에 노동자 계급을 억압할 것이고, 결국에는 노동자 계급이 봉기해 주도권을 쥐게 될 것이라고 주장했다. 우리는 서구 사회에 구현된 자본주의가 엄청난 성장과 부를 이루어 내고 수십억 인구의 삶의 수준을 향상시킴으로써 이념 전쟁에서 승리했다고 생각한다. 소련과 중국에 의해 대표되던 사회주의는 1991년 소련이 와해되고, 1980년대에 중국이 사회주의 방식을 완화함으로써 사실상 기능을 상실하고 더는 신뢰받지 못하는 사상이 되었다.

이런 지극히 단순한 생각은 몇 가지 중요한 사실을 간과하고 있다. 우선, 순수한 의미의 자본주의 체제 같은 것은 없다. 약 7000년 전 화폐가 발명된 이후, 지난 몇 세기의 서구 사회를 되돌아보면 다양한 형태의 자본주의 경제가 부침을 거듭했다. 중세의 시장 봉건제도는 유럽의 무역회사를 중심으로 하는 팽창주의적 중상주의로 진화했다. 이 제도는 20세기의 미국으로 대표되는 산업 자본주의로 진화한 뒤, 1960년대에 미국을 비롯한 여러 선진국이 사회보장제도나 메디케이드 같은 사회 안전망을 구축하는 복지 자본주의로 바뀌었다. 오늘날의 제도적 자본주의와 협동조합주의*는 이런 일련의 과정을 거쳐 이루어진 가장 최근 형태라 할 수 있다.

마찬가지로 현재 전 세계에는 다양한 형태의 자본주의가 시행되고 있다. 싱가포르는 1인당 GDP 기준으로 세계에서 네 번째로 부유

---

* corporatism, 국가의 중재 아래 노동자와 사용자의 이해관계를 대변하는 집단이 참여하여 노·사·정 대화를 하는 것처럼, 자본과 노동에 대한 국가의 통제 방식을 이른다. 자본에 의한 국가의 운영 장악으로 흐를 수도 있다.

한 국가다. 실업률은 2009년 이후 2.2퍼센트 이하를 유지하고 있고, 세계에서 가장 자유롭고 개방되고 친기업적인 경제로 알려져 있다. 하지만 싱가포르 정부는 투자 정책을 주기적으로 바꾸고, 정부와 연계된 기업이 미국에서는 생각도 할 수 없는 방식으로 통신, 금융, 언론 부문을 장악하고 있다. 싱가포르의 자본주의 체제는 노르웨이나 일본, 캐나다, 미국 방식과 아주 다르다. 이처럼 각국의 자본주의는 보이지 않는 손에 의해 통제되는 것이 아니라 정부 정책에 의해 통제되고 있다.

이제 인간의 복지와 가치 실현 극대화에 초점을 맞춘 새로운 형태의 자본주의 경제를 생각해보자. 이런 목표와 GDP 성장이라는 목표가 같은 방향을 향할 때도 있을 것이다. 하지만 두 목표가 일치하지 않을 때도 있다. 예를 들어 수익을 더 올리기 위해 이미 탑승한 승객을 끌어낸 항공사는 자본 입장에서는 좋을지 몰라도 사람 입장에서는 그렇지 않다. 터무니없이 높은 가격을 받고 목숨과 직결된 약을 파는 제약회사도 마찬가지다. 나는, 항공사는 수익의 감소를 받아들이고, 제약회사는 적당한 수준의 이익을 남겨야 한다는 데 대부분의 시민이 동의할 것으로 생각한다. 이런 생각이 경제 전체로 계속 확산한다면 어떻게 될까?

이것을 인간 중심의 자본주의, 줄여서 인간적 자본주의라고 부르기로 하자. 인간적 자본주의의 핵심 원리는 다음과 같은 것이 될 것이다.

- 인간이 돈보다 중요하다.
- 경제 단위는 하나하나의 돈이 아니라 하나하나의 사람이다.

● 시장은 우리의 공동 목표와 가치에 기여하기 위해 존재한다.

경영과 관련한 격언 중에 '측정되어야 관리될 수 있다'는 말이 있다. 이 말대로, 우리는 지금부터 여러 가지 현상이나 행위를 측정할 필요가 있다.

대공황이 일어나기 전까지 GDP와 경제 발전은 개념조차 없었다. GDP는 정부로 하여금 경제가 얼마나 악화되어 가는지 측정한 다음 어떻게 호전시킬 것인지 강구할 수 있도록 하기 위해 만들어진 개념이다. 경제학자 사이먼 쿠즈네츠Simon Kuznetz는 1934년 의회에 GDP 개념을 소개하면서 이렇게 말했다. "경제적 복지는 소득이 사람들 사이에 어떻게 분배되는지 알지 못하는 한 제대로 측정할 수 없습니다. 또, 소득은 어떤 방식으로 측정해도 그 이면, 즉 소득을 얻기 위해 들인 노력의 강도와 불쾌함까지 보여주지는 않습니다. 따라서 앞에서 정의한 국민 소득의 측정 결과로 한 나라의 복지를 추정할 수는 없습니다."[1] 마치 소득 불평등과 나쁜 일자리의 도래를 예측한 듯하다.

우리 경제 체제는 보통 사람의 운명을 더 낫게 만드는 방향으로 초점이 바뀌어야 한다. 인간이 시장을 위해 일하도록 만드는 자본주의가 아니라 인간의 목적을 위해 봉사하는 자본주의가 필요하다. 우리가 제도를 만드는 것이다. 우리가 제도의 주인이지 제도가 우리의 주인이 아니라는 말이다.

정부는 GDP와 일자리 통계에 더하여 다음과 같은 것들도 측정해야 한다.

- 중간 소득 및 중간 생활수준

- 일에 참여하는 수준과 노동 참여율

- 건강을 감안해 보정한 기대 여명

- 어린이 성공률

- 유아 사망률

- 국민 행복도 조사

- 평균 육체 건강 및 정신 건강

- 사회 기반 시설의 질

- 양질의 보살핌을 받는 노인의 비율

- 인적 자본 개발과 교육 접근성

- 결혼율과 혼인 상태 유지율

- 절망감으로 인한 죽음/절망 지수/약물 남용

- 국민의 낙관도/풍요의 마음가짐

- 공동체의 보전과 사회적 자본

- 환경의 질

- 지구 기온 변화량과 해수면

- 전과자의 사회 적응과 범죄율

- 예술 및 문화의 활력

- 디자인과 미적 표현

- 정보 무결성/저널리즘

- 역동성과 유동성

- 사회적 형평성과 경제적 형평성

- 공공 안전

- 시민 참여도
- 사이버 보안
- 경제의 경쟁력과 그 성장률
- 정부의 대응능력과 그 발전
- 자원의 효율적 이용

위 각 항목의 측정 방법을 확정하고 측정 결과를 주기적으로 업데이트하는 일은 그다지 어렵지 않을 것이다. 스티브 발머Steve Ballmer가 USA팩츠USAFacts.org*를 구축해 정보를 제공하는 방식으로 하면 된다.[2] 그렇게 되면 누구나 우리의 현 상황을 알 수 있을 것이기 때문에 상황을 개선하기 위한 행동을 하게 될 것이다.

이 방식은 사회를 특정 방향으로 변화시키는 사람이 보상받는 디지털 사회 신용 제도와 결합해 운용할 수도 있을 것이다. 예를 들어 특별한 낭비 요인을 파헤친 기자나, 도시를 아름답게 만든 예술가나, 전력망의 보안을 강화한 해커에게 사회 신용 포인트를 지급하는 것이다. 마약 중독자의 회복을 돕는 사람이나 전과자의 사회 복귀를 돕는 사람도 마찬가지다. 육체적 건강 상태를 높은 수준으로 유지하는 사람이나 다른 사람이 그럴 수 있도록 돕는 사람까지도 사회적 인정을 받을 수 있도록 포인트를 지급할 수 있을 것이다.

새로운 이 시장과 통화의 힘은 아무리 과장해서 말해도 지나치지

---

* 마이크로소프트의 전 CEO 스티브 발머가 정부의 수입과 지출을 일목요연하게 보여주기 위해 구축한 웹사이트.

않을 것이다. 이 제도가 도입되기만 하면, 내가 아는 기술자나 젊은이 대부분은 위와 같은 문제에 뛰어들기 위해 안달할 것이다. 이들은 어서 빨리 제도가 시행되기만 기다리고 있다. 앞에서 말한 목표를 돈으로 환산해 측정할 수 있는 방법만 개발한다면, 우리 국민의 독창성과 에너지를 활용해 수백만 명의 삶을 개선할 수 있을 것이다.

나는 큰 정부를 좋아하지 않는다. 조직은 규모가 커질수록 경직되고 말도 안 되는 일이 벌어지는 경향이 있다. 나는 워싱턴의 회의실에 앉아 서류를 작성하다가, 아무리 좋은 의도를 가진 공무원이라 해도 그가 할 수 있는 일에는 한계가 있다는 것을 깨달았다. 나는 천성적으로, 인간적인 수준에서 현실에 맞게 일하는 것을 좋아하는 창업가다.

나는 고위직에 있는 사람들과도 시간을 함께한 적이 있었는데, 그들도 대부분 제도의 틀에 갇혀 답답해한다는 느낌이 들었다. 내가 만난 하원의원 한 사람은 "지금 큰일이 하나 진행 중인데 이게 마무리되어야 집에 내려갈 수 있을 것 같아요"라고 말했다. 그는 당시 7년째 하원을 지키고 있던 사람이었다. 또 다른 의원은 워싱턴에 와 있으면 마치 로마에 온 듯한 느낌이 든다고 우스갯소리를 했다. 그러면서 워싱턴의 대리석 건물을 보고 있으면 아무것도 바꿀 수 없을 것 같다는 느낌이 든다고 했다. 정부는 마법의 힘을 가지고 있지 않다. 오히려 그 반대다. 제도가 사람보다 더 커져버렸다.

그렇기는 하지만 위에서 말한 변화를 이끌어내 일자리가 줄어도 걱정 없는 세상을 살아가려면, 특히 기술이 인간을 위해 봉사하도록 하게 하려면, 연방정부가 경제의 틀을 바꾸는 방법밖에는 없다는 것이 나의 일관된 생각이다.

나는 자선사업을 하는 개인이나 기업도 많이 만나보았다. 그중에는 세계에서 가장 돈이 많다는 사람과 기업도 있었다. 하지만 아무리 돈이 많거나 뜻이 큰 사람이 운영하는 자선단체라 해도 운영 규모가 현실에 비해 턱없이 작았다. 또, 이해관계자가 많아 장기간에 걸친 큰 규모의 기금 운용이 어려운 경우도 있었다. 대부분의 자선단체는 정부가 체제를 정비해 조금 더 효율적으로 움직여주기를 기다리고 있는 것 같았다. 억만장자가 운영하는 자선단체의 규모도 대부분 10만~1000만 달러 정도에 지나지 않는다. 그러나 우리는 몇조 달러의 문제를 마주하고 있으므로 그 규모에 맞는 해결책이 필요하다.

시민들의 노력은 대견스럽다. 그 모습을 보면 힘이 솟는다. 하지만 그들을 떠받쳐줄 시장이 존재하지 않기 때문에 상황은 계속 악화할 수밖에 없다. 아무리 적극적인 활동을 한다고 해도 없어진 일자리를 상쇄할 수는 없다.

우리에게 필요한 것은, 장래를 내다보고 체제 정비에 나설 새롭고 활기 넘치는 정부다. 우리는 서서히 고조되어 가는 위기에 놓여 있다. 위기가 고조되는 속도는 점차 빨라질 것이다. 이 위기에 대처하려면 과감한 개입이 필요하다. 인간적 자본주의는 가치와 발전의 측정 방법을 바꾸어 우리가 하는 일의 의미와 목적을 재정립할 수 있게 해줄 것이다.

강한 국가, 새로운 시민 정신

"우리들은 형제로서 함께 살아가는 것을 배워야 한다. 그렇지 않으면 바보로서 다 같이 멸망할 따름이다."

- 마틴 루서 킹

돈을 넘어선 지도자

언젠가 나는 빌 클린턴과 조지 W. 부시 두 전임 대통령을 연사로 모신 행사에, 메인 이벤트가 시작되기 전 열린 세션의 패널로 참석한 적이 있다. 어떤 금융기관에서 돈 많은 고객들을 초청해 개최한 행사였다. 행사 진행은 순조로웠다. 전임 대통령 두 사람 중 국가 기밀에 관한 내용을 입 밖에 꺼내는 사람은 없었다. 두 사람은 재임 중에 있었던 재미있는 일화를 소개하거나 현재 자신이 하고 있는 일에 대해 이야기했다. 두 전임 대통령은 아주 가까워진 것 같았다. 두 사람 모두, 머리를 짧게 깎고 이어폰을 꽂은 요원들로 인해 영화 같은 느낌을 주는 재임 시절의 비밀 작전에 대해 잘 알고 있을 터였다. 행사가 끝난 뒤 참석자들은 두 전임 대통령과 사진 찍을 기회를 놓치지 않기 위해 길게 줄을 서서 기다렸다.

이런 행사는 생각도 할 수 없던 시절이 있었다. 그리 오래된 이야기도 아니다.

1953년 대통령직에서 물러난 해리 트루먼은 돈이 없어 미주리에 있는 처가로 이사했다. 트루먼 대통령의 수입은 전직 육군 장교였기 때문에 받는 한 달에 112달러의 군인 연금이 다였다. 트루먼 대통령은 자신의 명성을 돈벌이에 이용하지 않으려 했다. 그래서 컨설팅 등 돈을 많이 주겠다는 사업적 제안을 모두 거절했다.[1] 트루먼 대통령은 책에서 "아무리 그럴듯해 보이는 제안이라 해도 대통령직의 위신과 품위를 상업적으로 이용할 가능성이 있는 거래에는 절대 응할 수 없었다"라고 썼다. 트루먼이 대통령직을 통해 얻은 유일한 상업적 이득은 자신의 회고록을 「라이프」라는 잡지에 팔아 얻은 수익이었다.

전임 대통령은 공개적인 행사나 돈벌이를 위한 자리에 나서지 않는 것이 오랜 관례였다. 이런 전통은 1977년 퇴임한 제럴드 포드 대통령이 아메리칸 익스프레스와 20세기폭스의 이사가 되면서 깨지기 시작해 그 이후 급속히 늘었다. 빌 클린턴 대통령은 퇴임 후 강연료로만 1억500만 달러를 벌었다. 조지 W. 부시 대통령이 번 돈은 비교적 적은 1500만 달러가량 된다. 전임 대통령을 연사로 초청하려면 15만~20만 달러의 강연료를 지급해야 하고, 그 밖에도 각종 부대 경비가 들어간다.[2]

1958년에 아이젠하워 대통령과 의회는 해리 트루먼 대통령의 딱한 사정을 알고, 현재 기준으로 1년에 25만 달러에 이르는 종신 연금에 비서진과 건강보험 등에 들어가는 예산을 지급하는 내용의 '전직 대통령 예우에 관한 법'을 통과시켰다. 아이러니한 것은 정부가 전임 대통령을 지원하기 시작한 후부터 그들의 돈벌이 행위가 급증했다는 점이다.

아무리 대통령이라 해도 몇 년 후 자신을 초청해 20만 달러 또는 40만 달러까지도 줄 사람들에게 해가 되는 행위를 하지 않을 수도 있다는 생각이 지나친 억측일까? 우리가 사회집단으로서 길을 잃은 이유 중 하나는 시장이 우리 지도자들을 집어삼켰기 때문이다.

대통령에게만 해당하는 이야기가 아니다. 엘리트 집단 전체가 지나치게 유착되어 있다. 출신 대학이 모두 비슷하고, 비슷한 사립 고등학교에 자녀들을 보내고, 사는 동네도 비슷하며, 같은 콘퍼런스나 모임에 참석하고, 심지어 같은 회사에 다니기도 한다. 서로 유착해 살아갈 매우 강한 유인이 있는 셈이다.

인간이 자본을 이기려면 주 정부가 다른 무엇보다도 공공의 이익을 우선해야 한다. 그러기 위해서는 퇴임 후 아무것도 할 수 없을지 모른다는 두려움에서 벗어나 어떤 세력의 눈 밖에 나도 꿈쩍하지 않는 지도층을 만들어야 한다.

상층부부터 시작해야 한다. 우선 대통령의 급여를 현재의 연간 40만 달러에서 400만 달러로 올린 후 세금을 면제하고 거기에 추가로 사회 신용 1000만 포인트를 지급하는 것이다. 단, 조건을 하나 붙인다. 퇴임 후 개인적 이익을 얻을 목적으로 강연료를 받거나 이사직을 수락하면 안 된다는 것이다. 이렇게 하면 기득권을 가진 사람들의 이익을 고려할 필요가 전혀 없게 될 것이다. 장관과 각종 규제기관의 수장에게도 같은 조처를 취해야 한다.

워싱턴에서 일한다는 것은 쉬운 일이 아니다. 내가 아는 대부분의 공직자는 올바른 방향으로 일을 처리하려고 노력한다. 이들은 뭔가 바꿔 보겠다는 희망을 안고 워싱턴으로 간다. 하지만 곧 제도의 틀에 갇혀 무력감을 느낀다. 자기 분야에서는 상당한 영향력을 갖게 되지만 사안마다 자기보다 훨씬 돈을 많이 버는 사람들과 부딪힌다. 대학 동기인 경우도 많다. 임기는 얼마 남지 않았다. 그 후에는 어떻게 할 것인가? 공직자는 대부분 10만 달러가량의 급여를 받는다. 민간 기업에서는 그보다 4~10배 많은 급여를 제안할 수도 있다. 은연중에 민간 기업이 가장 매력적인 대안으로 떠오르는 것이다.

나도 이와 유사한 일을 겪은 친구가 몇 있다. 공직을 맡았다가 4년이 지난 뒤 별 볼 일 없는 신세로 전락할 수 있다. 규제기관에 있는 공무원이 기업을 심하게 압박하는 것은 아주 바보 같은 짓이다. 자신이 퇴직하면 높은 보수를 받는 자리에 영입하려고 기다리고 있을 것이기 때문이다. 절대로 로비스트는 되지 않겠다고 나한테 맹세한 친구 하나는 몇 년 후 로비스트로 변신했다. 그 친구를 비난할 수는 없다. 그 친구도 다른 사람들이 돈을 주고 이용할 만큼 인맥을 쌓고 괜찮은 평판을 얻기 위해 수년을 보냈기 때문이다. 게다가 워싱턴을 떠나서 할 수 있는 일도 별로 없는 형편이었다.

연방예금보험공사Federal Deposit Insurance Corporation의 대표였던 실라 베어Sheila Bair도 이런 갈등을 겪은 사람이었다. 베어는, 규제기관의 책임자는 자기가 규제하던 기관에 평생 취업할 수 없도록 해야 한다고 주장한다. 대신 재임 중의 급여를 40만 달러로 올리자고 말한다. 베어는 "그렇게 하면 규제기관 공무원의 마음가짐이 달라질 것입니다"라고 말했다. 퇴직 후 높은 보수를 받기 위해 규제기관 공무원이 피 규제기관의 눈치를 보는 '거꾸로 뒤집힌' 현상이 사라지리라는 것이다.[3]

인간적 자본주의가 뿌리내리기 위해서는 시장을 무시할 수 있는 지도자가 필요하다. 이것이 첫 번째 단계다.

진정한 책임

두 번째 단계는 인간의 이익을 희생해 자본을 이롭게 하는 행위를 한 사람에게 일정 수준의 인적 책임을 묻는 제도를 도입하는 것이다. 옥시콘틴을 중독성이 없고 변형할 수 없는* 약이라고 허위 광고한 혐의로 2007년 법무부로부터 6억 3500만 달러의 벌금을 받은 민간 기업 퍼듀파머 사건을 떠올려 보라. 6억 3500만 달러는 큰돈처럼 보일지도 모른다. 하지만 퍼듀파머는 1995년 옥시콘틴을 출시한 이후 지금까지 350억 달러의 매출을 올렸다. 대부분 주력 상품인 옥시콘틴을 팔아서 번 돈이다. 퍼듀파머를 소유한 새클러Sackler가는 140억 달러의 재산을 보유해 세계에서 열여섯 번째로 부유한 가문이 되었다. 하버드대에는 새클러가의 이름이 붙은 미술관이 있고, 예일대에도 같은 이름이 붙은 건물이 있다.[4]

만약 350억 달러를 벌 수 있다면, 그 돈의 2퍼센트에 불과한 6억 3500만 달러 정도의 벌금은 흔쾌히 지급할 수 있는 금액일 것이다. 그에 반해 나머지 국민은 앞으로 오랫동안 수십만 명의 오피오이드

---

* 옥시콘틴을 코로 흡입하도록 가루로 만들거나 몸에 주사할 수 있게 녹이는 등의 행위가 불가능하다는 뜻.

중독자 문제로 골머리를 썩여야 할 것이다. 퍼듀파머는 우리에게 해결의 기미가 보이지 않는 현대판 흑사병을 안겨준 셈이다. 한 가문의 부를 위해 수천의 가정과 공동체가 피해를 당한 것이다.

금융위기가 일어났을 때도 비슷한 일이 벌어졌다. 당시 대부분의 대형 은행은 몇 년 동안 수백억 달러에 이르는 주택저당 채권을 발행해 수익을 챙기던 중이었다. 그러다 이 채권이 가치가 없다는 사실이 시장에 알려졌다. 그러자 금융위기가 뒤따라 경기는 급속히 얼어붙었고, 대형 은행은 국민 세금으로 마련한 돈으로 구제 금융을 받아야 했다. 결국, 대형 은행들은 수십억 달러의 벌금을 내기로 법무부와 합의했다. JP모건체이스는 2013년에 130억 달러의 벌금을 내기로 했고, 뱅크 오브 아메리카는 2014년에 166억5000만 달러의 벌금을 내기로 했다. 하지만 임직원은 대부분 자기 자리를 지켰고, 경제에 대규모 피해를 끼쳤음에도 불구하고 그 일로 사법 처리된 고위 임원은 아무도 없었다. 심지어 리먼브러더스, 메릴린치, 베어스턴스 등 파산하거나 합병된 회사의 CEO까지도 몇억 달러씩 챙겨 나갔다.[5]

현 제도에서는 기업이 공격적인 경영으로 공공의 신뢰를 악용해 가능한 한 매출을 많이 올린 다음 적당한 수준의 벌금을 내는 것이 경제적으로 이익이다. 대개 형법을 어기지는 않는다. 또, 설사 어긴다 해도 그 사실을 증명하기 어려워 기소가 불가능하다. 경기 침체기에 성장한 젊은이들이 현 상태의 제도적 자본주의를 좋게 보지 않는다는 사실은 조금도 놀라운 일이 아니다. 이들은 악당들이 돈 가방을 챙

겨 떠나고 형편없는 일자리만 남는 것으로 끝이 나는 도덕극*을 일방
적으로 받아들여야 하는 입장에 놓여 있다.

이런 행태를 없애고 수십억 달리의 자신을 가진 기업의 이익보다
공공의 이익을 우선하려면 어떻게 해야 할까?

극단적인 방법이 하나 있다. 법무부로부터 벌금을 부과받든지 연
방정부의 구제 금융을 받는 기업이 있으면, 그 CEO와 최대 주주를
벌금이나 구제 금융 1억 달러당 1개월씩 교도소에 구금하는 것이다.
이 법을 '시장 악용에 대응한 공공의 이익 보호법'이라고 부르면 될
것이다. 만약 외국 기업이라면 미국 지사장과 미국인 최대 주주를 벌
한다. 모든 사안은 적법 절차에 따라 법원의 판단을 받게 한다. 대통
령에게는 사면, 집행 유예, 구금 기간 단축 등 형기나 판결 내용을 조
정할 수 있는 권한을 부여한다. 또, 침해된 공공의 이익을 메우기 위
해 CEO와 최대 주주의 재산을 환수할 수 있는 권한도 부여한다.

물론 이런 극단적인 방법을 도입하면 틀림없이 국가 권력이 확장
될 것이다. 하지만 공공의 이익을 담보로 말도 안 되는 짓을 해 축재
한 사람은 반드시 엄한 벌을 받을 필요가 있다. 만약 금융위기가 일어
났을 때 이런 법이 있었다면, 대형 은행 책임자들을 한 줄로 세워 놓
고 징역형을 선고할 수 있었을 것이다. 새클러가의 사람들도 교도소
에 갔을 것이다. 그랬더라면 CEO가 공공의 이익 위에 군림하지 않는
다는 사실을 분명히 보여줄 수 있었을 것이다.

---

* 중세에 유행한 연극 양식의 한 형태. 우화적인 등장인물을 통하여 도덕적 교훈을 주려고 하
  였음.

우리의 마음을 앗아간 기술

자율주행차나 인공지능 같은 혁신 기술을 효과적으로 규제하려면 지금보다 훨씬 역동적인 정부가 필요하다. 일론 머스크는 2017년에 인공지능을 '문명의 존속에 대한 근원적 위험'이라고 하며 사전 예방적 규제의 필요성을 역설했다.[6] 기술자들이 자기가 속한 산업에 대한 규제를 요구하는 경우가 거의 없다는 점을 고려하면, 사안의 심각성을 눈치 챘을 것이다.

정부 개입이 필요한 또 다른 주요 기술 문제는 스마트폰이 사람 마음, 특히 어린이 마음에 끼치는 영향이다. 최근의 연구 결과에 따르면 청소년의 스마트폰 사용 시간이 늘어나면서 우울증이나 불안감이 전례 없이 늘었고, 사회성이 떨어졌으며, 심지어 자살률까지 높아졌다고 한다. 구글에서 디자인 윤리를 담당하던 트리스턴 해리스Tristan Harris가 쓴 글을 보면, 앱을 디자인할 때는 슬롯머신처럼 사람들의 주의를 끈 뒤 예상치 못한 다양한 보상을 이용해 사람들이 빠져나갈 수 없게 만드는 방법을 쓴다고 한다. 그러니 아무리 우리 자신의 스마트폰 사용 습관이나 자녀들의 습관을 통제해보려고 해도, 수십억 달러의 자산을 가진 회사를 당해 낼 수 없는 것이다. 해리스는 같은 글에서 '사람들을 사로잡는 새로운 방법을 개발하는 것이 일과인 엔지니어 수백 명이 모여 있는 모습을 상상해보라.'고 했다.[7] "현 시대의 똑똑한 사람은 모두 어떻게 하면 사람들이 광고를 더 많이 클릭하게 만들까를 궁리하는 것 같다"라고 하며 한탄하는 기술자도 있다.[8] 실제로 사회는 그들 뜻대로 되어 가고 있다.

지금보다 나은 세상을 만들려면, 스마트폰에 '최대 노출 시간'이나 '적절한 사용 시간' 또는 '평온한 시간' 등의 기능을 설정해 앱이 뜨는 시간을 줄이는 방법을 생각해볼 수 있다. 규제기관('관심경제부'라고 하자.)이 소셜 미디어나 게임 앱, 채팅 앱 등에 개입해, 사용자뿐만 아니라 부모도 사용 실태를 보고 통제할 수 있게 하는 방법도 있다. 스마트폰을 과도하게 사용하면 알림 문자를 띄우는 방법도 가능할 것이다. 예를 들면 '4시간째 스마트폰을 사용하는 중입니다. 이제 야외 활동을 하거나 사람을 만나는 것이 좋을 것 같습니다'와 같은 식이다.

나는 내 아들이 집구석에 틀어박혀 게임 신기록에나 도전하는, 사회를 등진 좀비가 되는 꼴을 보고 싶지 않다. 하지만 오늘날 부모와 자식 간의 관계를 생각해보면 그런 일은 쉽게 일어날 수 있을 것으로 보인다. 우리 부모들은 자식한테 시간이 엄청 많다는 사실을 알고 있다. 적절한 규제가 없으면 변화는 절대 일어나지 않을 것이다. 게임 회사나 소셜 미디어를 운영하는 회사(대부분 상장 회사다.)는 사용 시간을 최대한 늘려야 한다는 강한 경제적 유인이 있기 때문이다.

새로운 시민 정신

시민 정신과 인간성을 다시 일깨우려면 시민 정신의 '사용자' 수준에서 색다른 경험이 필요하다. 무슨 의미일까? 국가가 책임져야 할 일도 몇 가지 있다. 그중 가장 중요한 것이 국민의 건강을 유지하는 것과 국민을 교육하는 것이다. 이와 관련해서는 뒤에서 살펴보도록 하겠다.

시민 정신을 다른 측면에서 보면 소속감과 공유 의식이라고 할 수 있다. 미국 사회는 갈수록 도시의 삶과 시골의 삶으로 나뉘어 골이 깊어지고 있는데, 이 때문에 대부분의 사람이 자기와 다른 분야에 있는 사람과 접촉할 기회가 점점 줄어들고 있다. 그 간극을 메우는 일은 갈수록 힘들어져 이제는 골치 아픈 정치 문제가 되어버렸다. 내가 아는 사람 중에는 시민의 일체감을 강화하기 위하여 '봉사년' 제도를 만들자는 사람이 많다. 예를 들어 '교환 학생 프로그램'이나 '시민 정신 함양 여행' 같은 제도를 도입해, 고등학교를 졸업하면 한 달 동안 학생들을 전국 각지로 보내는 것이다. 숙식은 호스트 가정에서 제공하고 비용은 정부가 부담한다. 참가 학생은 서로 다른 지역에서 온 고등학교 졸업생 24명과 조를 이뤄 해당 지역 단체에서 자원봉사 활동을 한다. 이렇게 하면 25명의 젊은이가 비록 조직화된 형태이기는 하지만 서로를 개인적으로 알 수 있게 될 것이다. 행사는 매년 8월 해당 지역 최고 수준의 교사와 대학교수 주관으로 진행하고, 장소는 그 지역 고등학교나 대학으로 한다. 시민 정신과 시민 투자의 기초에 관한 강의도 필요할 것이다.

행사가 끝나고 나면 참가자 모두에게 적어도 서너 명의 출신 배경이 아주 다른 친구가 생길 것이다. 젊은이들은 여건만 맞으면 아주 짧은 시간 안에 사람을 깊이 사귈 수 있다. 이렇게 되면 미국인 모두를 자신뿐만 아니라 사랑하는 동료의 삶이 나아지기를 바라는 동료 시민으로 만듦으로써 미국 정치를 완전히 바꿔 놓을 것이다.

사람에게 제대로 된 투자를 하면 효과가 드러나게 마련이다. 일류 기업이 직원 훈련에 신경을 쓰는 이유다. 교환 학생 프로그램이 제대로만 시행된다면, 사람들이 다른 지역에 대해 더 관심을 가질 것이고 경우에 따라서는 기회를 좇아 타 지역으로 이사할 수도 있을 것이다. 사람들이 열린 마음을 갖게 만드는 것이다.

우리 사회가 자동화의 높은 파고를 넘어 번영을 계속하려면 국가가 새로운 유형의 강한 힘을 지녀야 한다. 시민 정신도 함양해야 한다. 우리는 지위나 자격을 생각하지 말고 사람의 가치를 있는 그대로 받아들여야 한다.

일자리 없는 세상의 의료 문제

"AI는 딥러닝(인간 두뇌와 유사한 심층학습)의 등장으로 더욱 진화하고 있다. 이는 앞으로 다양한 분야에 접목돼 산업의 판도를 바꿀 것이다."
- **톰 미첼**Tom Mitchell

일자리가 사라지고 임시직이 일반화될수록 의료제도 개혁은 점차 중요한 문제로 떠오를 것이다. 현재 많은 사람이 건강보험 가입 및 보험료 지급을 사용자에게 의존하고 있다. 하지만 갈수록 복지 혜택을 제공하는 일자리 구하기가 힘들어질 것이므로 이런 일은 줄어들 것이다. 급격히 상승하는 의료비는 이미 미국인들에게 엄청난 부담이 되었다. 2013년 개인 파산의 원인 중 첫 번째가 과도한 의료비였다. 같은 해 실시한 조사에서 성인 인구의 20퍼센트가 넘는 5600만 명이 감당할 수 없는 의료비 문제로 고통받고 있다는 사실이 밝혀졌다.[1] 미국인이라면 한 번쯤 병원에 갔다가 수만 달러의 의료비 청구서를 받아 들고 집으로 돌아왔다는 끔찍한 이야기를 듣거나 본 적이 있을 것이다. 많은 미국인이 병에 걸리면 이중의 고통을 받는다. 병과 싸워야 할 뿐만 아니라 치료비를 감당할 걱정도 해야 하기 때문이다.

　나는 2002년부터 2005년까지 뉴욕에 있는 의료 분야 소프트웨어 스타트업에서 일한 적이 있다. 당시 나는 스물일곱 살이었다. CEO는 마누 카푸르Manu Capoor라는 유능한 전직 내과 의사였다. 우리 회사는 수기로 관리하던 의무 기록을 전산화하는 전자 의무 기록 소프트웨어를 개발했다. 전자 의무 기록이 막 시작되던 때였다. 우리가 목표로 한 틈새시장은 수술 전 정보 분야였으므로 수술이 많이 이루어지는 대형 병원이 우리 고객사였다. 나는 고객 관리 책임자로 사무원, 의사, 비서, 간호사, 레지던트, 마취과 의사, 외래 의사 등에게 우리 소프트웨어 사용 방법을 알려 주는 소규모 팀을 이끌었다. 수십 명, 때에 따라 수백 명의, 환자 의무 기록을 직접 다룰 사람을 교육하는 일은 시간이 오래 걸렸다. 종이에서 디지털로 행동 양식을 바꾸는 일이었다. 나는 브롱크스나 모닝사이드하이츠, 웨스트팜비치 등에 있는 병원에서 몇 주 또는 몇 달씩 머물며 ID와 비밀번호 설정 방법을 가르쳐주기도 하고, 교육도 하고, 소프트웨어 문제 해결도 하고, 가끔 화가 나서 걸려 오는 고객의 전화 응대도 했다. 의사들은 일찍 수술하는 것을 좋아했기에 나는 아침 7시부터 수술실 앞에서 서성거려야 했다. 그러다 뉴어크에 있는 '뉴저지의치과대학UMDNJ'* 병원 길 건너편의 'IHOP'**에서 아침 식사를 하는 일이 잦았다. 당시 하도 자주 다녀 지금도 IHOP는 잘 가지 않는다.

---

* University of Medicine and Dentistry of New Jersey
** International House of Pancakes, 아침 식사에 특화된 프랜차이즈 음식점.

우리는 우리 회사 소프트웨어가 아주 좋은 것이라고 확신했지만, 매우 단순해 보이는 기존 업무처리 절차를 바꾸는 일은 녹록지 않았다. 많은 이유가 있었지만 그중에서도 의사의 행동을 관리하는 병원의 능력에 한계가 있다는 점이 가장 큰 원인이었다. 주도권은 의사에게 있었다. 수술이 병원의 가장 큰 수입원이었기 때문이었다. 각 의사 사무실은 서로 다른 제도와 관행을 가진 별개의 사업체였다. 기술과 사람에게 투자하기 좋아하는 의사가 있는가 하면, 이윤을 극대화하기 위해 가급적 지출을 줄이려는 의사도 있었다. 그들은 일주일에 3.5일 정도 병원에 출근했다가 가능하면 빨리 골프 치러 가거나 요트 타러 갈 생각만 하고 있었다. 그러다 보니 병원은 여러 사람이 달려들어 허둥거리며 하루를 보내는, 빠른 속도로 돌아가는 조립 라인 같았고, 거기서 책임감이나 업무를 개선하고자 하는 유인은 찾아보기 힘들었다.

이렇게 몇 달이 지나자 우리는 "의료 분야는 좋은 아이디어의 무덤이다"라는 농담까지 하게 되었다. 시스템을 정착시키기가 너무 힘들고 어려워 애초의 원대한 목표는 달성할 수 없었다. 결국, 나는 4년 동안 10여 곳의 병원에 고객 기반 시스템을 구축하다 회사를 떠났다. 내가 얻은 교훈은, 의료 분야에서는 업무를 더 효율적으로 처리하게 만들어 줄 괜찮은 시스템마저도 정착시키기 힘들다는 사실이었다. 그런 변화를 받아들일 이유가 없는 것이다.

기술을 활용해 의료 시스템 개선을 시도해본 사람이라면 누구나 2000년대 초반 내가 겪은 것과 유사한 경험을 한 번씩 겪어보았다고 한다. 낙관론자들이 바랐던 것처럼 기술이 의료 시스템을 바꾸지 못한 것이다. 1960년에 GDP의 6퍼센트 미만을 차지하던 의료비는 지속적으로 비중이 증가해, 1989년에는 11.4퍼센트를 차지하더니 2016년에는 17.8퍼센트라는 기록적인 수치까지 늘었다. 미국의 1인당 의료비 지출은 다른 선진국의 두 배가량 되지만 치료 경과는 더 열악하다. 2014년에 발표한 '코먼웰스 기금Commonwealth Fund' 보고서에 따르면, 미국은 주요 선진국 가운데 의료비 지출이 가장 많으면서 의료의 효율성, 공평성, 치료 경과는 꼴찌라고 한다.[2] 또 다른 연구에서는 미국이 임신 또는 출산으로 인한 사망률이나 생후 다섯 살까지 생존율 등 기본적인 지표가 선진국 중에서 가장 나쁘다고 한다. 신기술이 적용되는 분야에서는 고가의 새로운 장비를 쓰거나 조직 등을 이식하기 때문에 그만큼 비용이 올라간다. 반면 기본적인 의료 행위나 수련에 들어가는 비용은 수십 년간 그대로이다.

미국식 직장 기반의 건강보험 제도 때문에 우리가 가장 피하고 싶어하는 일이 일어난다. 기업이 직원 채용을 꺼리는 것이다. 나도 기업을 몇 개 운영해봤지만, 뉴욕에서 연봉 4만2000달러의 정규직 신입 사원을 채용하려면 건강보험료로 6000달러의 추가 비용이 드는 것까지 감안해야 한다. 사용자 입장에서 보면, 회사에서 지급하는 건강보험료는 직원 채용이나 기업 성장에 있어서 주요 걸림돌로 작용한다. 게다가 가정이 있는 고위직에게는 건강보험료가 훨씬 많이 들어간다. 내가 마지막에 있던 회사에서는 한 달에 건강보험료로 2500달러 이상 들어가는 사람도 있었다. 회사가 이런 돈을 부담할 필요가 없었다면 틀림없이 더 많은 직원을 고용했을 것이다.

건강보험료는 기업이 가급적 정규직을 줄이고 시간제 근로자나 하도급업체를 쓰려고 하는 요인이기도 하다. 나는 회사를 너그럽게 운영한 편이었다. 교육 회사를 운영할 때는 일주일에 20시간 이상 일하는 강사는 정규직으로 채용해 복지혜택을 부여했다. 우리 업계에서는 아주 드문 일이었고 실제로 돈이 많이 들어가기도 했다. 내가 그렇게 할 수 있었던 이유는 회사가 성장하고 있었고 이익도 많이 났기 때문이었다. 게다가 나는 언제나 사람을 소중히 여겨야 한다고 생각했다. 하지만 갈수록 건강보험료를 감당하기 힘들어하는 기업이 늘어, 이제는 건강보험료가 기업의 생사를 좌우할 정도까지 되어버렸다. 기업은 비용이 늘었다고 종업원에게 전가할 수도 없고, 한번 준 혜택을 다시 빼앗기도 어렵기 때문에, 경기가 좋거나 나쁘거나 상관없이 늘어난 비용을 감당할 준비를 해야 한다.

노동자 입장에서 보면, 단지 건강보험 때문에 더는 다니고 싶지 않은 직장을 떠나지 못하는 사람이 무수히 많다. 경제학자들은 이런 현상을 '일자리 잠금장치*'라고 부른다. 그 결과는 노동시장의 경직으로 이어진다. 노동자, 그중에서도 특히 젊은 노동자에게 좋지 않은 현상이다. 건강보험 자격 상실은 사람들이 회사를 그만두고 창업해보려는 의욕을 꺾는 주요인이다. 가족이 딸려 있으면 더 힘들다. 일자리를 창출하거나 창업하는 사람이 늘어야 하는 세상에서, 직장 기반의 건강보험 제도는 사람들을 꼼짝 못 하게 붙잡아 두는 족쇄인 동시에 추가 고용을 막는 원인이 되고 있다.

일자리가 사라져 가는 세상에서 개인의 의료 문제가 고용과 연계된 제도는 갈수록 설 땅이 줄어들 것이다. 다른 방법을 찾아야 할 필

---

* job lock, 건강보험 자격을 잃을까 봐 이직이나 전직을 하지 못하는 현상.

요성이 점점 커지고 있다.

의료는 여러 가지 이유로 시장의 법칙이 제대로 적용되지 않는 분야다. 보통의 시장이라면 기업은 다양한 가치 제안을 통해 소비자의 선택을 받기 위해 경쟁하고, 소비자는 충분한 정보를 바탕으로 선택한다. 하지만 의료 분야에서는 선택의 여지가 별로 없다. 여러 의료 서비스 공급자나 의사 사이에 실제로 어떤 차이가 있는지 알 수 없기 때문이다. 또, 수가가 비싸고 예측이 불가능해 돈이 얼마 나올지도 알기 어렵다. 이렇게 복잡하다 보니 스스로 판단할 수가 없어 전문가나 기관의 제안에 따르는 사람이 많다. 만약 병에 걸리거나 부상을 당하면 빨리 회복할 생각이 앞서기 때문에 비용 문제에는 무감각해진다. 병원의 가격 책정 방식은 불투명한 경우가 많아, 환자는 자신의 건강보험이 어디까지 커버해줄지 알기 어렵다. 게다가 병에 걸리면 병 자체나 정신적 고통, 또는 심한 경우 의식 불능 등의 이유로 환자의 판단 능력이 손상될 수도 있다.

스티븐 브릴Steven Brill이 「타임」에 기고해 큰 반향을 불러일으킨, 의료비에 관한 글에는 다음과 같은 내용이 나온다. '메디케어의 보장을 받지 않는 사람 입장에서 보면 의료 시장은 절대 시장이라고 볼 수 없다. 예측할 수 없는 도박판이다.'[3] 의료 분야에 시장의 규칙이나 비용 통제 유인이 없다는 점이 의료비 상승을 부채질했다. 제도에 관련된 사람 대부분의 목표가 매출과 수익 증대이기 때문에 비용을 줄일 수 있는 기술이 개발되어도 도입하려고 하지 않는다. 환자가 진료나 검사나 수술을 많이 받을수록, 또 값비싼 장치를 많이 사용할수록 병원은 돈을 번다. 제도 자체가 건강 증진과 환자의 치료 경과보다 의료 행위와 매출을 더 중요시하는 구조다.

　이런 유인을 바꾸는 것이 핵심이다. 가장 직접적인 방법은 정부가 전 국민의 의료 혜택을 보장하고 협상을 통해 수가를 통일하는 단일 건강보험 제도로 바꾸어 나가는 것이다. 65세 이상의 노인에게 정부가 의료비를 지원하는 제도인 메디케어가 이런 역할을 하고 있다. 메디케어는 의료비를 낮추는 역할을 했을 뿐 아니라 수천만 명에게 양질의 의료 서비스를 제공했다. 미국인 대부분이 이 제도를 좋아하기 때문에 정치적 공격에서도 안전하다. 와이콤비네이터 대표 샘 올트먼은 메디케어 적용 대상 연령을 점차 낮춰 전 국민이 메디케어의 보장을 받을 수 있도록 하자고 제안한다. 이 제도를 단계적으로 도입한다면 의료계도 준비하고 적응할 시간적 여유를 가질 수 있을 것이다. 이것이야말로 우리가 나아가야 할 길이다. '전 국민 메디케어' 운동은 현재 많은 사람의 호응을 받고 있다. 물론 극단적으로 부유한 사람들을 위한 선택의 여지가 일부 남아 있겠지만, 대부분은 보편화된 의료 제도를 이용할 것이다.

　의료비를 합리화하려는 어떤 노력도 엄청난 저항에 부딪힐 수밖에 없는 것이 냉엄한 현실이다. 수많은 사람의 수입 감소를 초래할 것이기 때문이다. '경제 및 정책 연구소Center for Economic and Policy Research' 공동 대표인 딘 베이커Dean Baker는 의사 급여를 포함해 높은 의료비를 다룬 글에서 다음과 같은 주장을 펼쳤다. '우리는 보험료로 돈을 낭비할 뿐만 아니라 기본적으로 의료와 관련한 모든 것에 두 배의 돈을 지급하고 있다. 의사에게도 적정 급여의 두 배를 지급하고 있다. 단일 건강보험 제도가 도입된다고 의사가 급여를 반만 받으려고 할 것인가?' 그러면서 단일 건강보험 제도 도입은 '이 모든 강력한 이해관계자와의 싸움'을 의미하는 것이라고 말했다.[4]

환자와 보내는 시간보다 돈과 효율성을 우선시하는 현 실태에 불만의 목소리를 내는 의사도 있다. 심장병 전문의 겸 저술가인 샌딥 주하Sandeep Jauhar는, 오늘날의 의사는 자신을 '공동체를 지탱하는 기둥'으로 보지 않고 '조립 라인에 늘어선 기사'나 '병원 운영자가 벌이는 돈벌이 게임판의 졸'로 본다고 한다. 주하는 2008년도 조사에서 '스스로의 사기를 긍정적으로 평가한' 의사는 6퍼센트에 불과하고, 대부분은 의사라는 직업의 미래를 부정적으로 평가했다고 말한다.[5]

2016년에 의사협회Physicians Foundation가 실시한 조사에 따르면 미국 의사 63퍼센트가 의사 직업의 미래에 관해 부정적으로 느낀다고 답했고, 49퍼센트는 항상 또는 자주 극도의 피로감을 느낀다고 했으며, 자녀에게 의료 계통의 직업을 추천하지 않겠다고 답한 사람도 49퍼센트나 되었다. 같은 조사에서 의사들은 한결같이 지나친 서류 작업과 엄격한 규정이 부담스럽다고 했다. 환자에게 양질의 의료 서비스를 제공할 만큼 충분한 시간이 있다고 답한 의사는 14퍼센트에 불과했다. 여러 종류의 좌절감으로 인해 은퇴를 고려하거나, 다른 직업을 선택하거나, 시간제로 근무하거나, 진료 시간을 줄이려고 생각하는 사람이 절반 가까이 되었다.[6] 환자 1인당 진료 시간이 짧다 보니 의사는 불만족스럽고, 환자는 충분한 설명을 듣지 못하고, 진료비는 올라간다. 주하는 많은 의사가 초스피드로 진료를 끝내고는, 혹시 못 보고 지나친 문제가 있으면 나중에 발뺌할 요량으로 전문의에게 진료를 의뢰한다고 한다. 그 결과 검사는 늘어나고 진료비도 올라간다.

1990년대 중반 내가 브라운대에 다니던 시절 내 주변에 있던 사람 중 절반가량은 의과대학원 진학 준비생이었다. 당시 이들이 유기화학을 열심히 공부하던 모습이 아직도 기억에 새롭다. 유기화학은 의과대학원 진학을 원하는 학생 중에서 실제로 진학할 수 있는 학생을 추리는 과목이었다. 많은 학생이 의사가 되는 꿈을 꾸었지만 그 꿈을 이룬 사람은 많지 않았다. 친구 하나도 유기화학 때문에 어린 시절의 꿈을 접어야 했다. 그 사실을 깨닫고 망연자실했던 친구의 모습이 아직도 기억난다. 지금 의사가 된 친구 중에 어떤 목적으로든 유기화학을 활용한다는 친구는 아무도 없다. 그래서 의과대학원 진학을 어렵게 만들려고 의도적으로 수강하게 한 과목이라는 생각이 든다.

의사가 되려면 경쟁이 극심한 계층 구조를 뚫고 올라가야 한다. 우선 학부에서 높은 평균 평점을 받아야 한다. 그런 다음 '의과대학원 입학 자격 고사MCAT'를 치러야 하고, 여름 방학에는 의사나 연구원의 잔심부름을 해야 한다. 의과대학원에 가서는 우등으로 졸업하기 위해 경쟁해야 하고, 인턴을 거친 다음 원하는 과목을 골라 레지던트 수련 신청을 한다. 전공과목이 결정되면 그 분야에서 레지던트 수련 과정을 거친다. 각 단계를 거칠 때마다 의사로서의 지식은 점점 쌓여 간다. 전문의가 되려면 의과대학원 졸업 후 6년이 걸리는 전공과목도 있다. 대학 졸업 후 10년이 걸리는 셈이다. 전공과목에 따라 성격도 달라진다. 마취과 의사는 온화하고, 정형외과 의사는 활동적이며, 소아과 의사는 어린이를 좋아하는 식이다. 의사 보수는 대체로 수련 기간과 비례한다. 가정의학과 의사는 평균 연봉이 20만 달러 정도인 데 비해 정형외과 의사의 연봉은 50만 달러를 넘는다. 의과대학원 졸업생의 학자금 대출 부채는 평균 18만 달러다. 30만 달러나 되는 학자금 부채를 지고 있는 의사도 12퍼센트가량 된다.[7]

이런 제도의 영향 때문에 전국적으로 1차 진료 의사와 시골 지역 근무 의사가 부족한 현상이 나타나고 있다. 어떤 전문가의 표현대로 '1차 진료의 사막'에 살고 있는 국민은 대략 6500만 명에 이른다.[8] 2014년 미국 의과대학원 협회는 의료 서비스가 부족한 지역에 적절한 서비스를 제공하려면 9만6200명의 의사가 더 필요하다고 하였다. 그중 2만5000명이 1차 진료 분야에 필요한 의사다.[9] 1차 진료 의사 수가 적정 규모의 절반에도 못 미치는 주가 12개나 되다 보니, 많은 주 정부가 의사 부족 문제를 해결하기 위해 보조금 지급 같은 유인책을 내놓고 있다. 수많은 경쟁을 거치고 공부도 많이 한 데다 부채까지 안고 의사가 되다 보니, 의료 서비스가 부족한 지역에서 낮은 보수를 받고 근무하려는 의사가 많지 않은 것이다.

의과대학원생을 선발할 때도 공감 능력 같은 것은 보지 않는다. 대부분의 의과대학원이 면접 대상 학생을 선정할 때 학부 평균 평점, 이수 과목, MCAT 성적만을 기준으로 하는 기계적 잣대를 들이댄다. 다양한 개인적 자질을 갖춘 지원자를 뽑으려고 노력한다는 학교도 있지만, 그래도 매년 의과대학원에 진학하는 학생 2만1030명 대부분은 위와 같은 기준으로 선발되고 있다. 이들은 학부에서 과학을 공부했고, MCAT 성적이 뛰어난 소수의 선택된 집단이다.

『로봇의 부상Rise of the Robots』을 쓴 마틴 포드Martin Ford는 AI로 무장한 새로운 종류의 의료 서비스 제공자를 만들자고 제안한다. 대학 졸업생이나 석사 학위 소지자를 뽑아 돈이 많이 드는 전문 과정을 거치지 않아도 되도록 준비를 시킨 뒤 시골 지역으로 보내자는 것이다. 이들은 비만이나 당뇨병 등 만성질환을 앓고 있는 환자를 관리하다가 해결하기 어려운 문제가 발생하면 경험 많은 의사에게 진료 의뢰를 한다. 명칭은 1차 진료 전문가라고 하면 된다. 조만간 AI는 대부분의 의료 분야에서 의사와 같은 수준의 진료를 할 수 있을 정도로까지 발전할 전망이다. 1000명의 환자를 대상으로 한 최근 실험에서 IBM이 개발한 인공지능 슈퍼컴퓨터 왓슨Watson이 인간 의사와 같은 처방을 내린 비율은 99퍼센트였다. 그중 30퍼센트에서는 인간 의사가 놓친 처방까지 있었다.[10] AI는 최고의 경험을 갖춘 인간 의사보다 더 많은 사례를 참고할 수 있을 뿐만 아니라 최신 연구 결과를 지속해서 습득할 수 있다.

누구나 예상할 수 있듯이 의사는, 지금까지 임상 간호사나 인턴이 의사의 감독 없이 환자를 돌볼 수 없도록 로비 활동을 벌여온 만큼, 틀림없이 1차 진료 전문가 제도에 그보다 더 큰 반감을 보일 것이다. 하지만 1차 진료 전문가 제도를 도입하면 의료 서비스 사각지대가 대폭 줄어들 뿐만 아니라 진심으로 환자와 시간을 보내고 싶어하는, 똑똑하고 공감 능력을 갖춘 대학 졸업생의 취업 기회도 훨씬 많아질 것이다. 그리하여 결국에는 의사가 지고 있는 시간적 부담도 많이 완화될 것이다.

이 논의는 다시 단일 건강보험 제도를 어떻게 실행할 것인가의 논의로 연결된다. 우리는 현행 의료비를 합리화하는 선에서 끝낼 것이 아니라 의사의 보수 지급 방식을 바꾸어야 한다.

전 국민 메디케어 제도나 단일 건강보험 제도를 도입하면, 일상화된 과다 청구 문제와 지속해서 치솟는 의료비 문제는 해결할 수 있을 것이다. 하지만 메디케어도 기본적으로 진료, 수술, 검사 건수 기준으로 보상하는 제도다. 따라서 의사가 더 많은 돈을 벌기 위해 과잉 진료할 유인은 여전히 남아 있다. 이를 해결하기 위해 '가치 기반의 보상' 또는 '질적 기반의 보상' 운동이 일어나고 있다. 환자의 치료 경과나 재입원율 같은 것을 측정해 그 결과에 따라 보상하자는 것이다. 메릴랜드에 기반을 둔 스타트업 앨리데이드Aledade는 1차 진료 의사에게 비용을 줄일 유인을 제공해 성공을 거두고 있다. 하지만 이런 '성과 기반 보상' 방식은 성과를 측정하기 힘들 뿐 아니라 의료 서비스 제공자가 받는 보상의 극히 일부분에만 영향을 미친다는 문제가 있다. 게다가 좋은 결과와 나쁜 결과가 동시에 나타나기도 했다.

가장 좋은 방법은 클리블랜드 클리닉에서 시행하고 있는 것처럼 의사에게 고정 급여를 지급하는 것이다. 의사가 진료비에 신경 쓸 필요가 없으면 환자에게 집중할 수 있다. 딜로스 코스그로브Delos Cosgrove 클리블랜드 클리닉 원장은 "사람들은 받는 만큼 일한다는 사실을 알아야 합니다. 의사에게 무언가를 더 해달라고 돈을 주면 그렇게 하게 되어 있습니다. 환자 보살피는 일을 강조하면 의사들은 그렇게 합니다"라고 말한다.[11] 클리블랜드 클리닉은 업계에서 지속적으로 높은 순위에 올라 있다. 의사 이직률은 평균치보다 훨씬 낮은 연간 3.5퍼센트에 불과하다.

클리블랜드 클리닉은 전 직원이 비용 통제에 대한 생각을 공유하게 함으로써 재무적 성공을 거둘 수 있었다. 모든 것에 가격표를 붙여서, 예를 들어 환자를 개복하면 얼마라는 사실을 전 직원이 알고 있다. 과잉 검사는 허용되지 않는다. 구매 결정 과정에 의사도 참여시킨다. 전 직원이 주인 의식과 사명감을 느끼고 있어 병원의 재무적 지속 가능성에 관심이 많다. 게다가 병원의 경영 성적이 좋으면 급여 인상 가능성도 있다.

정말로 필요한 것은 의사가 되고자 하는 사람들과의 솔직한 대화다. 그들에게 이렇게 말해주어야 한다. "의사가 되면 사람들의 존경을 받으며 매일 환자를 치료하게 될 것이다. 안락하게 살 수도 있을 것이다. 하지만 의술로 큰돈을 벌 수는 없을 것이다. 좋은 소식은, 하루에 몇백 명씩 환자를 보게 하고, 끊임없이 서류 작업을 하게 해 말려 죽이려 들지는 않을 것이라는 사실이다. AI로 무장한 공감 능력이 있는 사람을 파견해 당신들을 지원할 것이다. 대부분의 일상적인 환자는 이들이 진료할 것이다. 확실한 인간의 판단이나 공감이 필요할 때만 당신들의 도움을 요청할 것이다. 우리가 원하는 것은 최선의 모습을 보여주는 인간이지 9분 만에 진료를 끝내는 스피드광 의사가 아니다. 그런 일은 왓슨에게 맡기면 된다."

나는 많은 의사가 이런 역할 변화를 좋아할 것이고, 환자와 공감하는 더 나은 의사가 되고 싶어 할 것으로 확신한다. 유인을 바꾸면 모든 것이 바뀔 것이다.

유인을 바꾸면 의사가 전체론적 시각에서 환자를 치료할 여유도 생길 것이다. 알래스카 원주민에게 의료 서비스를 제공하는 사우스센트럴 재단Southcentral Foundation은 건강 이상과 행동 장애를 연관된 문제로 보고 환자를 치료한다. 건강 문제로 검사를 받는 환자는 심리 진단도 같이 받는다. 그 결과 비만은 우울증과 연관이 있는 것으로 밝혔졌다. 또, 아동 성폭행, 아동 학대, 가정 폭력, 알코올이나 마약 중독 등 지역 주민의 가장 큰 골칫거리 모두 약물치료뿐만 아니라 심리 치료와 행동 치료를 병행해야 하는 것으로 드러났다. 이렇게 육체 치료와 심리 치료를 병행하다 보니 병원에 입원하는 환자와 응급실을 찾는 환자 수는 2000~2015년 사이에 3분의 1 이상 줄었고, 97퍼센트의 환자가 치료 결과에 만족한다고 말했다.[12] 육체 치료와 심리 치료를 병행하는 방법을 전국적으로 시행한다면 해마다 수백억 달러의 의료비를 절감할 수 있을 것이다. 알래스카 원주민인 캐서린 고트리브Katherine Gottlieb 사우스센트럴 재단 이사장은 그 업적으로 맥아더 재단이 수여하는 '지니어스genius 상'을 수상하기도 했다.

진료 건수에 따라 대가를 받는 구조에서 자유로워진다면, 의사나 병원 모두 새로운 방식으로 문제를 해결할 기회를 얻게 될 것이다. 초기 목표는 환자의 치료 경과를 평가해 재입원률이나 의료 과실을 낮추는 것이다. 그러다 나중에는 병원 인근에 사는 주민들의 건강 지표를 활용해 병원을 평가하는 방법을 생각해볼 수 있다. 1차 진료 전문가는 환자에게 생체 측정 기구를 나누어 주고 환자와 다른 의사 간에 일어나는 상호 작용을 추적·관찰하는 등 예방 진료를 강화한다. 그 과정에 AI 코치가 나서서 환자에게 약 복용이나 식이요법을 독려하기도 하고 심리적 문제 해결에 도움을 줄 수도 있다. 환자는 혁신적인 새로운 방법을 도입하는 데 도움이 되기 위해 자신의 건강 정보를 공유할 수도 있을 것이다. 목표는 각 병원을 인근 지역의 건강 문제를 해결하거나 완화하는, 건강과 활력의 중심지로 만드는 것이다. 이 과정에 비용을 줄여주고 환자 치료 효과를 증진하는 기술은 의사의 가장 좋은 친구가 될 것이다.

미국에는 뛰어난 의사가 대단히 많다. 이들은 허울 좋은 조립 라인의 일꾼이 아니라 혁신자, 병의 발견자, 환자의 길잡이, 위안의 원천이 되어야 한다. 일자리에 고착된 의료를 일자리와 분리하면 경제 성장과 활성화에 엄청난 도움이 될 것이다.

새로운 세상으로 바뀌면 환자는 좋아지겠지만 현 제도의 승자 중에 수입이 줄어드는 사람도 나올 것이다. 이들에게는 다음과 같은 말을 하고 싶다. "우리를 보살펴 줘서 감사합니다. 이제는 새로운 제도에 적응하고 변화해야 할 때입니다. 아마 당신도 언젠가 이럴 때가 오리라는 사실을 알고 있었을 것입니다. 이제 정말로 환자에게만 집중할 수 있는 시간이 생겼으니 환자의 건강 증진에 도움이 될 수 있다는 사실을 더욱 기쁜 마음으로 받아들이기를 바랍니다."

사람 만들기

제22장

자동화 시대의 교육

자동화 시대의 대학은 '무엇을 배우러 대학에 가는가?'라는 근본적인 질문을 떠올리게 한다. 원래 교육의 목적은 도덕성 함양이었다. 1901년 메리 울리Mary Wooley 마운트홀리요크Mount Holyoke 대학 총장은 "교육의 가장 중요한 목표는 인성이다"라는 말을 했다.[1] 비슷한 시기에 하버드대학 심리학 및 철학 교수 윌리엄 제임스William James는, 인성과 도덕성은 스스로 설정한 높은 이상을, 용기와 인내와 고결함과 노력을 통해 추구함으로써 함양된다고 했다.[2] 한때는 이런 이상을 실현하는 것이 대학 교육의 목적이었다.

물론 지난 수십 년 동안 대학의 목표는 학생들에게 일할 준비를 시키는 것이었다. 그런데 일자리가 사라지면 어떻게 될까? 자동화의 물결이 밀려오면 의료의 수요가 늘듯이 교육과 인적 자본 개발의 수요도 늘 것이다. 그때까지 남아 있을 일자리를 차지하기 위해 고등학교에서도 기술 및 직업 훈련과 현장 실습 교육이 훨씬 강화될 것이다. 여기서 어려운 점은 교육의 금전적 수익률이 떨어지고 일자리가 계속 줄어드는데도 학교는 재투자를 늘리고 바뀌는 상황에 적응해야 한다는 것이다.

큰돈을 들이지 않고도 최신 기술을 활용해 많은 사람을 교육할 수 있다고 믿는 사람들도 있다. 몇 년 전 나는 어떤 시상식 만찬에서 칸 아카데미^{Khan Academy} 설립자 샐 칸^{Sal Khan}과 이야기를 나눈 적이 있다. 잘 모르는 독자를 위하여 설명하자면, 칸 아카데미는 가장 기초적인 연산부터 시작해 양자 물리학과 같은 고급 학문에 이르기까지 다방면에 걸친 교육 동영상을 제작해 전 세계에 무상으로 배포하는 단체다. 칸은 헤지펀드 애널리스트를 하다가 만물 교육자로 변신했다. 빌 게이츠의 자녀도 학교 수업을 보충하기 위해 칸 아카데미의 동영상을 시청했다. 덕분에 게이츠는 칸 아카데미의 고액 기부자가 되었다. 칸 아카데미는 전 세계 시민 교육을 사명으로 삼고 있다.

그날 밤 칸은 고무적인 연설을 했다. 칸이 한 연설의 요점은 대략 다음과 같다.

중세기에 글을 아는 수도사나 학자에게 주변에 보이는 농노 중에 몇 사람이나 글을 배울 수 있을 것 같으냐고 물어봤다면, 아마 콧방귀를 뀌며 '글을 배워요? 이 농노 중에 그런 걸 배울 수 있는 사람은 거의 없을 게요'라고 답했을 것입니다. 그들은 아마 2~3퍼센트 정도의 농노만이 글을 배울 수 있으리라고 생각했을 것입니다. 오늘날 우리는 99퍼센트에 가까운 사람이 글을 배울 수 있다는 사실을 알고 있습니다. 사실상 누구나 글을 배울 수 있는 것이지요. 하지만 만약 지금 제가 양자 물리학을 공부할 만큼 똑똑한 사람이 몇이나 되겠느냐고 묻는다면, 여러분은 아마도 2~3퍼센트 정도에 불과할 것이라고 대답할 것입니다. 이것은 중세 수도사처럼 근시안적인 대답입니다. 만약 제대로 된 배움의 도구만 주어진다면 사람들이 얼마나 똑똑해질 수 있는지 아직 모르고 있는 것입니다. 앞으로 우리는 우리가 지금 생각하는 것보다 훨씬 사람의 능력이 뛰어나다는 사실을 알게 될 것입니다.

칸의 연설은 열광적인 박수를 받았다. 멋진 미래상이었다. 누구나 쉽게 접근할 수 있는 저비용 교육 교재와 기술이 더 똑똑해진 새로운 인간의 시대를 앞당기리라는 것이었다. 아마도 더 똑똑해진 이 새로운 인간은 혁신을 지속할 것이고, 새 일자리를 만들어 낼 것이며, 창업을 활성화할 것이다.

나는 만찬이 끝난 후 밖으로 나오며 '그런데 칸 말이 맞을까?' 하는 생각이 들었다.

적어도 미국에서는 칸의 말이 맞는다고 하기 어렵다. 미국은 2002년에 인터넷 가입이 용이해져 가입자가 엄청 늘었다. 대다수의 미국 가정에 광대역 인터넷이 보급된 지 10년이 넘어, 현재 광대역 인터넷에 가입했거나 스마트폰을 가지고 있는 미국인은 85퍼센트에 이른다. 따라서 사람들이 배우려고 마음만 먹으면 칸 아카데미 교재 같은 것에 무제한으로 접근할 수 있다. 하지만 지난 10년 사이 SAT 점수는 현저히 떨어졌다.[3] 고등학교 졸업률은 조금 높아지는 데 그쳤다. 대학 신입생의 학력은 전반적으로 저하되었다. 장소에 구애받지 않고 온라인으로 공부할 수 있게 되었음에도 사람들이 더 똑똑해지는 것 같아 보이지 않는 것이다.

칸 아카데미는 좋아하지 않을 수 없다. 나는 내 아이들도 때가 되면 칸 아카데미 교육을 시킬 생각이다. 그래서 퇴근하면 아이들로부터 "오늘 열역학을 배웠어요!"와 같은 소리를 들을 수 있으면 좋겠다는 상상을 하기도 한다. 하지만 열두 살짜리 아이들에게 초고속 인터넷을 쓰라고 하면, 『전쟁과 평화』같이 깊이 있는 생각을 해야 하는 강의를 찾기보다는 친구들과 채팅을 하든지 비디오 게임을 하든지 아니면 '솔직한 예고편Honest Trailers'* 최근 동영상 같은 것을 찾아보기 십상이다. 칸 아카데미로 가장 크게 도움을 받을 사람은 교육 환경이 열악한 제3세계 사람들이나 빌 게이츠의 자녀처럼 이미 뭔가 할 일을 정해 놓은 아이들이다.

현재까지 밝혀진 바에 따르면 기술이 10대 청소년에게 미친 영향은 모두 부정적인 것 일색이다. 2017년에 발간된 심리학자 진 뗑이Jean Twenge의 저서 『아이젠iGen』에 따르면 스마트폰 사용으로 인해 1995년 이후 출생한 청소년의 우울증과 불안감이 급증했고 사회성과 독립심이 약해졌다고 한다.[4] 「애틀랜틱」은 이 책의 내용을 요약해 '스마트폰이 한 세대를 망가뜨렸을까?'라는 적절한 제목을 붙인 기사를

---

* 영화 예고편을 패러디해 해당 영화의 문제점을 비꼬는 조로 우스꽝스럽게 지적하는 내용의 동영상.

신기도 했다. 청소년들은 미적분을 공부하기 위해 스마트폰을 쓰는 것이 아니라 끊임없이 채팅하기 위해 쓰고 있다.

2011년에는 '온라인 공개강좌^{MOOC}'**가 여러 사람 입에 오르내리기 시작했다. 이 수업 방식이 교육을 혁명적으로 바꿀 것이라고 보는 사람이 많았다. 2013년 유다시티^{Udacity}는 인공지능과 같은 주제를 중심으로 한 스탠퍼드와 MIT의 핵심 수업 과정을 MOOC 형태로 내놓았다. 그러자 전 세계에서 수만 명의 학생이 이 강의에 등록했다. 전문가들은 대학이 사라지리라는 예상을 내놓기도 했다. 하지만 MOOC는 실패했다고 보는 편이 나을 것 같다. 과정을 모두 마친 학생은 4퍼센트에 불과했고, 대부분은 한두 세션을 마치고 수업을 중단했다. 어떤 온라인 수학 강의는 직접 얼굴을 보고 모르는 문제를 질문할 수 있는 대학 수업보다 효과가 작다는 사실이 밝혀져 규모가 축소되기도 했다. 물론 이런 온라인 강의는 앞으로도 계속 발전하겠지만, 대학 지원자 숫자는 그 어느 때보다도 늘었다.

사람은 (아직도) 사람을 통해 배운다

사람들은 흔히 콘텐츠를 교육으로 착각하거나 교육을 콘텐츠로 착각한다. 그래서 온라인으로 교과서 내용에 대한 강의를 듣고 상호작용할 수 있으면 그것을 교육이라고 생각한다. 하지만 어린이에게 교과서를 들려 빈 교실에 앉혀 놓는 행위를 '교육'이라고 말하는 사람은 없을 것이다. 대부분 독서 아니면 벌이라고 생각할 것이다. 앨트

** Massive Open Online Courses, 웹 서비스를 기반으로 이루어지는 대규모 상호 참여형 교육.

스쿨^{AltSchool} 설립자 겸 CEO인 맥스 벤틸러^{Max Ventilla}는 "(교육에서) 소프트웨어를 활용하는 최악의 경우는 소프트웨어로 인간을 대체하는 것이다. (…) 그것은 미친 짓이나 다름없다. (…) 교육은 어린이가 또래 친구들이나 어른들과 관계 맺는 법을 배우는 것이다. 그래야 배우려는 동기가 생긴다"라고 말했다.[5] 앨트스쿨은 미국의 모든 어린이에게 맞춤 교육을 제공하겠다는 취지로 2014년에 설립된 회사다. 앨트스쿨은 마크 저커버그와 자선단체 에머슨 컬렉티브^{Emerson Collective} 등으로부터 1억7500만 달러가 넘는 돈을 모금하였다. 이 회사는 샌프란시스코와 뉴욕에 초등학교 6개를 개교해 수백 명의 어린이를 교육하고 있다. 회사가 고용한 기술자는 50명이 넘는다. 이들은 교사가 요구하는 기구를 개발한다. 학교는 비디오카메라를 이용해 학생들의 조그마한 상호작용도 놓치지 않고 녹화해 두었다가 나중에 활용한다.

맥스는 "우리는 대부분의 교육은 전자기기의 도움 없이 이루어져야 한다고 믿습니다"라고 말한다. 맥스는 구글에서 개인별 맞춤 서비스 책임자로 일했었다. 세 아이의 아버지이기도 한 맥스는 어린이들을 미래에 대비시키는 학교를 만들고 싶어한다. "앨트스쿨 교실에서는 어린이가 스크린을 통해 공부하는 경우는 거의 없습니다. 그 대신 우리는 모든 어린이를 대상으로 그 아이의 배움과 관련해 중요한 내용은 모두 디지털 방식으로 기록해 둡니다. 공부뿐만 아니라 공부 외적인 배움도 마찬가지입니다. (어린이들은) 인성이 중요하다는 것, 열정과 끈기가 중요하다는 것을 배웁니다. 또, 역사적 사실이나 곱셈을 배우는 것과 마찬가지로 (…) 수많은 실패 후에 성공하는 경험도 교육의 한 부분이라는 사실을 알게 됩니다."

앨트스쿨은 사람이 사람을 통해 배운다는 본질을 유지하면서도 기술이 최고로 잘할 수 있는 분야는 여러 가지 소프트웨어를 정교하게 활용해 처리한다. 점점 늘어나는 학생을 대상으로 대량의 데이터를 기록하고 합성한 뒤 그 데이터를 가지고 학생에게 올바른 길을 제시하는 것이다. 나는 작년에 샌프란시스코에서 맥스 부부와 저녁을 함께할 기회가 있었다. 대화를 나누다 보니 앨트스쿨이 어떻게 1억 7500만 달러를 모금했는지 알 수 있을 것 같았다. 맥스는 대단히 뛰어난 사람이었고, 우리 아이들에게 더 나은 교육을 제공하겠다는 사명감이 투철했다. 맥스는 오랫동안 그 일에 매달려 왔다. 아마 어머니와 누이가 교사라는 사실도 맥스에게 영향을 끼쳤을 것이다.

앨트스쿨의 가장 좋은 점은 아마도 학교가 인성에 초점을 맞춘다는 사실일 것이다. 일자리가 자꾸 줄어드는 세상에서는 자기 관리 능력과 사회성이 인생의 성공에 핵심 요소가 될 것이다. 앞으로는 고등학생 대다수가 대학에 진학하지 않으리라는 사실을 알아야 한다. 따라서 고등교육을 받지 않고도 사회인으로서 제 역할을 다하고 살 수 있어야 한다. 열정과 끈기, 적응력, 경제 분야의 지식, 면담 기술, 인간관계, 대화와 소통, 관리 기술, 갈등 관리, 건강에 좋은 음식 만들기, 육체적 건강, 회복력과 절제력, 시간 관리, 기본적인 정신 건강 지키기, 음악 및 미술, 이 모든 것이 학생들에게 도움이 될 것이다. 따라서 학교는 그만큼 더 중요해질 것이다. 현재는 모든 교육 제도가 대학 입학 준비에 치중하다 보니 고등학교 교과 과정은 전부 공부 위주로 되어 있고 인생을 살아가는 기술과는 거리가 멀다. 일과 상관없이 시민이 올바르고 긍정적이며 사회에 도움이 되는 삶을 살아갈 수 있도록 하는 것이 교육의 목적이 되어야 한다.

교육은 집에서 시작된다

우리가 교사에게 줄 수 있는 가장 큰 도움은 부부의 이혼을 막는 것이다. 부모가 모두 있는 가정에서 자란 아이는 그렇지 않은 아이보다 어떤 기준에서 보더라도 대부분 더 나은 성과를 보인다. 이혼을 막기 위해 기술이 도움이 될 수도 있을 것이다. 예를 들면 AI 인생 상담 코치가 모건 프리먼Morgan Freeman의 목소리로 부부간의 차이점을 극복할 수 있도록 도와주는 것이다. 정부는 기본적으로 누가 되었든 결혼 문제 상담을 원하는 사람이 있으면 상담할 수 있도록 지원해야 한다. 아이가 있는데 이혼을 원하지 않는 사람이 있다면 우리가 도와야 한다는 뜻이다. 아무리 결혼 생활이 순조로워 보이는 부부라 해도 아이가 처음 태어났을 때의 이야기를 꺼내면 몸서리칠 사람이 많다. 결혼 생활을 온전히 유지하는 것이 다음 세대를 위해 이익이다.

우리는 또 부모가 아이와 충분한 시간을 보낼 수 있도록 제도적 장치를 마련해야 한다. 미국은 아직 육아휴직 제도가 없다. 아주 야만적이고 반가족적이고 성차별적이고 퇴행적이며 경제적 관점에서도 몰상식한 정말 바보 같은 짓이다. 여러 연구에 따르면, 육아휴직 제도를 시행하면 어린이의 건강 상태가 좋아질 뿐만 아니라, 여성이 일을 그만둘 필요가 없어지므로 여성의 고용률이 상승한다고 한다.[6] 미국은 세계 196개국 가운데 의무적 육아휴직 제도가 없는 네 나라 중 하나이며, 선진국 중에서는 유일한 나라다.[7] 다른 세 나라는 레소토, 스와질란드, 파푸아뉴기니다. 분명히 세계에서 잘나간다는 국가는 아니다. 미국은 신생아 부모가 새로 태어난 아이와 시간을 보낼 필요가 있다는 인식이 가장 낮은 국가 2퍼센트에 속한다. 자본이 인간보다 우위에 있다는 우리의 잘못된 생각을 보여주는 극명한 예다. 우리와 대조적으로 덴마크는 신생아 부모에게 52주의 유급 육아휴직을 부여해 부모가 적절히 나눠 쓸 수 있게 한다. 그중 최소 18주는 여성에게 임금 전액을 지급한다.[8]

지금과 같은 추세가 지속한다면 싱글맘은 더욱 늘어날 전망이다. 현재 미국에는 1140만 명의 싱글맘이 1720만 명의 아이를 키우며 살고 있다. 전체 편부모 중 싱글맘이 차지하는 비율은 82퍼센트가 넘는다. 이들의 40퍼센트는 저임금을 받으며 가난하게 사는데, 이 비율은 세계에서 가장 높은 수치에 속한다.[9] 이 문제를 해결하려면 싱글맘이 서로 모여 공동생활을 할 수 있도록 마련해주는 것이 바람직해 보인다. 그렇게 되면 요리나 아이 봐주기 등을 서로 나눠할 수 있고, 걱정 없이 아이를 맡길 수도 있을 것이다. 공동 주거는 갈수록 밀레니엄 세대의 인기를 끌어 이미 미국에 150개가 넘는 공동 주거 단지가 생겼다. 공동생활을 하면 사회적 결속력이 높아지는 것으로 나타났다. 어린이나 어린이의 부모, 노인 모두에게 아주 도움이 되는 일이다.[10]

교육 연령도 앞당겨야 한다. 어린이, 특히 가난한 어린이에게 엄청난 도움이 될 것이다. 뉴욕이나 샌안토니오 같은 곳에서는 유아원 교육을 실시하자는 운동이 일어나고 있다. 영국은 3, 4세 아동이 원하면 누구나 교육을 받을 수 있도록 하는 보편적 유아원 교육을 제공하고 있고, 중국과 인도도 유아원 교육을 확대하고 있다.

어린이 교육에 효과적이며 도움이 된다고 밝혀진 것이 몇 가지 있다. 유감스럽지만 기술은 아니다. 지금까지의 사례로 보면 나쁜 학교를 좋은 학교로 만드는 데 랩톱 컴퓨터나 소프트웨어는 큰 도움이 되지 못했다. 기술은 기존 환경에 더해지는 첨가물일 뿐이다. 따라서 훌륭한 교사가 있는 탄탄한 학교라면 기술이 도움이 된다. 하지만 형편없는 학교라면 기술이 해결해줄 수 있는 것은 아무것도 없다. 우리는 훌륭한 교사, 뛰어난 문화, 팀워크, 학생 개개인에 대한 관심이 중요하다는 사실을 이미 알고 있다. 이것을 제대로 구현하지 못하고 있을 뿐이다. 적은 투자로 많은 것을 거두려는 장치나 해결책에 푹 빠져 있기 때문이다.

나는 교사 한 명이 가르치는 회사로 시작해 나중에는 1년에 수만 명의 학생을 가르치는 회사로 성장한, 맨해튼 프렙이라는 교육 회사를 운영했었다. 우리는 최신 기술을 활용했다. 하지만 우리가 업계를 선도하는 회사가 될 수 있었던 이유는 최고의 교사를 채용했고, 교사에게 최고의 대우를 해 줬으며, 교사가 원하는 수업 방식으로 가르칠 수 있도록 권한을 위임했기 때문이었다. 사람이 사람을 가르치는 것이다. 만약 1000명의 학생을 잘 가르치고 싶으면 한 명의 학생부터 잘 가르쳐보라. 그런 다음 그 방법을 1000번 적용하면 된다.

대학이 언제나 답은 아니다

우리는 초등학교 때부터 대학 입시를 지나치게 강조하고 직업 교육은 하찮게 여기는 경향이 있다. 2013년에 미국 고등학생 중 직업 교육을 받겠다고 신청한 학생은 6퍼센트에 지나지 않았다. 이에 비해 영국은 42퍼센트, 독일은 59퍼센트, 네덜란드는 67퍼센트의 학생이 직업 교육을 선택했다.[11] 경제 상황이 바뀐다 해도 구할 수 있는 일자리의 상당수는 중간 수준의 기량을 필요로 하는 비반복적인 일이 될 것이다. 예를 들면 용접공, 유리 설치공, 전기 기술자, 기계 수리공, 유지 보수 담당자, 통신선로 기사 등을 들 수 있다. 조지타운에 있는 어떤 연구소는 대학 졸업장이 없어도 보수를 많이 받을 수 있는 일자리가 3000만 개 정도 된다고 추산했다. 대부분 일정 수준의 전문 교육이 필요한 일이다.[12] 몇 년 전 여름에 우리 사무실의 에어컨이 고장난 적이 있었다. 우리는 최대한 빨리 고쳐야 했기에 2000달러나 들었다. 앞으로도 몇십 년 동안 이렇게 낡은 에어컨은 계속 나올 것이다.

대학은 일자리와 관련한 모든 경제 문제에 대한 답이라도 되는 양 과도한 평가를 받아 왔다. 가장 최근의 조사에 따르면 처음으로 대학에 입학한 정규 대학생의 6년 후 졸업률은 59퍼센트라고 한다.[13] 2009년에 대학 생활을 시작한 학생 중 59퍼센트만이 2015년까지 학사 학위를 취득했다는 뜻이다. 이 비율은 지난 몇 년 동안 거의 변함이 없었다. 일류 사립대학에 다니는 학생 입장에서는 이 수치가 지나치게 낮게 보일 것이다. 소위 일류대학에서는 이 비율이 88퍼센트에 이르기 때문이다. 자유 입학제를 시행하는 대학의 6년 후 졸업률은 32퍼센트였고, 영리를 목적으로 하는 대학은 이 비율이 23퍼센트밖에 되지 않았다. 마찬가지로 2년제 대학에서 3년 이내에 졸업하는 학생 비율은 29.1퍼센트에 불과했다. 고등학교가 아니라 대학이야말로 미국의 진짜 중퇴 공장인 셈이다.

중퇴의 주원인으로는 어려운 학업을 쫓아갈 준비 부족, 학업과 가족과 일이라는 서로 상충하는 요구사항을 동시에 만족시키기 힘들었다는 점, 그리고 학비가 거론되었다.[14] 가장 안 좋은 점은 학위를 따지 못해도 수업료를 되돌려주는 대학이 하나도 없다는 것이다. 그러다 보니 수백만 명의 고등학교 졸업자가 대학에 입학했다가 빚만 잔뜩 짊어지고 졸업도 하지 못하는 것이 현실이다. 미국의 학자금 대출 총액은 1조4000억 달러라는 기록적인 금액에 이르렀다. 학자금 대출은 많은 젊은이의 앞날을 가로막는 암초로 작용하고 있다.[15]

한편, 뉴욕 연방준비은행에 따르면 전체 대졸자의 불완전고용률은 34퍼센트이고, 최근 졸업자만 놓고 보면 44퍼센트라고 한다. 대졸자 3분의 1이 학위가 필요 없는 일자리에서 일하고 있다는 얘기다. 우리는 대학을 졸업하면 마치 미래가 보장될 것처럼 말하지만 실상은 그렇지 않은 경우가 많다.

대학 등록금이 비싼 이유

이 대목에서 그렇다면 대학 등록금은 왜 그렇게 비쌀까 하는 의문이 떠오른다. 지금까지 대학 교육의 효과를 직접 측정해본 적은 없다. SAT를 다시 치르게 해 점수가 얼마나 올랐나를 보는 것과는 다른 얘기다. 사정이 이런데도 지난 20년간 대학 등록금은 물가상승률의 몇 배나 올랐다. 다른 모든 물가보다 많이 오른 것은 물론 심지어 의료비보다도 많이 뛰었다.[16] 지금도 수천 명의 학부모가 이런 고민을 하고 있을 것이다. '큰일이군! 두 아이를 대학 보내려면 50만 달러 가까이 들어갈 텐데…….' 학위 따는 데 드는 돈은 천정부지로 뛰었지만 정작 대학 졸업자의 실질 소득은 감소했다.

학교에 따라 조금씩 다르지만 사립대학의 경우 1년 등록금이 5만

<그림16>미국 소비자물가지수의 상대적 변화(1978~2017)

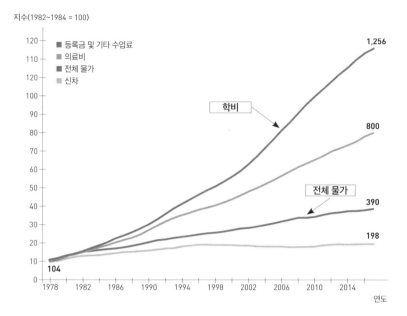

지수(1982~1984 = 100)

- 등록금 및 기타 수업료
- 의료비
- 전체 물가
- 신차

학비

전체 물가

1,256

800

390

198

104

1978　1982　1986　1990　1994　1998　2002　2006　2010　2014

연도

[출처] 미국 노동통계청, 전체 도시 소비자 대상 소비자물가지수.
세인트루이스 연방준비은행 FRED에서 발췌.

달러에 이르는 대학도 있다. 공립대학의 경우에는 같은 주에 거주하는 학생에게는 약 1만 달러, 다른 주에서 온 학생에게는 2만5000달러 정도를 받는다. 모두 기숙사 비용은 제외한 금액이다. 대학 등록금은 지난 25년 사이에 평균 440퍼센트나 올랐다.[17] 그러니 대학에 가려면 정부가 제공하는 빚더미에 올라앉을 수밖에 없다.

　대학교수가 돈을 더 많이 받아서 그런 것이 아니다. 건물을 새로 짓거나 시설 확충 때문에 그런 것은 더구나 아니다. 주원인은 대학이 관료화되어 행정 직원이 대폭 늘었기 때문이다. 교육부와 블룸버그에 따르면 1993~2009년 사이에 대학의 행정 직원 수는 60퍼센트 늘었다. 같은 기간 종신 교수 증가율의 10배나 된다.[18] 캘리포니아주의 대학 제도를 분석한 한 보고서는 정규직 교수의 수가 겨우 5퍼센트 증가하는 동안 행정 직원은 221퍼센트나 늘었다고 밝혔다. 어떤 보고서는 '현재 미국 내 대학에 정규직으로 근무하는 행정 직원은 교수, 연구원, 시설 관리인을 합한 수보다 더 많다'고 했다.

나는 그런 현상을 이해한다. 나도 비영리 단체를 운영하고 있기 때문이다. 자원이 늘어나면 나를 위해 일해줄 사람을 뽑게 되어 있다. 사람이 늘면 여유가 생겨 모두 즐거워한다. 일도 잘 돌아간다. 그러다 시간이 지나면서 조직의 목적이 조직 자체의 성장과 유지로 바뀌는 것이다. 하지만 전체적인 사정이 그렇다 하더라도 자동화 시대에 공공의 이익을 위해서는 교육비를 낮추는 것이 절실하다.

돈이 많은 대학은 더 많은 돈을 벌기 위해 돈을 쓴다. 2015년에 어떤 법학 교수는 예일대학이 그 전해에 기부금을 관리하는 사모펀드 매니저에게 지급한 돈이 학비 보조금이나 장학금, 상금 등으로 학생에게 쓴 돈보다 많았다고 지적했다. 학생에게 쓴 돈은 1억7000만 달러였던 데 비해 사모펀드 매니저 보수로 지급한 돈은 4억8000만 달러였다.[19] 그러자 맬컴 글래드웰Malcolm Gladwell은, 예일은 대학이 딸린 240억 달러 규모의 헤지펀드라며 한물간 사업은 인제 그만두라는 우스갯소리를 했다.

예일대학을 비롯해 모든 비영리 대학은 세금이 면제될 뿐만 아니라 정부로부터 수백만 달러의 연구비를 지급받는다. 결국, 대학이 기부금 등을 투자해 수십억 달러를 증식하는 데 국민 세금이 쓰이는 셈이다. 한 연구소의 보고서에 따르면 지역 대학에 다니는 학생 한 사람당 납세자가 부담하는 돈은 연간 2000~4000달러라고 한다. 주립대학의 경우에는 납세자 부담액이 평균 1만 달러 정도 된다. 하버드대학에 다니는 학생 1인당 납세자가 부담하는 돈은 4만8000달러다. 예일대학의 경우에는 6만9000달러고, 프린스턴대학은 10만5000달러나 된다. 대학이 돈을 많이 벌수록 세금 면제로 인한 혜택이 더 커지기 때문이다.[20]

학교가 교육에 돈을 쓰도록 유도해야 하는데 부유한 학교가 돈을 더 벌 수 있도록 돕고 있으니, 이것이야말로 세금 감면 제도가 잘못 운용되는 전형적인 사례라고 할 수 있다. 이 문제를 바로잡는 한 가지 방법은, 기부금 총액이 50억 달러가 넘는 사립대학의 경우 그 전해에 들어온 기부금 전액을 직접적인 교육비나 학생 지원, 미국 내 학교 확충 등에 쓰지 않으면 면세 혜택을 박탈하는 법을 만드는 것이다. 이렇게 하면 하버드, 예일, 스탠퍼드, 프린스턴, MIT, 펜실베이니아, 노스웨스턴 등의 대학은 해마다 수십억 달러를 직접적인 학생 지원이나 학교 확충에 쓰게 될 것이다. 그러면 얼마 전 상하이에서 개교한 하버드대학 분교처럼 오하이오주나 미시간주에도 하버드대학 분교가 생길 수 있을 것이다. 또, 다트머스대학이나 서던캘리포니아대학처럼 기부금이 50억 달러에 육박하는 대학은 그 문턱을 넘지 않으려고 투자를 늘릴 것이다. 실행 가능한 또 다른 방법은, 돈이 많은 대학의 기부금에 세금을 물리고 그 돈으로 지역 대학이나 공립대학에 다니는 학생을 지원하는 것이다. 적어도 하나 이상의 진보 단체가 주장하는 방법이다. 해마다 기부금의 일정 비율(예를 들어 6~8퍼센트)을 의무적으로 쓰도록 강제하는 것도 하나의 방법이 될 수 있다.

가장 어려운 부분은 비용 통제 제도를 도입해 대학의 행정 직원 팽창을 억제하는 것이다. 비용 증가율 상한선 설정 방법은 그다지 도움이 되지 않을 것이다. 말이 이미 마구간을 벗어났기 때문이다. 1975년에 대학은 학생 50명당 한 명꼴로 전문 직원(입학사정관, 정보기술 전문가 등)을 채용했다. 2005년에는 그 비율이 138퍼센트 이상 늘어 전문 직원 수는 학생 21명당 한 명꼴이 되었다.[21] 언론에서 대학 행정 부문의 비대화와 효율성을 다루는 보도를 하면 어느 정도 도움이 될 수 있을 것이다. 하지만 정부가 학생 대비 행정 직원의 적정 비율과 교수 대비 행정 직원의 적정 비율에 대한 기준을 설정한 후, 대학이 그 방향으로 갈 수 있도록 시간을 주는 방법이 필요할 수도 있을 것이다. 정부는 연구비 지급, 세금 면제, 수천억 달러에 이르는 학교 대출 등의 방법으로 교육을 지원하고 있다. 따라서 무턱대고 '문제점을 개선하는 대학이 점점 늘 것'이라는 소리만 하지 말고 지원한 돈이 합리적으로 쓰일 수 있도록 유도할 필요가 있다. 그냥 두면 절대 그런 일은 일어나지 않는다.

우리는 또 「US뉴스 앤드 월드리포트」가 발표하는 대학 순위를 무시하거나 순위 측정 방법을 바꿔야 할 필요가 있다. 현재의 측정 방법에는 재무적 능력, 학생 대 교수 비율, 동문 기부금 같은 것이 들어 있어 대학이 부유한 학생을 선발하도록 부추기는 역할을 한다. 그러니 예일과 프린스턴 입학생 중에서 상위 1퍼센트에 해당하는 부유층 자녀가 하위 60퍼센트 계층의 자녀를 모두 합한 수보다 많은 것이다.

대학이 다양한 배경을 가진 학생을 선발하거나 심지어 운영을 효율적으로 한다고 해도 순위 평가에서는 불리해질 가능성이 높다. 브릿 커원Brit Kirwan 전 메릴랜드대학 총장은 "만약 어떤 외부 세력이 미국의 고등교육을 약화시키고 싶었다면 「US뉴스 앤드 월드리포트」와 같은 대학 순위 제도를 만들었을 것입니다. 우리는 더 많은 대졸자를 사회에 배출해야 하고, 더 많은 저소득층 학생이 고등교육 혜택을 받을 수 있도록 해야 합니다. 그런데 「US뉴스 앤드 월드리포트」의 대학 순위 측정 지표는 이 두 가지 목표에 역행하고 있습니다"라고 말했다. 이제는 인쇄물로도 출간되지 않는 매체가 발표하는 대학 순위가, 수십억 달러의 자산을 가진 많은 대학의 행태와 정책을 공공의 이익과 어긋나게 결정짓는다니 참으로 어처구니없는 일이 아닐 수 없다.

새로 생기는 학교

대학 등록금이 계속 오르자 사람들은 좀더 경제적인 교육 방식을 모색해왔다. 요즘은 4개월 동안 코딩 교육을 시킨 후 고소득 일자리를 알선해주는 코딩 교육원에 대한 기대가 높다. 플랫아이언 스쿨Flatiron School과 제너럴 어셈블리General Assembly는 95퍼센트의 취업 성공률을 기록하며 사람들의 이목을 사로잡았다. 초기의 성공에도 불구하고 투자가 지나친 결과 많은 대형 코딩 교육원이 문을 닫고 이제는 업계 전체가 하나로 뭉치는 추세다. 지금까지 전국에 있는 90개의 코딩 교육원에서 배출한 학생은 모두 2만 3000명가량 된다. 이들 교육원에 따르면 얼굴을 마주 보고 하는 몰입형 교육을 받아야 성공 확률이 높다고 한다. 벤처캐피털 유니버시티 벤처스University Ventures의 투자가 라이언 크레이그Ryan Craig는 "온라인 코딩 교육원은 말 자체가 앞뒤가 맞지 않습니다. 아직까지 온라인으로 코딩을 어떻게 가르쳐야 할지 제대로 아는 사람은 아무도 없습니다"라고 말한다.[22]

아마도 대학 교육에 기술을 접목한 가장 흥미로운 사례는 미네르바대학Minerva Schools일 것이다. 올해 5년째 접어든 신생 대학이다. 미네르바대학 학생들은 기숙사 형태의 주거 공간에서 함께 살며 온라인 강의를 듣는다.[23] 일반적인 온라인 강의와 다른 점은, 학생의 얼굴이 지속해서 화면에 뜬다는 것과, 참여율과 수업 몰입도를 높이기 위해 강의가 토론식으로 진행된다는 점이다. 기말고사 같은 것은 없고 토론 참여가 성적 평가에 가장 중요한 요소다. 교수는 학생 개개인이 올바른 사고방식을 가졌는지 알아보기 위해 수업 내용을 다시 돌려 볼 수 있다. 미네르바대학은 도서관이나 체육 시설 따위를 짓는다거나 운동부 같은 것을 운영한다고 투자할 필요가 없기 때문에 경비를 절약할 수 있다. 학생들은 샌프란시스코, 부에노스아이레스, 베를린, 서울, 이스탄불에 있는 기숙사에서 1년씩 번갈아 가며 지낸다. 미네르바대학에 들어가기는 쉽지 않다. 가장 최근 학기의 합격률은 1.9퍼센트에 지나지 않았다. 학생들은 함께 생활하고 함께 여행하며, 사회성을 기르고 유대 관계를 형성할 수 있다. 미네르바대학은 지식만 전수하는 것이 아니라 인적 보증 제공, 인맥 형성, 사회성 향상, 정체성 확립 등 학생들이 바라는 다른 여러 기능도 수행한다. 학비는 1년에 2만8000달러로 비슷한 수준의 대학과 비교했을 때 절반이 조금 넘는 금액이다. 나는 작년에 샌프란시스코에서 미네르바대학 학생들을 만나보았는데 대단히 의지가 확고하고 생각이 깊다는 인상을 받았다.

내가 미네르바대학을 좋아하는 이유 중 하나는 새로 생긴 학교라는 점 때문이다. 미네르바 프로젝트의 창업자 겸 CEO 벤 넬슨^{Ben} ^{Nelson}은 모두 일류대학에 가고 싶어한다면 일류대학을 더 만들면 되지 않느냐고 반문한다. 일류대 합격률이 기록적으로 떨어졌는데도 입학 정원을 그대로 유지한다는 것은 정말 이상한 일이다. 정원을 적게 유지해 입학하기 힘들게 만드는 것이 학교의 이익에 맞을지도 모른다. 하지만 입학 정원을 늘리는 것이 사회에는 유리하다. 최근 다트머스대학은 입학 정원을 25퍼센트 늘릴 수도 있다고 발표했다. 올바른 방향으로 나가는 길이라고 생각한다.

이상의 재발견

대학이 할 수 있는 최고의 일이 한 가지 있다면 애초의 설립 취지를 다시 생각해보는 것이다. 무엇 때문에 설립되었는가? 졸업생에게 어떤 가치를 심어주려고 하는가? 학생들에게 대학이 의도하는 가치를 가르치고 보여주어야 한다. 학생은 대학의 고객도 아니고 대학의 논평가도 아니고 대학 공동체의 구성원도 아니다. 대학의 학생이다. 학생들은 대학이 가만히 앉아서 학생을 선발하고, 학생을 일자리와 연계시키려 하고, 대학의 장래에 대비해 기부금을 쌓아두고, 자기네가 졸업하면 기부를 독려하리라는 사실을 알고 있다.

하버드대학은 맨 처음 성직자를 양성하기 위해 설립되었다. 하지만 지금은 최소한 1년에 은행가 한 명 정도는 학교를 기쁘게 해주도록 만드는 것이 사명인 것처럼 보인다. 나는 얼마 전에 프린스턴대학에서 강연할 기회가 있었다. 당시 학생 하나가 학교 교훈인 '국가와 인류를 위한 봉사'를 언급하자 모두 웃음을 터트렸다. 이유는 다르겠지만 만약 그 학생이 '프린스턴의 부를 위해서'라거나 '시장을 위한 봉사'라고 했다 해도 모두 웃음을 터트렸을 것이다.

마크 에드먼슨Mark Edmundson 버지니아대학 교수는 저서 『자아와 영혼Self and Soul』에서 서구 문화는 역사적으로 다음 세 가지 주요 이상을 소중히 여겼다고 했다.

첫째는 전사다. 전사의 최고 덕목은 용기다. 역사상 전형적인 인물로는 아킬레스, 헥토르, 잔 다르크를 들 수 있다.

둘째는 성인이다. 성인의 최고 덕목은 동정심이다. 역사상 전형적인 인물로는 예수 그리스도와 테레사 수녀를 들 수 있다.

셋째는 사상가다. 사상가의 최고 덕목은 사색이다. 역사상 전형적인 인물로는 플라톤, 칸트, 루소, 아인 랜드를 들 수 있다.

에드먼슨은 오늘날 이 이상은 대부분 사라졌다고 탄식한다. 그 자리를 대신 차지한 새 이상을, 에드먼슨은 '중산층 가치를 지닌 세속적 자아'라고 부른다. 잘 먹고 잘살며 남보다 앞서는 것이다. 성공한 뒤 자기복제를 하는 것이다. 아직도 세 가지 위대한 이상은 희석된 형태로나마 남아 있다. 예를 들어 전사는 스피닝 수업*과 스파르타 레이스**에서 그 흔적을 찾아볼 수 있고, 성인은 비영리 단체와 사회적 기업의 형태로 남아 있으며, 사상가는 타네하시 코츠Ta-Nehisi Coates***와 블

---

* 실내 자전거를 타고 속도나 강도를 달리하며 실시하는 단체 운동.
** 5킬로미터에서 42.195킬로미터의 풀코스 마라톤 거리까지 다양한 거리를 달리는 일종의 장애물 달리기.
*** 미국의 작가·기자·만화가·교수. 2015년 『세상과 나 사이Between the World and Me』로 논픽션 부문 전미 도서상을 받았다. 만화 『블랙 팬서』를 그리기도 했다.

로그에서 흔적을 느낄 수 있다. 하지만 현대 사회에서 이 이상 중 하나를 극단적으로 추구하는 사람이 있다면, 우스꽝스럽고 비현실적이고 세상 물정에 어두울 뿐 아니라 심지어 정신적 문제가 있는 사람으로까지 보일 수도 있을 것이다. 대부분의 대학생은 내 말에 동의하리라 확신한다.

오늘날 인간적 자질은 기술과 시장 중심적인 능력에 밀려 설 땅을 점점 잃어 가고 있다. 현대 사회에서는 금융이 용기이고 포장이 동정심이며 코딩이 사색이다. 오늘날의 대학은 학교가 정말로 중요한 질문에 대하여 가르치는 곳이라고 생각하지 않는다. 대학은 애초의 이상이 무엇이었는지도 거의 기억하지 못하고 있다. 만약 다시 기억해 낸다면 우리 모두에게 더 큰 희망을 선사하는 일이 될 것이다.

우리는 주인으로 살 권리가 있다

현재 우리 앞에 놓인 도전 과제와 앞으로 직면할 도전 과제에 대한 내 설명을 받아들이기 힘들 것이라는 사실을 잘 알고 있다. 이 시대의 도전 과제는 실로 어마어마하다. 자동화가 견인하는 일자리 파괴는 점점 속도를 올리며 우리 사회를 약화시키고 있다. 우리는 우리 지도자와 기관이 더는 제 기능을 발휘하지 못하리라는 사실과, 해결책은 있지만 그러려면 많은 사람이 목전의 이익을 포기해야 한다는 사실을 알기 때문에 무력감을 느낀다. 그러면서 물은 점점 차오르는데도 더 많은 사람과 공동체를 자본 효율적이고 시장 친화적으로 만들려고 애쓴다. 현실에 부대끼며 살아가는 대다수 사람은 이미 시장 논리에 사로잡혀 있다. 시장이 득세하며 기회를 빼앗고 더 나은 삶에 이르는 길을 없애는 동안 미국의 보통 사람은 갈수록 고통을 받게 될 것이다.

지금까지 내가 이야기를 나눠본 기술자 대다수는 자동화의 쓰나미가 몰려온다는 사실을 100퍼센트 확신하고 있었다. 이들은 이미 그다음을 생각하고 있었다. 언제가 될지는 확실하지 않지만, 5년, 10년, 아니 15년이라 해도 크게 달라질 것은 없다는 것이다. 그래서 쓰나미를 피해 산으로 도망갈 준비가 되어 있었다.

나도 그들과 생각이 같기에 필사적으로 준비하고 있다. 내 눈에도 쓰나미가 보인다. 자동화가 진행되는 동안 많은 사람과 공동체가 무너질 것이고, 점점 늘어나는 빈민과 무능력자로 인해 사회는 분열될 것이다. 사람들은 부족한 기회를 잡기 위해 싸우느라 서로를 비난하게 될 것이다. 보통 사람들이 고통 받고 있는 동안 전문가들은 말다툼이나 하고 있을 것이다. 가정은 점점 기능을 상실할 것이다. 어린이들은 더 나은 삶에 대한 희망도 없이 성인이 되어 갈 것이고, 그 사이에 여러 기관은 이들에게 거짓 약속을 남발할 것이다.

자동화 시대는 나쁜 일을 많이 동반하고 올 것이다. 하지만 어떻게 하면 우리가 사람답게 살 수 있을지 더 깊이 고민해보는 기회도 제공할 것이다.

나는 이상주의적인 생각을 하는 창업가를 양성하며 지난 6년을 보냈다. 이들은 전국 18개 도시로 진출했고, 그중 수십 명은 회사를 창업했다. 이들이 창업한 회사는 가재 요리를 하는 식당부터 어린이 야구단과 스폰서를 연결해주는 회사, 병아리콩 파스타를 만드는 회사, 건설 공사가 환경친화적이 될 수 있도록 돕는 회사까지 다양하다. 우리는 2500개 이상의 일자리 만들기를 도왔다. 놀라운 일이다. 고무적이다.

하지만 턱없이 모자라는 숫자다. 밀물이 밀려오기 전의 모래성이나 다름없다.

나는 이상을 공유하는 사람들을 규합해 수백만 달러 규모의 조직을 설립했다. 나는 맨해튼, 실리콘밸리, 샌프란시스코에 살면서 프로비던스, 디트로이트, 뉴올리언스, 신시내티, 라스베이거스, 볼티모어, 클리블랜드, 필라델피아, 피츠버그, 세인트루이스, 마이애미, 콜럼버스, 샌안토니오, 샬럿, 애틀랜타, 내슈빌, 버밍햄, 덴버, 캔자스시티, 워싱턴 D.C. 등에서 일했다.

나는 우리 사회를 이끌고 갈 사람들과 자리를 함께한 적이 많다. 기계는 힘이 없다. 제도가 중요하다. 일반적으로 사실이 아니기를 바라는 것이 사실인 경우가 많다.

나는 내가 본 것을 여러분도 보기를 바라는 마음에서 이 책을 썼다. 그러면 훨씬 더 나은 세상을 만들 수 있을 것이다.

일반적으로 사람들은 아이디어가 세상을 바꾼다고 믿는다. 틀린 말이다. 사람이 세상을 바꾼다. 헌신하고 희생하는 사람, 우리 사회를 허물어트리려는 세력과 맞서 싸우는 사람이 세상을 바꾸는 것이다. 우리는 누구를 섬기고 있는가? 인간인가 시장인가?

우리는 우리 힘으로는 어찌할 수 없는 암울한 운명을 향해 질주하는, 오피오이드에 중독된 사람들 또는 우리만의 공간에 고립된 엘리트인가?

우리에게 세계를 재건하는 데 필요한 일을 할 만큼의 기개와 의지와 자신감과 자립심이 남아 있기나 한 것일까? 공감 능력은 충분할까? 자본은 우리를 신경 쓰지 않는다. 우리는 자본을 주된 가치 측정 수단으로 삼는 수준을 넘어서야 한다. 인간적 자본주의는 우리에게 무엇이 중요한 것이고, 그 중요한 것을 어떻게 추구할 것인지 바로 볼 수 있는 기회를 제공할 것이다.

나는 가정이 있는 성인이다. 나는 말로 떠드는 것과 실제 행동하는 것의 차이를 알고 있다. 아는 사람은 자기가 아는 것에서 벗어날 방도가 없다. 더구나 나는 글로써 내 생각을 밝히는 것과 내 생각을 구현하기 위해 싸우는 것의 차이도 알고 있다. 기본적으로 선택은 두 가지다. 빨리 도망치는 것과 맞서 싸우는 것이다. 우리는 결핍의 마음가짐을 버리고 풍요의 마음가짐을 가져야 한다. 혁명은 사회가 붕괴하기 전이든 그 후든 일어날 것이다. 혁명이 일어나기 전에 선택해야 한다.

쉬운 일은 아니다. 우리는 모두 모호함과 고통, 경멸과 분노, 욕심과 두려움, 자존심과 자의식 등 자기 나름의 기능 장애가 있다. 이성마저도 우리의 발목을 잡을 것이다.

우리는 모든 의심, 냉소, 조롱, 증오, 분노를 이겨내고, 아직 여지가 있을 때 이 세상을 위해 싸워야 한다. 새로운 세상을 마음속에 떠올리며 온 마음을 다해 싸워야 한다. 손을 내밀어 서로의 팔을 움켜잡고 앞으로 나아가야 한다. 이기심과 절망과 체념의 장애물을 헤치고 나아가야 한다. 자신의 목숨이 달린 것처럼 서로를 위해 싸워야 한다. 언덕에 오르면 눈에 보이는 모습을 뒤따르는 사람들에게 말해주라.

무엇이 보이는가? 그런 다음 언덕 저편에 우리가 원하는 사회를 건설하는 것이다.

우리 모두 일어서야 한다. 이제 행동할 때가 되었다. 무엇이 우리를 사람답게 만드는가? 아직도 더 나은 세상은 가능하다. 함께 힘을 모아 싸우자.

에벌린^{Evelyn}, 나와 아이들을 위해 헌신해줘서 고마워. 우리 아이들은 강하고 원만하게 자랄 거야.

내 글을 읽어 주고 협조를 아끼지 않은 편집자 폴 휘트래치Paul Whitlatch에게 감사의 마음을 전한다. 나와 한편이 되어 최고의 업무 수완을 보여 준 에이전트 버드 리벨Byrd Leavell에게도 고마움을 전한다. 사람을 믿어주는 것은 강한 힘을 발휘한다.

지난 몇 년 동안 벤처 포 아메리카를 잘 끌고 올 수 있게 도와준 모든 분께 감사드린다. 이 책에 나오는 아이디어의 근원이 벤처 포 아메리카라는 사실을 여러분 모두 알아주었으면 좋겠다. 올바른 사람들의 헌신이 세상을 바꿀 수 있다. 여러분 덕분에 나도 그 진리를 실천할 수 있었고, 그 진리의 수혜자가 될 수 있었다.

나는 창업가로서 빌려 쓰는 것을 아주 좋아한다. 이 책을 구상하며 마틴 포드Martin Ford에게 지적 빚을 졌다. 앤디 스턴Andy Stern도 나에게 해결책을 제시해주었다. 책 제목은 데이비드 프리드먼David Freedman 의 도움을 받았다. 그 밖에 집필 초기에 생각을 정리하는 데 큰 도움을 준 로런 잘라즈니크Lauren Zalaznick, 셰릴 하우저Cheryl Houser, 에릭 반 Eric Bahn, 마일스 라세이터Miles Lasater, 버니 서처Bernie Sucher, 캐스린 벤드하임Kathryn Bendheim, 대니얼 터룰로Daniel Tarullo, 미카 그레이디Miika Grady, 스콧 크레이스Scott Krase, 에릭 캔터Eric Cantor, 로런스 양Lawrence Yang, 오언 존슨Owen Johnson, 칩 해저드Chip Hazard, 크리스 보지아노Chris Boggiano, 메리언 살즈먼Marian Salzman 등에게도 감사드린다.

또, 앨버트 웽어Albert Wenger, 조시 코펠먼Josh Kopelman, 뤼트허르 브레흐만Rutger Bregman, 데이비드 브룩스, J.D. 밴스, 진 텡이, 리사 웨이드, 빅터 탄 첸Victor Tan Chen, 유발 하라리, 스티브 케이스Steve Case, 데이비드 오터, 크리스털 볼Krystal Ball, 라이언 애번트, 앨릭 로스, 마크 저커버그, 샘 올트먼, 크리스 휴스Chris Hughes, 데릭 톰프슨Derek Thompson, 스티브 글리크먼, 존 레티에리John Lettieri, 라나 포루하Rana Foroohar, 팀 오라일리Tim O'Reilly, 딜런 매슈스Dylan Matthews, 애니 로우리Annie Lowrey, 로스 베어드Ross Baird, 닉 해너우어Nick Hanauer, 스콧 샌텐스Scott Santens 등은 내가 잘 모르는 분야의 생각을 가다듬을 수 있게 도와주었다.

친구이자 멋진 파트너인 지크 밴더후크에게 고마움을 전한다. 이 책은 지크의 작품이라고도 할 수 있다.

초기부터 새 역사의 일부가 되어 준 무한 장Muhan Zhang, 재크 그라우먼Zach Graumann, 케이티 블룸Katie Bloom, 맷 시너스Matt Shinners, 리사 서벤커Lisa Cervenka, 제이슨 사이드먼Jason Seidman에게 감사드린다. 우리는 조만간 더 많은 회사의 창업 소식을 듣게 될 것이다.

자료 조사를 도와준 오비디아 스태노이^{Ovidia Stanoi}에게 감사의 마음을 전한다. 오비디아는 무리한 요구를 참아 가며 많은 자료를 찾아 주었을 뿐 아니라 도표 작성을 도와주었다.

에벌린, 고마워요. 당신은 최고의 아내이자 파트너입니다. 당신은 우리 아이들에게 보통 사람들의 보편적 기본소득과 같은 존재요.

크리스토퍼, 데이미언, 이 책이 너희가 주인이 될 이 나라를 더 강하게 만드는 데 도움이 되었으면 좋겠구나.

프롤로그

1 "70% of Americans consider themselves part of the middle class." 에미 마틴(Emmie Martin), '미국인 70%는 자신이 중산층이라고 생각한다. 하지만 실제로는 50%에 불과하다(70% of Americans Consider Themselves Middle Class-but Only 50% Are)', CNBC.com, 2017.6.30.

2 "(…) 83% of jobs where people make less than \$20 per hour will be subject to automation or replacement……." '인공지능, 자동화 및 경제(Artificial Intelligence, Automation, and the Economy)', 미국 대통령실, 2016.12.

3 "Driving a truck is the most common occupation in twenty-nine states." 바버라 콜마이어(Barbara Kollmeyer), '그렇게 오는 동안 미국은 화물차 기사의 나라가 되어 버렸다(Somewhere along the way the U.S. became a nation of truck drivers)', 「마켓워치(Marketwatch)」, 2015.2.9.

4 "Automation has already eliminated about 4 million manufacturing jobs in the U.S. since 2000." 페데리카 카코(Federica Cacco), '미국 제조업 일자리가 감소한 주원인은 기술 때문이지 무역 때문이 아니다(Most US manufacturing jobs lost to technology, not trade)', 「파이낸셜타임스」, 2016.12.2.

5 "The U.S. labor force participation rate is now at only 62.9%." 미국 노동통계청의 자료와 표에서 확인. https://data.bls.gov.

6 "(…) 95 million Americans are out of the workforce." 미국 노동통계청의 자료와 표에서 확인. https://data.bls.gov.

7 "(…) 40% of American children are born outside of married households." 국립 보건통계센터, 질병통제예방센터. https://www.cdc.gov/nchs/fastats/unmarried-childbearing.htm

8 "(…) overdoses and suicides have overtaken auto accidents as leading causes of

death." 미국의 약물 과다복용 사망자 수, 1999~2015, 질병통제예방센터. 자살과 관련해서는 알렉산더 아바드-산토스(Alexander Abad-Santos)의 다음 글 참조. '해마다 미국에서 자살로 죽는 사람은 자동차 사망자보다 3,026명 이상 많다(3,026 More People Die from Suicide in America Each Year Than in Car Crashes)', 「애틀랜틱」, 2013.5.2.

9 "More than half of American households already rely on the government for direct income in some form." 조지 윌(George Will), '급속히 커지는 복지국가(Our Mushrooming Welfare State)', 「내셔널리뷰」 2015.1.21.

10 "(…) 20% of working age adults are now on disability, with increasing numbers citing mood disorders." 브렌던 그릴리(Brendan Greeley), '장애 급여 신청자 분포 지도 (Mapping the Growth of Disability Claims in America)', 「블룸버그비즈니스위크」 2016.12.16.

11 "The budget for Research and Development in the Department of Labor is only $4 million." 오바마 대통령 시절 백악관 고위직이었던 토머스 캘릴(Thomas Kalil)과 내가 주고받은 이메일에서 발췌. 노동부 웹사이트의 예산 항목에는 연구개발 예산이 나오지 않음. https://www.dol.gov/general/budget 참고.

제1장

1 "America is starting 100,000 fewer businesses per year than it was only 12 years ago." 벤 실러(Ben Schiller), '지금이 기업가정신의 황금시대인가? 통계는 아니라고 말한다(Is This the Golden Age of Entrepreneurialism? The Statistics Say No)', 「패스트컴퍼니(Fast Company)」, 2017.6.1

2 "(…) a CNN article that detailed how automation had eliminated millions of manufacturing jobs……." 패트릭 길레스피(Patrick Gillespie), '기계의 부상: 중국이나 멕시코가 아니라 로봇을 두려워하라(Rise of the machines: Fear robots, not China or Mexico)', CNNMoney, 2017.1.30.

제2장

1 "Most community banks were gobbled up by one of the mega-banks in the 1990s……." 라나 포루하(Rana Foroohar), 『생산자와 수익자(Makers and Takers)』, p.14, 크라운비즈니스(Crown Business), 2016.5.17

2 "Union membership fell by 50%." 꿕쭝 부이(Quoctrung Bui), '지도 한 장으로 보는 지

난 50년간의 노조원 감소 현황(50 Years of Shrinking Union Membership, in One Map)', 「NPR」, 2015.2.23.

3 "94% of the jobs created between 2005 and 2015 were temp or contractor jobs without benefits." 댄 코프(Dan Kopf), '2005년 이후 생긴 미국 일자리는 대부분 임시직 이다(Almost all the US jobs created since 2005 are temporary)', QZ.com, 2016.12.5.

4 "Real wages have been flat or even declining." 드루 드실버(Drew Desilver), '근로자 대부분의 실질임금은 몇십 년 동안 거의 변동이 없었다(For most workers, real wages have barely budged for decades)', 퓨리서치센터(Pew Research Center), 2014.10.9.

5 "The chances that an American born in 1990 will earn more than their parents are down to 50%……." 팀 오라일리(Tim O'Reilly), 『미래는 어떻게 될 것이며, 왜 우리 손에 달렸나(WTF?: What's the Future and Why It's Up To Us)』, p.xxi, 하퍼비즈니스(Harper Business), 2017.10.10.

6 "The ratio of CEO to worker pay rose from 20 to 1 in 1965 to 271 to 1 in 2016." 로런스 미셸(Lawrence Mishel)·제시카 슈나이더(Jessica Schnieder), 'CEO의 보수는 일반 근로자나 고임금 근로자에 비해 높다(CEO pay remains high relative to the pay of typical workers and high-wage earners)', 경제정책연구원(Economic Policy Institute), 2017.7.20.

7 The securities industry grew 500% as a share of GDP between 1980 and the 2000s……. 라나 포루하, 『생산자와 수익자』, p.9, 크라운비즈니스(Crown Business), 2016.5.17.

8 "U.S. companies outsourced and offshored 14 million jobs by 2013." 세라 P. 스콧 (Sarah P. Scott), '2013년 다국적 기업의 활동(Activities of Multinational Enterprises in 2013)', 미국 상무부 경제분석국(Bureau of Economic Analysis), 2015.8.

9 "The share of GDP going to wages has fallen from almost 54% in 1970 to 44% (…) in 2013, while the share going to corporate profits went from about 4% to 11%." 팀 오라일리, 『미래는 어떻게 될 것이며, 왜 우리 손에 달렸나』, p.246, 하퍼비즈니스, 2017.10.10.

10 "The top 1% have accrued 52% of the real income growth in America since 2009." 라나 포루하, 『생산자와 수익자』, p.9, 크라운비즈니스, 2016.5.17. 이매뉴얼 사에 즈(Emmanuel Saez) 인용. 미국 국가경제연구국(National Bureau of Economic Research)에서 2016.6.30 발표한 보고서 '벼락부자 되기: 미국 고액 소득자의 진화(Striking it Richer: The

Evolution of Top Incomes in the United States'.

11 "The wealthy experience higher levels of depression and suspicion in unequal societies." 뤼트허르 브레흐만(Rutger Bregman), 『리얼리스트를 위한 유토피아 플랜(Utopia for Realists)』, p.67, 리틀, 브라운 앤드 컴퍼니(Little, Brown and Company), 2016.

12 "(⋯) People are falling behind because technology is advancing so fast (⋯) and our organizations aren't keeping up." 알렉 로스(Alec Ross), 『미래산업보고서(The Industries of the Future)』, p.40, 사이먼 앤드 슈스터(Simon & Schuster), 2015.

제3장

1 The average American achieves something between one credit of college and an Associate's Degree⋯⋯. 커밀 L. 라이언(Camille L. Ryan)·커트 바우먼(Kurt Bauman), '2015년 미국의 교육 수준(Educational Attainment in the United States: 2015)', 상무부, 경제통계청, 인구조사국, 2016.3.

2 The median household income was $59,309 in 2016. 노동통계청을 위한 인구조사국 자료 참조. 인구 조사, 2016 사회 및 경제 통계 보충 자료, 미국 인구조사국, 2017.

3 The median personal income in the U.S. was $31,099 in 2016 and the mean was $46,550. 개인 소득 중앙값은 세인트루이스 연방준비은행 웹사이트에서 발췌, https://fred.stlouisfed.org. 노동통계청을 위한 인구조사국 자료도 참조. 인구 조사, 2016 사회 및 경제 통계 보충 자료, 미국 인구조사국, 2017.

4 (⋯) only 26% of people identified their neighborhood as urban⋯⋯. 제드 콜코(Jed Kolko), '대도시의 교외는 얼마나 넓은가?(How Suburban Are Big American Cities?)', FiveThiryEight.com, 2015.5.21.

5 In 2016, the District of Columbia had the highest per capita income at $50,567⋯⋯. 미국 인구조사국 사이트에서 발췌한 자료, https://www.census.gov/data/tables/time-series/demo/income-poverty/historical-income-households.html.

6 (⋯) 59% of Americans don't have the savings to pay an unexpected expense of $500. 질 콘필드(Jill Confield), '뱅크레이트 설문조사: 비상시에 쓸 자금이 있는 사람은 10명 중 4명이다(Bankrate Survey: Just 4 in 10 Americans have savings they'd rely on in an emergency)', 「뱅크레이트」, 2017.1.12.

7 (…) 63.7% of Americans own their home, down from a high of 69% in 2004. 미국 인구조사국, 미국의 주택보급률, 세인트루이스 연방준비은행 FRED에서 발췌, 2017.11.6.

8 Women-led households have 12% less wealth than male-led households and women on average make 20% less than men. 미국 인구조사국 사이트에서 발췌한 자료, https://www.census.gov/data/tables/time-series/demo/income-poverty/historical-income-households.html.

9 (…) the median level of stock market investment is close to zero in the U.S. 대니얼 커츠리벤(Danielle Kurtzleben), '트럼프가 주식시장의 성과를 자랑해도 많은 사람에게는 남의 이야기다(While Trump Touts Stock Market, Many Americans Are Left Out Of The Conversation)'. NPR, 2017.3.1.

제4장

1 (…) between 64 and 69% of data collecting and processing tasks common in administrative settings are automatable. 맥킨지 글로벌 연구소(McKinsey Global Institute), '작동하는 미래: 자동화, 고용 및 생산성(A Future That Works: Automation, Employment, and Productivity)', 2017.1.

2 Rob estimates……. 롭 로카시오, '자동화로 인한 경제적 위기에 대처하기 위하여 새 정책이 필요하다(We need a New Deal to address risks of automation)', 「테크크런치(TechCrunch)」, 2017.3.31.

3 8,640 major retail locations are estimated to close in 2017… : 타일러 더든(Tyler Durden), '"이제 소매 거품이 터졌다": 8,640개의 매장이 2017년에 문을 닫는다("The Retail Bubble Has Now Burst": A Record 8,640 Stores Are Closing in 2017)', 「제로헤지(Zero Hedge)」, 2017.4.22.

4 Dozens and soon hundreds of malls are closing……. 샤론 오맬리(Sharon O'Malley), '쇼핑몰: 21세기에도 살아남을 수 있을까?(Shopping Malls: Can they survive in the 21st century?)', 「세이지비즈니스리서치(Sage Business Researcher)」, 2016.8.29.

5 One declining Memphis-area mall reported 890 crime incidentsn……. : 헤일리 피터슨, '망해 가는 쇼핑몰이 교외 지역에 엄청난 피해를 입히고 있다(Dying shopping malls are wreaking havoc on suburban America)', 「비즈니스인사이더」, 2017.3.5.

6 (…) the plight of towns in upstate New York (…) offering some unrealistic solutions. 루이스 하이먼(Louis Hyman), '중심가의 신화(The Myth of Main Street)', 「뉴욕타임스」, 2017.4.8.

7 On average, sellers' income from Etsy contributes only 13% to their household income……. '일의 미래를 만들다: 작은 사업체의 커다란 영향(Crafting the future of work: the big impact of microbusinesses)', 2017 판매자 조사 보고서, Etsy.com, 2017.

8 McDonald's just announced an "Experience of the Future" initiative. 태 킴(Tae Kim), '계산원을 키오스크로 대체하겠다는 소식에 맥도널드 주가가 사상 최고치를 기록했다(McDonald's hits all-time high as Wall Street cheers replacement cashiers with kiosks)', CNBC.com, 2017.6.20.

9 The former CEO of McDonald's suggested……. 팀 워스톨(Tim Worstall), '최저 임금이 15달러가 되면 자동화를 앞당길 것이라는 전 맥도널드 CEO의 말이 맞다(McDonald's Ex-CEO Is Right When He Says A $15 Minimum Wage Would Lead To Automation)', 「포브스」, 2016.5.26.

10 (…) food delivery robots……. 캣 론스도프(Kat Lonsdorf), '배가 고프면 배달 로봇을 불러라(Hungry? Call Your Neighborhood Delivery Robot)', NPR, 2017.3.23.

제5장

1 More than 80% of the jobs lost (…) were due to automation. 페데리카 카코, '미국 제조업 일자리가 감소한 주원인은 기술 때문이지 무역 때문이 아니다', 「파이낸셜타임스」 2016.12.2.

2 Men make up 73% of manufacturing workers. 내털리 실링(Natalie Schilling), '제조업에서 여성의 부상(The Coming Rise of Women in Manufacturing)', 「포브스」, 2013.9.20.

3 About one in six working-age men in America is now out of the workforce. 데릭 톰프슨(Derek Thompson), '사라진 남성들(The Missing Men)', 「애틀랜틱」, 2016.6.27.

4 (…) 41% of displaced manufacturing workers (…) were either still unemployed or dropped out of the labor market……. '일자리를 잃은 제조업 노동자는 모두 어디로 갔을까?(Where did all the Displaced Manufacturing Workers Go?)', 생산성과 혁신을 위한 제조업 연합(Manufacturers Alliance for Productivity and Innovation), 2013.5.21.

5 (…) 44% of 200,000 (…) displaced transportation equipment and primary metals

manufacturing workers……. 얼래나 세뮤얼스(Alana Semuels), '미국에는 아직도 제조업이 있다(America is Still Making Things)', 「애틀랜틱」, 2017.1.6.

6 Jobs in manufacturing for people with graduate degrees grew by 32% after 2000……. 얼래나 세뮤얼스(Alana Semuels), '미국에는 아직도 제조업이 있다(America is Still Making Things)', 「애틀랜틱」, 2017.1.6.

7 "The recession led to this huge wiping out of one-industry towns……." 벤 실러, '지금이 기업가정신의 황금시대인가? 통계는 아니라고 말한다', 「패스트컴퍼니」, 2017.6.1.

8 (…) about half of the 310,000 residents who left the workforce in Michigan between 2003 and 2013 went on disability. 채드 핼콘(Chad Halcon), '장애 급여 신청자 급증: 미시간에서는 근로자 열 명 중 한 명이 장애 급여를 받는다(Disability rolls surge in state: One in 10 workers in Michigan collecting checks)', 「크레인스디트로이트비즈니스(Crain's Detroit Business)」, 2015.6.26.

9 The average age of trucker is 49……. 숀 킬카(Sean Kilcarr), '화물차 기사의 인구통계 자료가 달라졌으니 관리도 달라져야 한다(Demographics are changing truck driver management)', 「플릿오너(Fleet Owner)」, 2017.9.20.

10 Morgan Stanley estimated the savings of automated freight delivery……. '자율주행차의 등장으로 인한 자동차 산업의 새로운 패러다임(Autonomous Cars, Self-Driving the New Auto Industry Paradigm)', 모건 스탠리 청서(Morgan Stanley Blue Paper), 2013.11.6.

11 Crashes involving large trucks killed 3,903 people. 올리비아 솔런(Olivia Solon), '자율주행 트럭: 미국 화물차 기사 350만 명의 운명은 어떻게 될 것인가?(Self-driving trucks: what's the future for America's 3.5 million truckers?)', 「가디언」, 2016.6.17.

12 (…) 88% of drivers have at least one risk factor for chronic diseases……. W. 칼 시버(W. Karl Sieber) 등, '비만 및 기타 위험 요소: 미국 장거리 화물차 기사의 건강 및 부상에 관한 전국적인 조사(Obesity and Other Risk Factors: The National Survey of U.S. Long-Haul Truck Driver Health and Injury)', 「미국산업의학저널(American Journal of Industrial Medicine)」, 2014.1.4.

13 (…) ripple effects far and wide. 마이클 그래스(Michael Grass), '무인 트럭 기술이 발전하면 화물 자동차 휴게소 마을은 어떻게 될 것인가?(What Will Happen to Truck Stop Towns When Driveless Truck Technology Expands?)', 「프리리퍼블릭(Free Republic)」, 2015.5.18.

14 About 13% of truck drivers today are unionized. 데이비드 맥그래스(David McGrath),

'내 친구 클로드 같은 화물차 기사는 사라졌다, 그 이유가 가슴 아프다(Truckers Like My Friend Claude Are Extinct – and the Reason Is Sad)', 「시카고선타임스(Chicago Sun-Times)」, 2017.9.1.

15 About 10% of turck drivers (…) own their own trucks. 차량소유주운영 독립운전자협회(Owner Operator Independent Drivers Association), 다음 사이트에서 발췌. https://www.ooida.com/ MediaCenter/trucking-facts.asp

16 (…) about 5% of Gulf War veterans (…) worked in transportation in 2012. 린다 롱턴(Linda Longton), '임무 수행 준비 완료: 화물차 기사로 새 인생을 시작하는 참전 용사들(Fit for duty: Vets find new life in trucking)', 오버드라이브(Overdrive), 2012.8.9.

제6장

1 (…) Narrative Science produces thousands of earnings previews and stock updates……. 조 패슬러(Joe Fassler), '내러티브사이언스의 컴퓨터는 돈 받고 글 쓰는 사람들을 대체할 수 있을까?(Can the Computers at Narrative Science Replace Paid Writers?)', 「애틀랜틱」, 2012.4.12.

2 (…) Moore's Law states that computing power grows exponentially……." 애니 스니드(Annie Sneed), 예상을 뒤엎고 계속되는 무어의 법칙(Moore's Law Keeps Going, Defying Expectations), 「사이언티픽아메리카(Scientific America)」, 2015.5.19.

3 People didn't think that Moore's Law could hold for the past 50 years……. 러스 저스캘리언(Russ Juskalian), '실현 가능한 양자컴퓨터: 구글, 인텔 및 여러 연구기관의 노력으로 이전에는 상상할 수 없었던 성능의 컴퓨터가 마침내 가시권에 들어왔다(Practical Quantum Computers: Advances at Google, Intel, and several research groups indicate that computers with previously unimaginable power are finally within reach)', 「MIT기술리뷰」, 2017.

4 "By 2020 about 1.7 megabytes of information will be created every second for every human being on the planet." 버나드 마(Bernard Marr), '빅데이터: 모두가 읽어봐야 할 깜짝 놀랄 만한 20가지 사실(Big Data: 20 Mind-Boggling Facts Everyone Must Read)', 「포브스」, 2015.10.30.

5 "(…) financial services (…) are already being transformed to take advantage of new technologies……." 클레어 배럿(Clare Barrett), '혼란에 빠진 자산관리 산업(Wealth management industry in disruption)', 「파이낸셜타임스」, 2016.5.6.

6 Goldman Sachs went from 600 NYSE trader……. 나넷 번스(Nanette Byrnes), '골드만삭스가 자동화를 도입하면서 귀신같은 거래인도 위협받는다(As Goldman Embraces Automation, Even the Masters of the Universe Are Threatened)', 「MIT기술리뷰」, 2017.2.7.

7 In 2016 the president of the financial service firm State Street predicted……. 디어드리 페르난디스(Deirdre Fernandes), '스테이트스트리트는 2020년까지 7,000명 감원을 내다보고 있다(State Street Corp. eyes 7,000 layoffs by 2020)', 「보스턴글로브」, 2016.3.29.

8 A new AI for Investors platform – Kensho – has been adopted by the major investment banks……. 너새니얼 파퍼(Nathaniel Popper), '로봇이 월스트리트로 몰려오고 있다(The Robots are Coming for Wall Street)', 「뉴욕타임스」, 2016.2.28.

9 (…) Bloomberg reported that Wall Street reached "peak human" in 2016……. 휴 선(Hugh Son), '인간 일자리는 최고치에 달했고, 알고리즘이 일자리를 노린다. 이제 어떻게 할 것인가?(We've Hit Peak Human and Algorithm Wants Your Job. Now What?)', 「블룸버그 마켓」, 2016.6.8.

10 The insurance industry, which employs 2.5 million Americans……. '1960~2015년 미국 보험 산업 종사자 수(단위:백만 명)(Number of employees in the insurance industry in the United States from 1960 to 2015 (in millions)', 스태티스타(Statista), 2016.

11 McKinsey predicts a massive diminution in insurance staffing……. 실뱅 요한손(Sylvain Johansson)·리케 보겔게상(Ulrike Vogelgesang) 공저, '보험 산업 자동화(Automating the insurance industry)', 「계간 맥킨지(McKinsey Quarterly)」, 2016.1.

12 There are 1.7 million bookkeeping accounting and auditing clerks……. 노동통계청에서 발간한 『미국 직업 전망 핸드북(U.S. Occupational Outlook Handbook)』 2016~2017년 판, '경리원, 회계원 및 내부 감사인(Bookkeeping, Accounting, and Auditing Clerks)', 노동통계청, 미국 노동부, 2017.

13 (…) 39% of jobs in the legal sector will be automated……. 딜로이트 인사이트(Deloitte Insight), '법무 재능 개발: 미래의 로펌에 진입하기(Developing legal talent: Stepping into the future law firm)', 딜로이트, 2016.2.

14 (…) Google's neural network (…) has produces art……. 제인 웨이크필드(Jane Wakefield), '지능을 갖춘 기계: AI 예술품이 전문가와 겨룬다(Intelligent Machines: AI art is taking on the experts)', BBC뉴스, 2015.9.18.

제7장

1 Yuval Harari in Homo Deus makes the point that our cab driver……. 유발 하라리,
『호모데우스: 미래의 역사(Homo Deus: A Brief History of Tomorrow)』, p.315, 하퍼콜린스
(HarperCollins), 2017.

2 (…) Terry Gou (…) comparing humans to animals. 헨리 블로젯(Henry Blodget), 폭스
콘 CEO. '동물 백만 마리를 관리하려니 골치가 아프다(Managing One Million Animals Gives
Me A Headache)', 「비즈니스인사이더」, 2012.1.19.

3 Only 13% of workers worldwide report being engaged with their jobs. 갤럽 조
사. '종업원 몰입도에 대한 통찰 및 비즈니스 리더를 위한 조언: 세계 시장 현황(Employee
Engagement Insights and Advice for Global Business Leaders: State of the Global Workplace)', 갤럽,
2013.10.8.

4 4 in 10 Americans reported working more than 50 hours……. 밥 설리번(Bob
Sullivan), '일에 목숨을 거는 사람에 관한 보고서: 장시간 근무는 생산성을 떨어뜨린다
(Memo to work martyrs: Long hours make you less productive)', CNBC, 2015.1.26.

5 "Purpose, meaning, identity, fulfillment, creativity, autonomy – all these things
that psychology has shown us to be necessary for well-being are absent in
the average job." 데릭 톰프슨, '일이 없는 세상(A World Without Work)', 「애틀랜틱」,
2015.7/8.

제8장

1 "You have to recognize realistically that AI is qualitatively different……." 앤드루
로스 소킨(Andrew Ross Sorkin), '여야 간 경제전망의 차이를 우려하는 벤 버냉키(Partisan
Divide Over Economic Outlook Worries Ben Bernanke)', 「뉴욕타임스」, 2017.4.24.

2 58% of cross-sector experts polled by Bloomberg in 2017……. '일과 근로자
와 기술에 관한 시프트 위원회(Shift: The Commission on Work, Workers, and Technology)',
2017.5.16.

3 (…) employers think you're a major risk if you haven't been unemployed for six
months……. 니컬러스 에버스탯, 『일하지 않는 남자들: 미국의 보이지 않는 위기(Men
Without Work: America's Invisible Crisis)』, p.95, 템플톤(Templeton), 2016.9.19.

4 The field has a high rate of turnover……. 얼래나 세뮤얼스(Alana Semuels), '미국의 시

니어는 누가 보살필 것인가?(Who Will Care for America's Seniors?)', 「애틀랜틱」, 2015.4.27.

5 "Some would call it a dead-end job": 얼래나 세뮤얼스. '미국의 시니어는 누가 보살필 것인가?', 「애틀랜틱」, 2015.4.27.

6 (…) Mathematica Policy Research compared Trade Adjustment Assistance(TAA) TAA recipients……. 로널드 다미코(Ronald D'Amico)·피터 Z. 쇼세이(Peter Z. Schochet) 공저, '무역조정지원제도에 대한 평가: 주요 조사 결과 종합(The Evaluation of the Trade Adjustment Assistance Program: A Synthesis of Major Findings)', 수리정책연구소, 2012.12.

7 A similar evaluation of Michigan's No Worker Left Behind program……. 빅터 탄 첸(Victor Tan Chen), 『끈이 끊어진 사람들: 불공정 경제에서 일자리와 희망을 잃은 사람들 (Cut Loose: Jobless and Hopeless in an Unfair Economy)』, p.63~71, 캘리포니아대학 출판부, 2015.7.20.

8 "I still haven't got a job in my skill": 빅터 탄 첸. 『끈이 끊어진 사람들: 불공정 경제에서 일자리와 희망을 잃은 사람들』, p.63~71, 캘리포니아대학 출판부, 2015.7.20.

9 The unemployment rate doesn't take into account people who are underemployed……. 니컬러스 에버스탯, 『일하지 않는 남자들: 미국의 보이지 않는 위기』, p.39, 템플톤, 2016.9.19.

10 (…) underemployment rate of recent college graduates……. 뉴욕 연방준비은행, '대학을 갓 졸업한 사람의 노동시장(The Labor Market for Recent College Graduates)', 뉴욕 연방준비은행, 2017.10.4.

11 The U6 unemployment rate was 8.4% in May 2017. 'U-6 실업률 (2000~2017)', PortalSeven.com, 2017.9.

제9장

1 '대학 졸업자의 인기 진로' 및 '대졸 취업자 선호 지역'에 나오는 데이터는 각 대학 취업 지원센터나 센터에서 발표한 졸업 후 학생 진로에 관한 보고서에서 발췌하였다. 사용한 정보의 출처는 다음과 같다.

-하버드대학 크림슨 보고서. '숫자로 본 2016년 졸업반(The Graduating Class of 2016 by the numbers)', 「하버드 크림슨」, 2017.5.15. 검색, http://features.thecrimson.com/2016/senior-survey/post-harvard/

-예일대학 진로 전략 사무실. '1차 진로 보고서: 2016년 졸업반(First Destination Report:

Class of 2016)´, 예일 OCS, 2017.5.15. 검색, http://ocs.yale.edu/sites/default/files/
files/OCS%20pages/Public%20%Final%20Class%20of%202016%20Report%20
(6%20months).pdf

-프린스턴대학 취업지원센터. ´2014~2015 연차 보고서(Annual Report 2014-2015)´, 프린
스턴대학 취업지원센터, 2017.5.15. 검색, https://careerservices.princeton.edu/sites/
career/files/CareerServicesAnnualReport2014-15.pdf

-펜실베이니아대학 취업지원센터. ´2016년 졸업반 진로계획 설문조사 보고서(Class of
2016 Career Plans Survey Report)´, Upenn 취업지원센터, 2017.5.15. 검색, http://www.
vpul.upenn.edu/careerservices/files/CASCPSurvey2016.pdf

-MIT 2017년 실태. ´졸업 후 학생 진로(Students after Graduation)´, 「MIT 실태」, 2017.5.15.
검색, http://web.mit.edu/facts/alum.html

-MIT 기관 연구, 교무처. ´MIT 2016년 졸업반 설문조사(2016 MIT Senior Survey)´, 「MIT
기관 연구」, 2017.5.15. 검색, http://web.mit.edu/ir/surveys/senior2016.html

-스탠퍼드대학 BEAM. ´2015년 졸업반 진로 보고서(Class of 2015 Destinations Report)´,
「스탠퍼드대학 빔(Beam)」, 2017.5.15. 검색, https://beam.stanford.edu/sites/default/
files/stanforddestinationsfinalwebview.pdf

-브라운대학 취업지원센터. ´숫자로 본 진로: 2015~2016학년도(CareerLAB By the
Numbers, 2015-2016 Academic Year)´, 브라운대학 취업지원센터, 2017.5.15. 검색, https://
www.brown.edu/campuslife/support/careerlab/sites/brown.edu.campuslife.
support.careerlab/files/uploads/15166 CLAB By the Numbers Flyer FNL 0.pdf

-다트머스대학 기관 연구실. ´2016년 졸업반 설문조사(2016 Senior Survey)´,
다트머스대학 기관 연구실, 2017.5.15. 검색, https://www.dartmouth.
edu/~oir/2016seniordartmouth.html

-다트머스대학 기관 연구실. ´2016년 졸업 설문조사-최종 결과(2016 Cap and Gown
Survey-Final Results)´, 다트머스대학 기관 연구실, 2017.5.23. 검색, https://www.
dartmouth.edu/~oir/2016 cap and gown survey results infographic final.pdf

-코넬대학 취업지원센터. ´2016년 졸업반 졸업 후 진로 보고서(Class of 2016 Postgraduate
Report)´, 코넬대학 취업지원센터, 2017.5.15. 검색, http://www.career.cornell.edu/
resources/surveys/upload/2016 PostGradReport New.pdf

-컬럼비아대학 취업지원센터. ´2016년 졸업생 설문조사 결과(2016 Graduating

Student Survey Results)', 컬럼비아대학 취업지원센터, 2017.5.15. 검색, http://www.careereducation.columbia.edu/sites/default/files/2016 GSS—CC %26 SEAS-UG.pdf

-존스홉킨스대학 학생처. '2013년 졸업생 졸업 후 진로 설문조사 요약(Post Graduate Survey Class of 2013 Highlights)', 존스홉킨스대학 학생처, 2017.5.15. 검색, http://studentaffairs.jhu.edu/careers/wpcontent/uploads/sites/7/2016/03/JHU-PGS-2013-Copy.pdf

-시카고대학 입학처, '2016년 졸업반 결과 보고서(Class of 2016 Outcomes Report)', 시카고대학 입학처, 2017.5.15. 검색, http://collegeadmissions.uchicago.edu/sites/default/files/uploads/pdfs/uchicago-class-of-2016-outcomes.pdf

-조지타운대학 콜리 진로교육센터. '2016년 졸업반 요약(Class of 2016 Class Summary)', 조지타운대학 콜리 진로교육센터, 2017.5.15. 검색, https://georgetown.app.box.com/s/nzzjv0ogpr7uwplifb4w20j5a43jvp3a

-듀크대학 학생처. '2011년 졸업반 통계(Class of 2011 Statistics)', 듀크대학 학생처, 2017.5.15. 검색, https://studentaffairs.duke.edu/career/statistics-reports/career-center-senior-survey/class-2011-statistics

2   The use of prescription drugs is at an all-time high among college students……. 이저벨 콰이(Isabel Kwai), '교내에서 가장 많이 찾는 곳(The Most Popular Office on Campus)', 「애틀랜틱」, 2016.10.9.

3   In 2014, an American College Health Association survey……. 미국대학건강협회 전국대학건강평가 2014년 봄 준거집단 요약서(American College Health Association National College Health Assessment Spring 2014 Reference Group Executive Summary)

4   Gender imbalances on many campuses……. 리사 웨이드,『훅업, 캠퍼스의 새로운 섹스 문화(American Hookup, The New Culture Of Sex On Campus)』, p.15, 노튼컴퍼니(W.W.Norton Company), 2017.

5   (…) private company ownership is down more than 60% among 18-30 year olds……. 루스 사이먼(Ruth Simon)·케일린 바(Caelainn Barr) 공저, '멸종 위기종이 된 미국의 젊은 창업가. 새 데이터는 젊은이들의 재정적 어려움과 낮은 위험 감수 성향을 보여준다(Endangered Species: Young U.S. Entrepreneurs. New Data Underscore Financial Challenges and Low Tolerance for Risk Among Young Americans)', 「월스트리트저널」, 2015.1.2.

6 "The message wasn't explicit……." J.D. 밴스, 『힐빌리의 노래(Hillbilly Elegy)』, p.56~57, 하퍼콜린스, 2016.

7 The meritocracy was never intended to be a real thing……. 데이비드 프리드먼, '머리 나쁜 사람들의 전쟁(The War on Stupid People)', 「애틀랜틱」, 2016.7/8.

8 "The way we treat stupid people in the future……." 유발 하라리, 『호모데우스: 미래의 역사』, p.100, 하퍼콜린스, 2017.

제10장

1 A UK study found that the most common shared trait across entrepreneurs ……. 데이비드 G. 블랜치플라워(Ddvid G. Blanchflower)·앤드루 J. 오즈월드(Andrew J. Oswald) 공저, '무엇이 창업가를 만드는가?(What Makes an Entrepreneur?)', 1998. 다음 사이트에서 발췌, http://www.andrewoswald.com/docs/entrepre.pdf

2 A U.S. survey found that in 2014 over 80% of startups were initially self-funded……. 칼리 오카일(Carly Okyle), '(인포그래픽) 스타트업 자금 조달로 본 한 해(The Year in Startup Funding[Infographic])', 안트러프러너(Entrepreneur), 2015.1.3.

3 (…) the majority of high-growth entrepreneurs were white (84%) males (72%)……. 조던 와이스먼(Jordan Weissman), '창업: 백인의 최대 특권?(Entrepreneurship: The Ultimate White Privilege?)', 「애틀랜틱」, 2013.8.16.

4 Barbara Corcoran and Daymond John both described growing up dyslexic and being told that school wasn't going to be their route to success. 킴 래숀스 샌드로우(Kim Lachance Shandrow), '샤크탱크의 스타 바버라 코코란은 난독증에 학교 성적이 형편없었는데 어떻게 창업가로 성공했을까(How Being Dyslexic and 'Lousy in School' Made Shark Tank Star Barbara Corcoran a Better Entrepreneur)', 안트러프러너, 2014.9.19.

5 A study of tens of thousands of JP Morgan Chase customers saw average monthly income volatility of 30-40% per month……. 퍼트리샤 코언(Patricia Cohen), '안정된 일자리라고 수입과 근무 시간까지 안정된 것은 아니다(Steady Jobs, With Pay and Hours That Are Anything But)', 「뉴욕타임스」, 2017.5.31.

6 The average worker dreads schedule volatility so much……. 알렉상드르 마(Alexandre Mas)·어맨다 펄레이스(Amanda Pallais) 공저, '대체 일자리 마련의 중요성(Valuing Alternative Work Arrangements)', 국가경제연구국, 2016.9.

7 Eldar Shafir (…) and Sendhil Mullainathan conducted a series of studies……. 엘다 샤피어·센드힐 멀레이너선 공저, 『결핍의 경제학, 왜 부족할수록 마음은 더 끌리는가 (Scarcity: Why Having Too Little Means So Much)』, p.49~56, 타임스북스(Times Books), 2013. ; 에이미 노보트니(Amy Novotney), '결핍의 심리 상태(The psychology of scarcity)', 미국심리학회(American Psychological Association) 논문집 2014.2. Vol. 45, No. 2.

제11장

1 영스타운의 성쇠와 관련된 사실 중 많은 부분은 숀 포지(Sean Posey)가 햄프턴연구소 (Hampton Institute)에 기고한 '미국에서 가장 빠른 속도로 쇠퇴하는 도시: 오하이오 주 영스타운 이야기(America's Fastest Shrinking City: The Story of Youngstown, Ohio)'에서 발췌했다. 2013.6.18.

2 영스타운의 역사. 셰리 리 린컨(Sherry Lee Linkon)·존 루소(John Russo) 공저, 『미국의 철강 도시: 영스타운의 일과 추억(Steeltown U.S.A.: Work and Memory in Youngstown)』, p.47~53, 캔자스대학 출판부, 2002.

3 The city was transformed by a psychological and cultural breakdown. 데릭 톰프슨, '일자리 없는 세상(A World Without Work)', 「애틀랜틱」, 2015.7/8.

4 "I thought we were rich." PBS방송 〈News Hour〉에서 인용. '러스트벨트 도시 영스타운은 어떻게 수십 년간의 침체에서 벗어나려고 하는가(How Rust Belt city Youngstown plans to overcome decades of decline)'. http://www.youtube.com/watch?v=lKuGNt1w0tA

5 "I started off working with a shovel and pick……. 크리스 아네이드(Chris Arnade), '게리에서 일자리와 함께 백인 중산층이 사라졌다. 흑인은 선택의 여지가 없었다(White flight followed factory jobs out of Gary, Indiana. Black people didn't have a choice.)', 「가디언」, 2017.3.28.

6 "Between 1950 and 1980... patterns of social pathology emerged……. 하워드 질레트 주니어, 『캠던의 몰락, 그 뒤: 후기 산업 도시의 쇠퇴와 재생(Camden after the Fall, Decline and Renewal in a Post-Industrial City)』, p.12~13, 펜실베이니아대학 출판부, 2006.

7 (…) "a major metropolitan area run by armed teenagers with no access to jobs or healthy food……." 맷 타이비, '뉴저지의 대재앙: 미국에서 가장 절망적인 도시에서 온 급보(Apocalypse, New Jersey: A Dispatch From America's Most Desperate Town)', 「롤링스톤」, 2013.12.11.

8 (⋯) since 1970 the difference between the most and least educated US cities has doubled⋯⋯. 타일러 코윈, 『4차 산업혁명, 강력한 인간의 시대(Average is Over: Powering America Beyond the Age of the Great Stagnation)』, p.172~173, 펭귄북스(Penguin Books), 2013.

9 59% of American counties saw more businesses close than open⋯⋯. '줄어드는 활력, 지역과 시장과 노동자에게 미치는 영향(Dynamism in Retreat, Consequences for Regions, Markets and Workers)', 경제혁신그룹(Economic Innovation Group), 2017.2.

10 California, New York and Massachusetts accounted for 75% of venture capital in 2016⋯⋯. 리처드 플로리다(Richard Florida), '미국 벤처 자금 지형도 고찰(A Closer Look at the Geography of Venture Capital in the U.S.)', 시티랩(CityLab), 2016.2.23.

11 A series of studies by the economists Raj Chetty and Nathaniel Hendren⋯⋯. 라지 체티·네이선 헨드런 공저, '주변 환경이 세대 간 이동성*에 미치는 영향: 어린 시절의 노출 효과와 카운티 수준에서의 향후 결과 예측(The Impacts of Neighborhoods on Intergenerational Mobility: Childhood Exposure Effects and County-Level Estimates)', 기회균등 프로젝트(The Equality of Opportunity Project), 2015.5.

12 David Brooks described such towns vividly⋯⋯. 데이비드 브룩스. '공화당 지지자들이 왜 이렇게 되었을까?(What's the Matter With Republicans?)', 「뉴욕타임스」, 2017.7.4.

제12장

1 (⋯) when manufacturing work becomes less available⋯⋯. 데이비드 오터·데이비드 돈(David Dorn)·고든 핸슨(Gordon Hanson) 공저, '일자리가 사라지면: 제조업 쇠퇴와 결혼율 하락, 남성의 시장 가치(When Work Disappears: Manufacturing Decline and the Falling Marriage, Market Value of Men)', 국가경제연구국(National Bureau of Economic Research), 2017.2.

2 Average male wages (for working class men) have declined since 1990 in real terms. 재러드 번스타인(Jared Bernstein), '실질 소득과 실질 분노(Real Earnings Real Anger)', 「워싱턴포스트」, 2016.3.9.

3 A Pew research study showed that many men are foregoing or delaying

---

* 세대 간 이동성 – 세대를 거치며 사회 계급이나 소득 수준 등의 이동이 일어나는 비율. – 옮긴이

marriage……. 킴 파커(Kim Parker)·러네이 스테플러(Renee Stepler) 공저, '결혼률은 50
퍼센트 수준을 맴돌고, 배우자 간 교육 수준 격차는 벌어지고 있다(As U.S. marriage rate
hovers at 50%, education gap in marital status widens)', 퓨리서치센터, 2017.9.14. ; 엔디 왕(Endy
Wang)·킴 파커 공저, '결혼하지 않는 미국인의 기록적 증가(Record Share of Americans Have
Never Married)', 퓨리서치센터, 2014.9.24.

4 Marriage has declined for all calsses in the past 40 years……. 앤서니 실루포(Anthony
Cilluffo), '결혼한 미국인의 비율은 줄어들고 있지만 소득세의 대부분은 그들이 내고 있다
(Share of married Americans is falling, but they still pay most of the nation's income taxes)', 퓨리
서치센터, 2017.4.12.

5 (…) one in six men in America of prime-age (25-54) are either unemployed or out
of the workforce……. 데릭 톰프슨, '사라진 남성들', 「애틀랜틱」, 2016.6.27.

6 Young men without college degrees have replaced 75% of the time they used to
spend……. 애너 스완슨(Ana Swanson), '젊은 남성은 일자리를 잡지 않고 비디오 게임을
하고 있다(Study finds young men are playing video games instead of getting jobs)', 「시카고트리
뷴」, 2016.9.23.

7 Women are now the clear majority of college graduates. 알렉스 윌리엄스(Alex
Williams), '캠퍼스의 새로운 수학(The New Math on Campus)', 「뉴욕타임스」, 2010.2.5.

8 Of the 11 million families with children under age 18 and no spouse present, 8.5
million are single mothers. 2016 인구 조사, 사회 및 경제 통계 보충 자료, 미국 인구조
사국.

9 (…) growing up with stably married parents makes one more likely to succeed
at school, but that an absent father had a bigger impact on boys……. 윌리엄 J. 도
허티(William J. Doherty)·브라이언 J. 윌러비(Brian J. Willoughby)·제이슨 L. 와일드(Jason
L. Wilde) 공저, '대학 신입생의 성별 격차가 비혼 출생률 증가와 아버지 부재의 영향인
가?(Is the Gender Gap in College Enrollment Influenced by Nonmarital Birth Rates and Father
Absence?)', 「가족 관계(Family Relations)」, 2015.9.24.

10 "As a child, I associated accomplishments in school with femininity……." J.D. 밴스,
『힐빌리의 노래: 위기의 가정과 문화에 대한 회고』, p.245~246, 하퍼콜린스, 2016.

11 one 2015 U.S. Centers for Disease Control study finding as many as 14% of boys
received a diagnosis. 질병통제센터 소속 국립건강통계센터. https://www.cdc.gov/

nchs/fastats/adhd.htm

12 70% of valedictorians were girls in 2012. 존 버저(Jon Birger), 『데이트 경제학: 데이트는 어떻게 해서 양 팀의 수가 다른 게임이 되었을까(Date-onomics: How Dating Became a Lopsided Numbers Game)』, p.32, 워크맨출판(Workman Publishing), 2015.

13 (…) 50% of Americans live within 18 miles of their mother……. 찍쫑 부이·클레어 케인 밀러(Claire Cain Miller) 공저, '미국인은 일반적으로 어머니 집에서 18마일 이내 거리에 산다(The Typical American Lives Only 18 Miles from Mom)', 「뉴욕타임스」, 2015.12.23.

제13장

1 "We thought it must be wrong… we just couldn't believe that this could have happened……." 제시카 바디(Jessica Boddy), '중년 백인을 '절망감으로 인한 죽음'으로 몰아넣는 요인(The Forces Driving Middle-Aged White People's Deaths of Despair)', 「NPR」, 2017.3.23.

2 Coroners' offices in Ohio have reported being overwhelmed……. 키미코 드 프레이터스-타무라(Kimiko de Freytas-Tamura), '오피오이드 과다 복용이 만연한 가운데 오하이오주 검시사무소는 시신 보관 장소가 모자란다(Amid Opioid Overdoses, Ohio Coroner's Office Runs Out of Room for Bodies)', 「뉴욕타임스」, 2017.2.2.

3 - The five states with the highest rates of death linked to drug overdoses……. 조시 카츠(Josh Katz), '미국의 약물 중독 사망자는 급격히 늘고 있다(Drug Deaths in America Are Rising Faster Than Ever)', 「뉴욕타임스」, 2017.6.5.

- 행동건강 통계 및 질 센터(Center for Behavioral Health Statistics and Quality)의 2016년 자료도 참고. '2015 약물 사용 및 건강 관련 전국 설문조사: 상세한 표(2015 National Survey on Drug Use and Health: Detailed Tables)', 약물남용 및 정신건강 서비스국(Substance Abuse and Mental Health Services Administration), 메릴랜드주 록빌.

4 Addiction is so widespread that in Cincinnati hospital now require universal drug testing for pregnant mothers……. 로라 뉴먼(Laura Newman), '약물 남용이 증가하자 병원은 산모와 신생아를 대상으로 약물 검사를 한다(As Substance Abuse Rises, Hospitals Drug Test Mothers, Newborns)', 「클리니컬 래버러토리 뉴스(Clinical Laboratory News)」, 2016.3.1.

5 (…) Purdue Pharma, which was fined $635 million in 2007 for misbranding the drug……. 마이크 마리아니(Mike Mariani), '미국의 오피오이드 남용이 한 제약회사 때

문에 시작된 경위(How the American opiate epidemic was started by one pharmaceutical company)', 「위크(The Week)」, 2015.3.4.

6 "We know of no other medication routinely used for a nonfatal condition that kills patients so frequently." 소니아 모기(Sonia Moghe), '오피오이드의 역사: '기적의 약'에서 남용의 급속한 확산에 이르기까지(Opioid history: From 'wonder drug' to abuse epidemic)', CNN, 2016.10.14.

7 "We are seeing an unbelievably sad and extensive heroine epidemic……. '미국에서는 헤로인 사업이 호황이다(The Heroine Business is Booming in America)', 「블룸버그비즈니스위크」, 2017.5.11.

8 5.2% of working-age Americans received disability benefits in 2017, up from only 2.5% in 1980……. 사회보장 장애 프로그램, '장애 근로자 자료 그래프(No. 2)'에서 발췌, 사회보장국, 2017.8.

9 About 40% of claims are ultimately approved……. '2015년 사회보장제도 장애 보험 프로그램에 관한 연간 통계 보고(Annual Statistical Report on the Social Security Disability Insurance Program, 2015)', 미국 사회보장국.

10 The lifetime value of a disability award is about $300k for the average recipient. 스티브 크로프트(Steve Kroft), '미국의 장애인(Disability, USA)', CBS뉴스, 2013.10.10.

11 One law firm generated $70 million in revenue in one year alone……. 섀나 조프-월트(Chana Joffe-Walt), '일을 할 수 없는 사람들: 장애 급여 수급자의 급격한 증가(Unfit for Work, The Startling Rise of Disability in America)', NPR, 2017.11.8.

12 (…) Social Security Disability Insurance today essentially serves as Unemployment Insurance……. 데이비드 H. 오터·마크 G. 더건(Mark G. Duggan) 공저, '장애 급여 지급액 증가에 따른 재정 위기 우려(The Growth in the Social Security Disability Rolls: A Fiscal Crisis Unfolding)', 「저널 오브 이코노믹 퍼스펙티브(Journal of Economic Perspectives)」, 2006 여름호.

13 "If the American public knew what was going on in our system, half would be outraged and the other half would apply for benefits." 스티브 크로프트, '미국의 장애인', CBS뉴스, 2013.10.10.

14 In 2013, 56.5% of prime age men 25-54 who were not in the workforce reported receiving disability payments. 니컬러스 에버스탯, 『일하지 않는 남자들: 보이지 않는

미국의 위기(Men Without Work: America's Invisible Crisis)』, p.118, 템플톤프레스(Templeton Press), 2016.9.19.

제14장

1 (…) 22% of men between the ages of 21 and 30 with less than a bachelor's degree reported not working at all in the previous year……. 애너 스완슨, '젊은 남성은 일자리를 잡지 않고 비디오 게임을 하고 있다', 「시카고트리뷴」, 2016.9.23.

2 (…) young men without college degrees have replaced 75% of the time……. 피터 주더만(Peter Suderman), '젊은 남성은 일자리를 잡는 대신 비디오 게임을 하고 있다. (당장은) 괜찮다.(Young Men Are Playing Video Games Instead of Getting Jobs. That's OK. [For Now])', 「리즌(Reason)」, 2017.7.

3 More U.S. men aged 18~34 are now living with their parents……. 킴 파커·러네이 스테플러 공저, '결혼율은 50퍼센트 수준을 맴돌고, 배우자 간 교육 수준 격차는 벌어지고 있다', 퓨리서치센터, 2017.9.14.

4 The Annual Time Use survey in 2014 indicated high levels of time spent "attending gambling establishments." 니컬러스 에버스탯, 『일하지 않는 남자들: 미국의 보이지 않는 위기』, p.93, 템플톤, 2016.9.19.

제15장

1 Membership in organizations has declined by between 25 to 50% since the 1960s: 로버트 D. 퍼트넘(Robert D. Putnum), 『괴이한 미국 시민의 실종(The Strange Disappearance of Civic America)』, 「아메리칸프로스펙트(The American Prospect)」 24권, 1995.

2 (…) approximately 2,500 leftist bombings in America between 1971 and 1972……. 브라이언 버로우(Bryan Burrough), '우리가 잊고 있는 미국의 폭탄 테러(The Bombings of America That We Forgot)', 「타임」, 2016.9.20.

3 (…) approximately 270 to 310 million firearms in the United States……. '총을 가진 사람이 더 적지만 몇 명이나 되는지는 불확실하다(A minority of Americans own guns, but just how many is unclear)', 퓨리서치센터, 2013.6.4.

4 (…) Peter Turchin proposes a structural-demographic theory of political instability……. 피터 터친, 『불화의 시대(Ages of Discord: a Structural-Demographic Analysis

of American History)』, p.200~202, 베레스타북스(Beresta Books), 2016.

5 Alec Ross (⋯) described the Freddie Gray riots in 2015 as partially a product of economic despair: 앨릭 로스, 『알렉 로스의 미래 산업 보고서(The Industries of the Future)』, p.38, 사이먼 앤드 슈스터, 2015.

6 (⋯) about one-third of Californians supported secession in a recent poll⋯⋯. 샤론 번스틴(Sharon Bernstein), '트럼프 없는 나라를 꿈꾸는 캘리포니아 주민이 늘었다(More Californians dreaming of a country without Trump: poll)', 로이터스(Reuters), 2017.1.23.

제16장

1 Peter Frase (⋯) points out that work encompasses three things⋯⋯. 데릭 톰프슨, '일이 없는 세상', 「애틀랜틱」, 2015.7/8.

2 Thomas Pine, 1796. 사이먼 번바움(Simon Birnbaum) · 칼 와이더퀴스트(Karl Widerquist) 공저, '기본소득의 역사(History of basic income)', Basic Income Earth Network, 1986.

3 Martin Luther King Jr., 1967. 마틴 루서 킹 목사, '마지막 충고(Final Words of Advice)', 남부기독교지도자회의(S.C.L.C) 10주년 기념 총회에서 한 연설, 애틀랜타, 1967.8.16.

4 Richard Nixon, August 1969. 리처드 닉슨, '324차 대국민 연설(324-Address to the Nation on Domestic Programs)', The American President Project, 1969.8.8.

5 Milton Friedman 1980. '기본소득 개념에 관한 간략한 역사(Brief History of Basic Income Ideas)', Basic Income Earth Network, 1986.

6 Bernie Sanders, May 2014. 스콧 샌턴스(Scott Santens), '기본소득에 관한 버니 샌더스 의원의 생각(On the Record: Bernie Sanders On Basic Income)', 「미디엄(Medium)」, 2016.1.29.

7 Stephen Hawking, July 2015. '스티븐 호킹 박사의 AMA에 관한 답(Answers to Stephen Hawking's AMA are Here)', 「와이어드(Wired)」, 2015.7.

※AMA – Ask Me Anythig(무엇이든 물어 보세요)의 약어. -옮긴이

8 Barack Obama, June 2016. 크리스 웰러(Chris Weller), '오바마 대통령은 로봇의 일자리 점령 문제로 조건 없는 공돈을 지지한다는 뜻을 내비쳤다(President Obama hints at supporting unconditional free money because of a looming robot takeover)', 「비즈니스인사이더」, 2016.6.24.

9 Barack Obama, October 2016. 스콧 다딕(Scott Dadich), '버락 오바마, 신경망, 자율주행 차와 세계의 미래(Barack Obama, Neural Nets, Self-Driving Cars, and The Future of the World)',

「와이어드」, 2016.11.

10 Warren Buffett. 찰리 로즈(Charlie Rose), '빌 게이츠 및 워런 버핏과의 대담(Interview with Bill Gates and Warren Buffett)', 컬럼비아대학, 2017.1.

11 Elon Musk, February 2017. 크리스 웰러, '일론 머스크는 보편적 기본소득을 옹호한다 (Elon Musk doubles down on universal basic income: 'It's going to be necessary')', 「비즈니스인 사이더」, 2016.6.24.

12 Mark Zuckerberg, May 2017. 마크 저커버그. 하버드대학 졸업식 연설, 하버드대학, 2017.5.

13 (…) adopting it would permanently grow the economy by 12.56 to 13.10%……. 미 할리스 니키포로스(Michalis Nikiforos)·마셜 스타인바움(Marshall Steinbaum)·제나로 제자 (Gennaro Zezza) 공저, 『보편적 기본소득의 거시경제 효과 모델(Modeling the Macroeconomic Effects of a Universal Basic Income)』, 루스벨트연구소, 2017.8.29.

14 (…) technology companies are excellent at avoiding taxes. '포천 500대 기업이 해외 에 보유한 자금은 2조6천억 달러에 달한다(Fortune 500 Companies Hold a Record $2.6 Trillion Offshore)', 과세 및 경제정책 연구소(Institute on Taxation and Economic Policy), 2017.3.

15 "UBI (…) is not shaming. https://www.facebook.com/basicincomequotes/ videos/1365257523593155/

제17장

1 In 1969, President Nixon proposed a Family Assistance Plan……. 라일러 맥렐런(Lila MacLellan), '딕 체니와 도널드 럼즈펠드가 닉슨이 주창한 보편적 기본소득 실험을 한 때 (That time when Dick Cheney and Donald Rumsfeld ran a universal basic income experiment for Nixon)', 「쿼츠(Quartz)」, 2017.3.13.

2 The New Jersey Graduated Work Incentive Experiment gave cash payments: 마이크 앨버트(Mike Albert), 케빈 브라운(Kevin C. Brown) 공저. '보장 소득이 주목받 는 시기(Guaranteed Income's Moment in the Sun)', 「리매핑 디베이트(Remapping Debate)」, 2013.4.24.

3 (…) the most rigorous and generous study in Denver and Seattle……. 게리 크리스 토퍼슨(Gary Christophersen), '시애틀-덴버 소득 유지 실험 최종 보고서(Final report of the Seattle-Denver income maintenance experiment)', 미 보건복지부, 1983.

4 "Politically, there was a concern……." : 뤼트허르 브레흐만, 『리얼리스트를 위한 유토피아 플랜(Utopia for Realists: The Case for a Universal Basic Income, Open Borders, and a 15-hour Workweek)』, p.37, 리틀, 브라운 앤드 컴퍼니(Little, Brown and Company), 2016.

5 Each Alaskan now receives a petroleum dividend……. 브라이언 머천트(Brian Merchant), '주민 모두 공돈을 받는 유일한 주(The Only State Where Everyone Gets Free Money)', 「마더보드바이스(Mother Board Vice)」, 2015.9.4.

6 (…) one reason that Alaska has the second-lowest income inequality in the country: 레이철 월드홀츠(Rachel Waldholz), '알래스카의 연례 배당금은 주민들의 호응을 얻고 있다(Alaska's annual dividend adds up for residents)', 「마켓플레이스(Marketplace)」, 2016.3.16.

7 the dividend has increased average infant birthweight……. 정완교·하현석·김범수 공저, '현금 지급과 출생아 체중: 알래스카영구기금 배당금으로 본 사례(Money Transfer and Birth Weight: Evidence from the Alaska Permanent Fund Dividend)', 「이코노믹인콰이어리(Economic Inquiry)」, 2013.

8 (…) helped keep rural Alaskans solvent. 스콧 골드스미스(Scott Goldsmith), '알래스카영구기금 배당금: 자원 매각 대금 직접 배분 사례 연구(The Alaska Permanent Fund Dividend: A Case Study in the Direct Distribution of Resource Rent)', 알래스카영구기금 배당금 프로그램(The Alaska Permanent Fund Dividend Program), 2011.1.

9 In 1995, a group of researchers began tracking the personalities of 1,420 low income children……. 로버토 A. 퍼드먼(Roberto A. Ferdman), '가난한 부모에게 소액을 지급했을 때 그 자녀에게 일어나는 놀라운 변화(The remarkable thing that happens to poor kids when you give their parents a little money)', 「워싱턴포스트」, 2015.10.8.

10 (…) GiveDirectly has raised more than $120 million……. 애니 로우리(Annie Lowrey), '무노동의 미래(The Future of Not Working)', 「뉴욕타임스」, 2017.2.26.

11 "GiveDirectly (…) has sent shockwaves through the charity sector……." 클레어 프로보스트(Claire Provost), '구호는 전화기에서 시작된다: 새로운 구호 방식에 들뜬 동아프리카 사람들(Charity begins on your phone: east Africans buoyed by novel way of giving)', 「가디언」, 2013.12.31.

12 Canada is giving 4,000 participants in Ontario grants of up to $12,570……. 아시파 카샴(Ashifa Kassam), '온타리오 주는 금년 여름 보편적 기본소득 시범 사업을 할 계획이

다(Ontario plans to launch universal basic income trial run this summer)', 「가디언」, 2017.4.24.

13 Iran implemented a full-blown equivalent of Universal Basic Income in 2011……. 제프 이하자(Jeff Ihaza), '이란이 기본소득을 도입하자 일어난 일(Here's what happened when Iran introduced a basic income)', 「아우트라인(The Outline)」, 2017.5.31.

제18장

1 "A man (…) with no means of filling up time, is as miserable out of work as a dog on the chain": 조지 오웰. 『파리와 런던의 밑바닥 생활(Down and Out in Paris and London)』, p.129, Mariner Books 출판, 1972.3.15.

2 Teach for America spends approximately $51,000 per corps member (…) recruitment, selection, training, programming, support etc. 레이철 M. 코언(Rachel M. Cohen), '티치포아메리카가 도회지 학교에 미친 영향에 실제 소요된 비용(The True Cost of Teach For America's Impact on Urban Schools)', 「아메리칸프로스펙트」, 2015.1.5.

3 The U.S. Military spends approximately $170,000 per soldier per year……. 미의회 예산국(The Congressional Budget Office), '2000~2014년 국방부 예산 증가 현황(Growth in DoD's Budget From 2000 to 2014)', 미의회 예산국, 2014.11.

4 The Peace Corps has over 1,000 full-time employees supporting 7,200 volunteers……. '평화봉사단 예산 및 실적: 실적 및 책임에 관한 보고서(Peace Corps Budget & Performance: Performance and Accountability Report)', 평화봉사단 자료(Peace Corps files), 2015.11.15.

5 During the Great Depression in the 1930s, the U.S. government hired 40,000 recreation officers and artists……. 수전 커렐(Susan Currell), 『여유 시간의 대두: 대공황기 여유 시간 문제와 기대(The March of Spare Time: The Problem and Promise of Leisure in the Great Depression)』, p.51~53, 펜실베이니아대학 출판부, 2005.

6 (…) 315 members of the local time bank members have exchanged 64,000 hours of mutual work……. 타임 뱅크 브래틀버러 시간 거래(Time Banks Brattleboro Time Trade), 타임 뱅크, 2017.9.8. 접속.

7 Amanda Witman, a 40-year old single mother, wrote about her experience……. '여성들의 실화: 돈 들이지 않고 그럭저럭 해결해요.'(Real Women's Stories: 'We Make Ends Meet Without Money'), AllYou.com.

8　Americans face at least three interlocking sets of problems……. 『시간 화폐: 미국인의 숨겨진 자원(시간)을 개인의 안전과 공동체 재생을 위해 쓸 수 있도록 하는 새로운 통화(Time Dollars: The New Currency That Enables Americans to Turn Their Hidden Resource-Time-Into Personal Security and Community Renewal)』, 에드거 캔, 조너선 로(Jonathan Rowe) 공저, 「로데일 프레스(Rodale Press)」, 1992.

제19장

1　The concept of GDP and economic progress didn't even exist until the Great Depression: 세인트루이스 연방준비은행, 경제사의 발견. '1929~1932 국민소득', 상원 결의안 220호(72D CONG.)에 따라 상무부 장관 직무 대행이 보내는 서한, 세인트루이스 연방준비은행, 1934.

2　스티브 발머는 www.USAFacts.org라는 웹사이트를 구축해 다양한 통계 자료와 현황을 제공한다. 이 웹사이트는 여러 공공기관 및 민간기관 홈페이지에서 다양한 자료를 추출해 제공하는 통계 자료의 보고라 할 수 있다.

제20장

1　When Harry Truman, left the office of the presidency in 1953……. 제프 저코비(Jeff Jacoby), '이제는 볼 수 없는 해리 트루먼의 고결함(Harry Truman's obsolete integrity)', 「뉴욕 타임스」, 2007.3.2.

2　This practice started changing with Gerald Ford joining the boards……. 스콧 윌슨(Scott Wilson), '수요 급증: 워싱턴에서 가장 높은 강연료와 가장 낮은 강연료(In Demand: Washington's Highest (and Lowest) Speaking Fees)', ABC뉴스, 2014.7.14.

3　Sheila Bair (…), the former head of the Federal Deposit Insurance Corporation, lived through this conflict herself……. 벤 프로테스(Ben Protess), '공적 일자리와 사적 일자리 사이의 회전문 속도를 줄이자(Slowing the Revolving Door Between Public and Private Jobs)', 「뉴욕타임스」, 2013.11.11.

4　The family that owns Purdue Pharma, (…) is now the 16th richest family in the country……. 알렉스 모렐(Alex Morrell), '옥시콘틴 일가: 2015년 미국 부자 가문 명단에 새로 이름을 올린 140억 달러 자산의 가문(The OxyContin Clan: The $14 Billion Newcomer to Forbes 2015 List of Richest U.S. Families)', 「포브스」, 2015.1.1.

5 The big banks eventually settled with the Department of Justice for billions of dollars……. 케이트 콕스(Kate Cox), '기업은 어떻게 해서 사람과 같은 권리를 갖게 되었는가 (하지만 교도소에는 절대 안 간다)[How Corporations Got The Same Rights As People (But Don't Ever Go To Jail)]', 「컨슈머리스트(Consumerist)」, 2014.9.12.

6 Elon Musk in 2017 called for proactive regulation of AI……." 새뮤얼 기브스(Samuel Gibbs), '일론 머스크: 늦기 전에 '존속을 위협'하는 AI를 규제해야 한다(Elon Musk: regulate AI to combat 'existential threat' before it's too late)', 「가디언」, 2017.7.17.

7 Tristan Harris (…) has written compellingly about how apps are designed to function like slot machines……. 트리스턴 해리스, '기술은 어떻게 당신 마음을 훔치나 – 구글의 마술사 겸 디자인 윤리 담당자(How Technology is Hijacking Your Mind – from a Magician and Google Design Ethicist)', 「스라이브글로벌(Thrive Global)」, 2016.5.18.

8 "the best minds of my generation are thinking about how to make people click ads." 드레이크 베어(Drake Baer), '데이터의 신 제프리 해머바커는 왜 페이스북을 떠나 클라우데라를 설립했을까(Why Data God Jeffrey Hammerbacher Left Facebook To Found Cloudera)', 2013.4.18.

제21장

1 Health care bills were the number one cause of personal bankruptcy in 2013……. 댄 망간(Dan Mangan), '의료비가 미국에서 가장 큰 파산의 원인이다(Medical Bills Are the Biggest Cause of US Bankruptcies: Study)', CNBC.com, 2013.6.24.

2 (…) we are last among major industrialized nations in efficiency, equity, and health outcomes attributable to medical care……. 코트니 베어드(Courtney Baird), '2016년 최고의 의료 이야기: 성과 기반의 보수(Top Healthcare Stories for 2016: Pay-for-Performance)', 경제개발위원회(CED), 2016.3.8.

3 "Unless you are protected by Medicare, the health care market is not a market at all": 스티븐 브릴, '쓴 약: 의료비 청구서가 우리 삶을 파괴하고 있다(Bitter Pill: Why Medical Bills Are Killing Us, How outrageous pricing and egregious profits are destroying our health care)', 「타임」, 2013.3.4.

4 "We do waste money on insurance, but we also pay basically twice as much for everything." 조슈아 홀랜드(Joshua Holland), '전 국민 메디케어가 보편적 의료의 해결책

은 아니다(Medicare-for-All Isn't the Solution for Universal Health Care)', 「네이션(The Nation)」, 2017.8.2.

5 (…) doctors today see themselves not as "pillars of any community" but as "technicians on an assembly line." 메건 오루크(Meghan O'Rourke), '의사들이 말하는 진실(Doctors Tell All—and It's Bad)', 「애틀랜틱」, 2014.11.

6 A 2016 survey of American doctors by the Physicians Foundation……. '극도의 피로와 떨어진 사기로 인해 일을 그만두려는 의사가 많다(Survey: Many doctors looking to leave profession amid burnout, low morale)', 「어드바이저리보드(Advisory Board)」, 2016.9.26.

7 The average educational debt load for a med school graduate is $180,000……. 에런 E. 캐럴(Aaron E. Carroll), '의사 부족 현상의 진실(A Doctor Shortage? Let's Take a Closer Look)', 「뉴욕타임스」, 2016.11.7.

8 About 65 million Americans live in what one expert called basically "a primary care desert": 에마 코트(Emma Court), '미국은 1차 진료 의사 부족 현상을 맞고 있다(America's facing a shortage of primary-care doctors)', 「마켓워치」, 2016.4.4.

9 The Association of American Medical Colleges estimated that the number of additional doctors necessary……. 미국 의과대학원 협회(Association of American Medical Colleges), '의사 수요와 공급의 복잡한 문제: 2014~2025년 예측(The Complexities of Physician Supply and Demand: Projections from 2014 to 2025)', 2016.4.5.

10 In one study, IBM's Watson made the same recommendation as human doctors did in 99% of 1,000 medical cases……. 돔 갤리언(Dom Galeon), 'IBM의 인공지능 왓슨이 추천하는 암 치료법은 의사와 99퍼센트 일치한다(IBM's Watson AI Recommends Same Treatment as Doctors in 99% of Cancer Cases)', 「퓨처리즘(Futurism)」, 2016.10.28.

11 The best approach is what they do at the Cleveland Clinic……. 메건 맥카들(Megan Mcardle), '클리블랜드 클리닉 방식이 미국 의료를 구할 수 있을까?(Can the Cleveland Clinic Save American Health Care?)', 「데일리비스트(The Daily Beast)」, 2013.2.26.

12 The Southcentral Foundation (…) treats health problems and behavioral problems as tied together……. 조앤 실버너(Joanne Silberner), '이제 의사는 당신을 자세히 분석할 것이다(The doctor will analyze you now)', 「폴리티코(Politico)」, 2017.8.9.

제22장

1 "Character is the main object of education." 데이비드 브룩스(David Brooks), '진짜 사
  람 되기(Becoming a Real Person)', 「뉴욕타임스」, 2014.9.8.

2 (…) William James wrote around the same time that character and moral
  significance are built……. 데이비드 브룩스, '진짜 사람 되기', 「뉴욕타임스」, 2014.9.8.

3 SAT scores have declined significantly in the last 10 years: 닉 앤더슨(Nick Anderson),
  '10년 만에 최저로 떨어진 SAT 점수 때문에 깊어지는 고등학교의 고민(SAT scores at
  lowest level in 10 years, fueling worries about high schools)', 「워싱턴포스트」, 2015.9.3.

4 (…) smartphone use has caused a spike in depression and anxiety……. 진 M. 트웽이,
  『아이젠』, 아트리아북스(Atria Books), 2017.

5 (…) "the worst use of software in education is in replacement of humans……." 존
  배텔(John Battelle), '앨트스쿨 설립자 맥스 벤틸러와의 대화(Max Ventilla of AltSchool: The
  Full Shift Dialogs Transcript)', 뉴코시프트(NewCo Shift), 2016.7.13.

6 Studies have shown that robust family leave policies improve children's health
  and heighten women's employment rates……. 바버라 골트(Barbara Gault) 외, '미국
  의 유급 육아휴직 제도: 도입, 사용, 경제 및 건강상 혜택 등에 관한 데이터(Paid Parental
  Leave in the United States: What the Data Tell Us about Access, Usage, and Economic and Health
  Benefits)', 노동부 여성국, 여성정책 연구소(Institute for Women's Policy Research), 2014.1.23.

7 The U.S. is one of only four out of 196 countries in the world (…) that does not
  have federally mandated time off from work for new mothers: 맷 필립스(Matt
  Phillips), '유급 육아휴직 제도가 없는 나라: 스와질란드, 레소토, 파푸아뉴기니, 미국
  (Countries without paid maternity leave: Swaziland, Lesotho, Papua New Guinea and the United
  States of America)', 「쿼츠」, 2014.1.15.

8 (…) Denmark gives parents 52 weeks of paid leave they can split between
  them……. 크리스 웰러(Chris Weller), '세계에서 최고의 육아휴직 제도를 갖춘 10개국
  (These 10 countries have the best parental leave policies in the world)', 「비즈니스인사이더」,
  2016.8.22.

9 (…) 11.4 million single mothers raise 17.2 million children in the United
  States……. 미국 인구조사국, 표 C2. '2016년 연령 및 성별 18세 이하 어린이의 가족 관
  계 및 동거 형태(Household Relationship and Living Arrangements of Children Under 18 Years, by

Age and Sex: 2016)', 미국 인구조사국, 2017.

10 Communal living arrangements have been shown to increase social cohesion……. 사스키아 데 멜커(Saskia De Melker), '공동 주거 단지는 사회적 고립 예방에 도움이 된다(Cohousing communities help prevent social isolation)', PBS 뉴스아워(PBS News Hour), 2017.2.12.

11 Only 6% of American high school students were enrolled in a vocational course of study in 2013……. 데이나 골드스타인(Dana Goldstein), '침체된 경기 속에서도 웨스트버지니아는 직업 교육을 혁신하여 희망을 찾는다(Seeing hope for flagging economy, West Virginia revamps vocational track)', 「뉴욕타임스」, 2017.8.10.

12 A Georgetown center estimated that there are 30 million good-paying jobs that don't require a college degree……. 앤서니 P. 카르네발레(Anthony P. Carnevale) 외, '대학 졸업장이 필요 없는 좋은 일자리(Good Jobs that Pay Without a BA)', 조지타운대학 교육 및 노동력 연구소(Georgetown University Center on Education and the Workforce), 2017.

13 The most recent graduation rate for first-time, full-time undergraduate students……. '학부 잔류 및 졸업률(Undergraduate Retention and Graduation Rates)', 2017년 교육 실태, 국립 교육 통계 센터, 2017.4.

14 The main reasons cited for dropping out are being unprepared for the rigors of academic work……. 루 카를로초(Lou Carlozo), '대학생이 학업을 포기하는 이유(Why college students stop short of a degree)', 「로이터」, 2012.3.27.

15 We are up to a record $1.4 trillion in educational debt that serves as an anchor……. 케리 리베라(Kerry Rivera), '2017년 대학생 학자금 부채 현황(The State of Student Loan Debt in 2017)', 「익스피리언(Experian)」, 2017.8.23.

16 (…) college tuition has risen at several times the rate of inflation the past 20 years……. 스티브 오들런드(Steve Odland), '통제 불능의 대학 등록금(College Costs Out Of Control)', 「포브스」, 2012.3.24.

17 The average college tuition has risen as much as 440% in the last 25 years. 린 오쇼너시(Lynn O'Shaughnessy), '고등교육 거품은 터질 것이다(Higher Education Bubble Will Burst)', 「유에스 뉴스 앤드 월드 리포트」, 2011.5.3.

18 (…) administrative positions at colleges and universities grew by 60% between 1993 and 2009……. 존 헤킨저(John Hechinger), '걱정스러운 학장 대 교수의 비율(The

Troubling Dean-to-Professor Ratio)', 「블룸버그 비즈니스위크」, 2012.11.21.

19 (···) Yale spent more the previous year on private equity managers managing its endowment······. 빅터 플라이셔(Victor Fleischer), '대학이 돈을 쌓아 두지 못하게 하라(Stop Universities From Hoarding Money)', 「뉴욕타임스」, 2015.8.19.

20 (···) cost of taxpayer subsidies for a community college student as between $2,000 and $4,000 per student per year······. 호르헤 클로르 데 알바(Jorge Klor de Alva)·마크 슈나이더(Mark Schneider) 공저, '부유한 학교, 가난한 학생: 학생의 성과 향상을 위해 막대한 대학 기부금을 쓰자(Rich Schools, Poor Students: Tapping Large University Endowments to Improve Student Outcomes)', 「넥서스(Nexus)」, 2015.4.

21 In 1975, colleges employed one professional staffer (···) for every fifty students. 벤저민 긴스버그(Benjamin Ginsberg), '행정 직원에게 돌아간 수업료(Administrators Ate My Tuition)', 「월간 위싱턴(Washington Monthly)」, 2011.9/10.

22 The 90 coding boot camps across the country produced about 23,000 graduates in total······. 스티브 로(Steve Lohr), '코딩 교육원이 문을 닫자 현장은 현실을 직시하게 되었다(As Coding Boot Camps Close, the Field Faces a Reality Check)', 「뉴욕타임스」, 2017.8.24.

23 At Minerva, students take classes online, but they do so while living together in dorm-style housing. 클레어 케인 밀러(Claire Cain Miller), '전 세계를 캠퍼스로 쓰는 극단적인 대학(Extreme Study Abroad: The World Is Their Campus)', 「뉴욕타임스」, 2015.10.30.

기계와의 일자리 전쟁에 직면한 우리의 선택

보통 사람들의 전쟁

초판 1쇄 발행 2019년 1월 19일
초판 3쇄 발행 2020년 7월 28일

지은이 앤드루 양
옮긴이 장용원
펴낸이 유정연

책임편집 장보금
기획편집 신성식 조현주 김수진 김경애 백지선 **디자인** 안수진 김소진
마케팅 임충진 임우열 이다영 박중혁 **제작** 임정호 **경영지원** 박소영

펴낸곳 흐름출판(주) **출판등록** 제313-2003-199호(2003년 5월 28일)
주소 서울시 마포구 월드컵북로5길 48-9(서교동)
전화 (02)325-4944 **팩스** (02)325-4945 **이메일** book@hbooks.co.kr
홈페이지 http://www.hbooks.co.kr **블로그** blog.naver.com/nextwave7
출력·인쇄·제본 (주)상지사 **용지** 월드페이퍼(주) **후가공** (주)이지앤비(특허 제10-1081185호)

ISBN 978-89-6596-297-7 03300

• 흐름출판은 독자 여러분의 투고를 기다리고 있습니다. 원고가 있으신 분은 book@hbooks.co.kr로
  간단한 개요와 취지, 연락처 등을 보내주세요. 머뭇거리지 말고 문을 두드리세요.
• 파손된 책은 구입하신 서점에서 교환해 드리며 책값은 뒤표지에 있습니다.

이 도서의 국립중앙도서관 출판예정도서목록(CIP)은 서지정보유통지원시스템 홈페이지(http://seoji.nl.go.kr)와 국가자료
공동목록시스템(http://www.nl.go.kr/kolisnet)에서 이용하실 수 있습니다.(CIP제어번호: CIP2018042338)